ことを同時的にそして連関的になすものであり、特に開発教育は、社会と人間の関係を重視し、人間個人の視点に基づいた「開発」を目指す教育活動であることを示している。

「開発教育」は従来、「遠く離れた地域の、不可視的な貧困の情報を伝達する教育」の役割に甘んじることも多く、また「開発」概念の持つ否定的インパクトの強さから、その目的や意味を問われ続けてきた。そうした「開発とは」「教育とは」という問いに対峙する時、バーンズによるこの定義は、三十数年経って尚、開発教育の根源的な意味を力強く発信し続けていることに気づく。

日本で開発教育への取り組みが始まった一九八〇年代初頭は、主としてアジアやアフリカの途上国の開発問題（特に貧困の問題）を「知り」、「自分たちにできることを考え」、そのうえで「行動する（＝国際協力）」という学習プロセスが描かれていた。しかし八〇年代以降、私たち先進国の住民が消費する製品の生産国における労働実態や環境破壊、先進国の生活を支える石油の利権をめぐる戦争の実態といった、経済的豊かさの背後にあるものとしての途上国の現実がメディアを通じて明らかにされ、「行動する」にはまず自らを含めた「人間の価値観と生活を変える」ことが重要であるとの認識が広がっていった。

だが、「価値観と生活を変える」と言っても、その実践はなかなか難しい。近年の開発教育は、それが消費活動によってなのか、市民活動によってなのか、政治参加活動によってなのか、文化活動によってなのかと「行動」の内容を模索し、かつ「どのように行動するか」というその方法への問いをも含めて開発問題に取り組んできたといえる。そして九〇年代以降、そうした「価値観と生活の変革」を伴いながら、さらには開発問題を「対岸の火事」的・傍観者的に捉えるのではなく、真に自らの問題として捉えてゆく開発教育の具体的なあり様の一つとして注視されるようになったのが、本書が提示する「地域」である。

しかしながら、「地域からこれからの開発教育を描く」という本書のテーマは、一見漠然としたものに見えるかもしれない。そこで、開発教育のこれまでの歩みと照らし合わせつつ、開発教育を地域から描く上での重要な課題をあげることで、私たちの視点を明示しておきたい。

第一には、これまでの開発教育は途上国の開発問題の構造的な理解を重視してきたが、一方で学習者にとっての「足元」である自らの地域の開発問題をしっかりと見据え、それを国内・世界の他の地域の問題と構造的に関連づけて捉え、新しい社会のあり様を地域から発想するという視点が十分ではなかった。

第二には、開発教育が重視する参加・行動の具体的な活動が、国際的な援助・協力活動や個人レベルでのライフスタイルの転換として実現されてはきたものの、自らの足元の地域づくりに参加する（政治的、経済的、文化的参加を含む）という視点が不十分であった。

第三には、国際協力活動において、「顔の見える関係」「パートナーとしての協力関係」といった参加の形態が促されてきてはいるが、自らの地域の開発問題をしっかりと見据える視点が弱いため、一方向性の援助型に偏る傾向が強く、双方が当事者として課題を共有し解決に臨むという協働の視点、また地域と地域をつなぐ地域間協力という視点を開発教育は十分に提示しえてこなかった。

第四には、これまで世界・日本の各地域で歴史的に脈々と展開されてきた、地域づくりと連動した民間の教育活動との連繋によって開発教育を豊かにしていくという視点が欠けていたことである。

本書はこれらの課題と向き合いつつ、「世界の開発問題を認識→自分たちに何ができるかを考察→まず自らの地域で活動」という図式によって「地域」を捉えるのではなく、**「世界の開発問題＝私たちの地域の問題」という一体的視点に立つ**ことをめざしている。そしてこの視点に基づいて、世界、日本を問わず各地域で行われている地域課題解決への取り組みに、具体的な「行動」と「学び」の方向性を見出し、各地の取り組みをつなぐ動きの中から「これからの開発教育」の方向性を描こうとするものである。

本書ではまず序論において、「地域」とは何かを問い、「持続可能な開発」と教育との関わりを開発教育の視点から捉えなおす。そして本論では国内・世界各地での「開発問題＝地域の問題」という視点に立った多様な実践を、第1章「多文化共生」、第2章「農」、第3章「環境」、第4章「経済再生」、第5章「市民参加」、第6章「女性・子ども」、第7章「ネットワーク」という七つの観点からまとめてみた。各章は総論と事例からなり、総論は各テーマを理論的に掘り下げ、事例は当事者としての立場から地域づくりと学びを述べたものである。いずれの論考も、メディアや通信技術の発達によって情報が氾濫し、グローバリゼーションと格差がすすむ現代社会において、人間の生活の軸が脅かされている現状への対抗／抵抗として、教育活動を中心とした地域づくり・コミュニティづくりを追求したものである。

本書が開発教育の新たな可能性を提示し、これまで開発教育に携わってきた方々、地域で様々な実践を続けている方々、これから何らかの地域活動に関わっていこうとしている方々にとって、「地域という足元から開発問題を見つめ、自分たちにできることを考え、行動する」という視点の重要性を改めて問い、これからの社会と教育のあり様を描いていくための一助となれば幸いである。

編　者

本書の議論において重要なキーワードとなる二つの言葉について

●開発　開発という言葉は、英語の development の訳語であるが、日本語では自発的・内発的なプロセスとしての「発展」と、外発的プロセスとしての「開発」という二通りの訳語が使い分けられている。本来自動詞としての develop が他動詞として使われるようになったのは、一九四九年一月二〇日、米大統領選挙に勝利したトルーマンが就任演説の中で米国の新しい政策として、「未開発」の国々に対して技術的・経済的援助を行い、投資をして開発する、という方針を打ち出したことがきっかけで、その後経済学、社会学の用語として定着していったと言われている(1)。このことによって、「低開発」の貧困国（そのうちの多くは、植民地から解放され独立したばかりの国々）は〝経済的に開発する〟必要がある、という言説が一般化していったのである。

開発途上国あるいは発展途上国と呼ばれる貧困国の経済的自立をめざした米国の開発援助政策や国連による「国連開発の一〇年」（第一次：一九六〇年代、第二次：七〇年代）では、開発途上国を支援するための政府開発援助（ODA）や国連貿易開発会議（UNCTAD）の設立などが行われた。また一九七七年には、スウェーデンのダグ・ハマーショルド財団が『もう一つの開発――いくつかのアプローチと戦略』を発表し、従来の経済開発とは異なる開発のあり方を提示した。しかし、開発途上国における工業化を通した経済政策は、結果として、多国籍企業の影響力の増大や先進国への技術依存など経済的従属を深化させ、先進工業国との経済格差はますます広がることとなった(2)。

こうした背景から、開発の中身そのものを問い直す必要に迫られ、開発に「人間開発」と「社会開発」の概念が登場した。「人間開発」は、一九九〇年に創刊された国連開発計画（UNDP）の年次報告書『人間開発報告書』で提言され、「社会開発」は九五年の国連世界社会開発サミットで提唱され翌九六年からの「国連貧困根絶の一〇年」の柱となった。またその間、九二年には国連環境開発会議（地球サミット）で「持続可能な開発」の概念が国際的に合意され、その具体的な行動計画「アジェンダ21」も採択された（詳細は本書序論2参照）。

しかしながら、世界各地で開発の問い直しが試みられているにもかかわらず、世界銀行、国際通貨基金（IMF）、世界貿易機関（WTO）の主導する市場経済のグローバル化は依然経済優先の開発として進行しており、その影響は途上国・先進国を問わず、あらゆる人びとにとっての問題となって現れている。都市部の乱開発と農村部の過疎や貧困といった問題、また両者の格差の問題、不安定な雇用・不安定な収入によって衣食住を脅かされる人権問題などは、どこかの地域に限られた問題ではない。いずれの場合も、市場経済原理の偏向という同じ根をもつ問題と捉えることができる。

本書では、こうした経済優先の開発への問い直しをふまえた地域づくりとそこにおける教育を構想することをめざしている。

（1）ダグラス・ラミス『経済成長がなければ私たちは豊かになれないのだろうか』平凡社、二〇〇四年、八六頁および江原裕美編『開発と教育』新評論、二〇〇一年、三七頁。

（2）開発教育協会『開発教育キーワード五一』二〇〇二年。

●開発教育　従来は、「北」の市民を対象に、南北問題をはじめとする地球規模の諸問題についての理解を深め、解決のために参加し行動する態度を養成する教育活動として描かれてきた。本書は、この解釈そのものをめぐる近年の多様な議論も紹介しつつ、「これからの開発教育」の像を私たち自身の「地域」から問い直そうとするものである。なお、開発教育の歴史的経緯や概念をめぐる様々な議論の概要については本書序論1を参照されたい。

地域から描くこれからの開発教育／目次

第5章　市民意識の形成と市民参加　217

第6章　子ども・女性の参加　253

第7章　ネットワークづくり　299

地域から描くこれからの開発教育

序論

序論 1

これからの開発教育と地域

山西優二
早稲田大学文学学術院教員

はじめに

開発教育とは、特に一九六〇年代の南北問題に代表される開発問題[1]の顕在化を背景に、六〇年代末以降、その理解と解決をめざして、いくつかの欧米諸国で展開されるようになった教育活動であり、日本では一九七〇年代の末以降、その展開への動きがみられるようになった。したがって開発教育は、その成立から国際的には三〇数年を、日本では二〇数年を数えているが、そのねらいや実践のあり様は、それぞれの時代状況を反映させ、様々な変化を見せてきている。またまだまだ歴史の浅い教育活動であることからも、今後その進展に向けて、数多くの課題を有していることも事実である。

本稿では、まずはこれまでの開発教育のねらいとその特徴を概観したうえで、本書の中心的なキーワードである「地域」のもつこれからの開発教育にとっての意味やその機能について、問題提起を含め総論的に論じていくことにしたい。

1 開発教育のねらいとその特徴

(1)開発教育の歴史とそのねらい

開発教育とは、上述のように一九六〇年代末以降、いくつかの欧米諸国で展開されるようになった教育活動であるが、ただその展開のきっかけは、途上国でNGOの立場から開発援助・開発協力活動に直接的に関わっていた人々が、帰国後国内で、もっと途上国の現実に目を向け、途上国が抱えている開発問題の解決に少しでも協力してほしいとまわりの人々に訴えたことであった。そして一九七〇年代に入ると、このような民間レベルでの開発教育の展開を受ける形で、国際機関や各国政府でも開発教育推進への具体的な動きが見られるようになったのである。

一九七〇年の国連総会で採択された「第二次国連開発の一〇年計画」では、すべての国の政府は、開発問題についての国民の理解を深める努力をすべきこと、そしてそれぞれ国内で開発教育の普及・振興に努力しているNGOや教育者の集団に対して財政的な支援を始めることもしくは支援を強化することをうたっている。また国際機関としては、ユニセフ(国連児童基金)などの国際援助・協力に携わる国連の専門機関が各種ワークショップの開催などを通して、開発教育の推進に大きな役割を果たしたのである。

一方、日本では、一九七九年に国連広報センター、国連大学及びユニセフ代表駐日事務所の共催により東京で開催された開発教育シンポジウムがその進展への大きなきっかけとなった。その後、有志団体や個人による研究会の設置やシンポジウムの開催が試みられる中で、一九八二年には開発教育協議会(現在は特定非営利活動法人開発教育協会＝DEAR)が設立されている。この団体は、青少年団体、NGO、国際交流関係団体、教育関係者、研究者、学生などの団体・個人を会員として構成される全国レベルの民間組織として、その後日本における開発教育の推進に大きな役割を担ってきている。また政府も一九八〇年代後半以降、開発教育に関心を示し支援を行っている。たとえば八六年外務省経済協力局長のもとに「開発教育を考える会」が設置され、この会の提言に基づいて、外務省は開発教育の推進のための支援を開始している。さらに特に八〇年代後半以降は「地域の国際化」が叫ばれ、全国各地に国際交流協会・センターが設置され、また数多くのNGO・NPOが生まれ、地域レベル・市民レベルでの国際交流・国際協力活動が展開される中で、「地域からの開発教育活動」が徐々に進展しつつある。

このように開発教育は、その成立から数十年を数えたのみであるが、そのねらいは、それぞれの時代状況を反映して様々な変化を見せている。

まず初期の開発教育は、途上国に住む人々の窮状、つまり貧困、経済格差、栄養不良、保健・医療・教育の遅れなどの開発状況を、先進国の多くの人々に知らせ、さらにはそれらの国々に対する援助の必要性を訴えかけることに主眼を置くものであった。そしてその根底には、「貧しくて気の毒」な人々のことを理解し、援助しようとするチャリティ（慈善）思想が存在していたということができる。

しかし一九七〇年代も半ば以降になると、オイルショックや、途上国からの新経済秩序を求める動きが、それまで途上国を「貧しくて気の毒」な援助対象としてしか見ていなかった先進国の人々に、世界が相互依存関係にあることを気づかせ、さらには途上国の貧困に対する先進国の責任という視点を投げかけることにもなったのである。そして開発教育のねらいも、それまでの「先進国の豊かな人々が、途上国の貧しく気の毒な人々のことを理解しようとすること」ではなく、途上国の人々が直面している開発問題を掘り下げ、その原因を追求し、さらにその責任はしばしば先進国の側にあるという認識に立って、問題解決に向けての相互連帯・相互協力への関心や態度を養うことの重要性が指摘されるようになったのである。

さらに一九八〇年代以降においても新たな視点が開発教育に加味されつつある。たとえば、途上国に住む人々の多様な生活や文化への理解が不十分な中で、途上国の抱える問題のみを取り上げることは、その国々や地域、そこに住む人々に対しての、「貧しい」「困っている」といったマイナスイメージのみを学習者に植えつけてしまう危険性がある。したがって途上国に住む人々の生活・文化の多様性、さらには人権・人間の尊厳性への理解とその尊重は、開発教育の基礎を構成するものと確認されている。

また一九八〇年代半ば以降の日本国内におけるアジアやラテンアメリカ諸国からの外国人労働者の急増という状況は、それをきっかけとして、開発問題を「海を越えた遠くの世界の問題」ではなく、自分たちの住む地域の身近な問題として認識し、「地域の国際化」との関連で開発教育を位置づけようとする動きが各地で広がりつつある。

さらには、地球環境問題が大きく取り上げられる中で、一つのキーワードとなっている「持続可能な開発」の概念は、開発問題と環境問題との相互不可分性を指摘している（序論2及び第3章総論参照）。このような傾向は、特に一九九〇年代以降、環境・開発、人権、人口、女性、社会開発などをテーマにした国際会議が開催される中で、開発と環境にとどまらず、開発と人権、開発と女性、開発と平和などの間においてもみられ、開発教育において、開発問題を他の諸問題との関連の中で捉えていこうとする視点はますます強調されている。

このように開発教育は、社会のあり様とその変化の過程・方向性を示す開発という概念自体が歴史的社会的状況の変遷の中で問い続けられているのと同様、そのねらいは実践の中で常に問い続けられているということができる。そのような中で、現在、開発教育協会（DEAR）は、開発教育を「私たちひとりひとりが、開発をめぐるさまざまな問題を理解し、望ましい開発のあり方を考え、共に生きることのできる公正な地球社会づくりに参加することをねらいとした教育活動」と定義づけ、その具体的目標として以下の五項目をあげている。


一．開発を考える基礎として、人間の尊厳性と世界の文化の多様性を理解すること。

二．世界各地に見られる貧困や南北格差などの開発問題の現状を知り、その原因を理解すること。

三．開発問題と環境破壊などの地球的諸課題との密接な関連を理解すること。

四．開発をめぐる問題と私たち自身との深い関わりに気づくこと。

五．開発をめぐる問題を克服するための努力や試みを知り、それに参加できる能力と態度を養うこと。

(2) 開発教育の特徴

開発教育のねらいは上述した通りであるが、開発教育の特徴としては、以下のようないくつかの点を指摘することができる。

まず第一は、市民活動がその始まりと広がりの原動力となっていることである。教育というとすぐに学校教育と同義的に捉えられがちで、また行政主導のイメージを抱きがちである。しかし開発教育の始まりは、途上国で開発援助・協力に携わってきた市民団体（ＮＧＯ）が自国内で行い始めた広報・啓発活動がきっかけである。また日本での進展においても、ＮＧＯ、青少年団体、国際交流協会などの団体、そして教員を含む個人が、相互に連携・協力し、時には地域レベルでのネットワークを形成する中で、その広がりをつくり出してきている。

第二は、その目的として、社会適応・順応ではなく、社会変革・社会創造がめざされていることである。教育の目的を考えるうえで、人間の社会性の形成はその基本の一つであるが、その社会性がその社会への適応・順応能力を意味するのか、それともその社会を変革し、新しい社会を創造していく能力を意味するのかは、教育目的への基本的な問いである。開発教育が、開発問題の解決を通して、「共に生きることのできる公正な地球社会づくり」をめざすには、まさに後者の立場から、学習者が今の社会状況を批判的に捉え、新しい社会を創造していこうとする資質や能力を形成していくことが求められてくる。開発教育では、新しい社会の創造に向けての未来志向の教育づくりがめざされている。

第三は、参加・行動が重視されていることである。つまりこれまでの教育が、知識獲得に偏り、思考そして行動につながりにくい中で、開発教育では、「知り、考え、行動する」という言葉が示すように、これらを相互に関連づけつつ、特に参加・行動に力点が置かれてきている。それはまさに開発教育が、開発問題の顕在化の中で、開発協力活動と密接なつながりを持ちつつ、問題解決への参加・行動をめざして進展してきたためと言うことができる。

そして第四には、学習方法が重視されていることである。それは学習結果よりも学習過程が重視されているという意味でもある。開発問題には、解決への唯一の正しい答はありえない。したがって学習者は結果的にある特定の答を覚えればよいというものではなく、学習者と教育者が共に話し合う中で、その現状、原因を理解し、解決の方策を考えるという過程の中での学びが重視される。また上述したように参加・行動をめざすためには、学習方法そのものが、参加型、体験型になることが求められてくる。開発教育において、たとえば指導者や教員をファシリテーター（学びを促す人）と呼び、多様な参加型学習手法が重視され、それらを活用した教材が作成され、さらには見学、調査、スタディ・ツアー、ワークキャンプなどの体験が重視されているのは、まさにそのためである。

以上、開発教育の特徴として四点を指摘したが、ただこれらは必ずしも開発教育に限定された特徴であるわけではない。開発教育と同様、地球的視野をもち、地球的諸問題の解決をめざす教育として、平和教育、環境教育、多文化教育、人権教育などをあげることができる。またより包括的な教育として国際(理解)教育、グローバル教育、ワールド・スタディーズ、地球市民教育などをあげることができる。これらは、その成立の契機、進展の歴史、目標・内容などにおいて、それぞれ固有の特徴を持ちつつも、上述の社会変革・社会創造、参加・行動、方法の重視といった点では特徴を共有しており、平和で公正な地球社会づくりに向けて、相互に補完関係にあるということができる。

2 なぜ「地域」なのか

日本で最初に開発教育の展開への動きがみられるようになって二十数年が経つが、その歴史を実践レベルで振り返ってみると、私は一〇年ごとにある特徴を指摘できるように思っている。まず一九八〇年代の開発教育は、多くの人が途上国の抱える開発問題の様相とその原因について知り、考えることを目的に、「途上国にみる開発問題への構造的な理解」に力点が置かれていた。そして九〇年代に入る頃になると、それに加え、「参加型学習などの教育方法の開発」に関心が払われるようになった。つまり参加や行動を重視する開発教育の具体的な実践方法・手法や教材が求められるようになったのである[2]。たとえば、一九九三〜二〇〇二年の一〇年間にかけて全国六四カ所で開催された「開発教育地域セミナー」では、ワークショップやアクティビティと呼ばれる参加型の学習活動が積極的に活用されている。そしてこの二〇年の結果、開発教育は決して十分とは言えないものの、二〇年前には予想できなかった程の広がりをみせるようになっている。

しかし、まだわずか二十数年であり、開発教育が数多くの課題を有していることも事実である。そんな中で、私が特に気になっていることに、開発教育の広がりにもかかわらず、その質が深まっていっていないのではないかということがある。貧困、南北格差、環境破壊などの問題の重さと深刻さにもかかわらず、実践レベルでの危機意識、当事者意識が何か薄らいできているのではないかとさえ感じることがある。その一因として、ここ最近の参加型学習手法の普及があげられるかもしれない。方法のみが踊り広がることによって、もしくは方法が生み出す和んだ雰囲気に目を奪われることによって、逆に内容が深まっていかない状況は想定できる。[3] ただ根本的な原因はおそらくそこにはない。開発教育の実践が、途上国の問題現状とグローバルな視野に重点を置くものの、地域でのリアルで実感の伴う問題や課題に十分に根ざしたものになっていないことが、質が深まっていかない最大の原因ではないだろうか。つまり学習者にとっての足元である地域の問題を構造的に世界の問題と関連づけて捉え、新しい社会のあり様をその地域から発想するという視点が十分に認識されず、また十分に実践に活かされてきていないために、実践が理念レベルで空回りしているのではないだろうか。

また国際機関などによる二一世紀を展望した教育論の中では、「平和の文化」や「持続可能な開発」といった言葉がしばしば標榜されている。このようなより普遍的な価値や社会のビジョンを提示していくことは、地球規模の平和・共生にとって必要不可欠なことではある。しかしこれらの価値の志向が理念レベルにとどまることなく、文化として創造され継承されていくには、その価値がそれぞれの地域での生活に密着した人間の共同性の中で絡み合い、醸成されていくことが必要である。地球規模の普遍性の追求はまさに地域を基礎にして、はじめて可能になるのではないだろうか。

では、これまでの日本における開発教育の進展のなかで、「地域」はどのように捉えられ、どのようにその実践の中に位置づけられてきたのだろうか。一九九〇年代前半からの一〇年間、「地域」は開発教育の進展に関する議論の中心に据えられたキーワードであった。それは全国のネットワーク組織であるDEARの各種事業にも現れている。

たとえば一九八三年より毎年開催されている開発教育全国研究集会や研究誌『開発教育』の特集テーマを振り返ってみると、「地域で育つ地球市民——開発教育の地域展開の可能性」（一九九三年第一一回全国研究集会）、「地域における実践事例」（『開発教育』三三号、一九九六年）、「地域のリソースを生かした実践」（同四〇号、一九九九年）、「学校・地域・NGOがつくる開発教育」（同四五号、二〇〇二年）など、「地域」から開発教育の展開を考えていこうとする姿勢は少なからず読み取れる。また一九九三年の開始以来、一〇年間に六四回を数えた「開発教育地域セミナー」の開催、二〇〇二年八月から一二月までの四カ月に及ぶ「開発教育地域キャラバン」などの事業を眺めても、開発教育の事業展開において「地域」が重視されてきたことがわかる。そしてその成果として、各地域の関係者間での「顔の見える関係」づくりが進み、また各地に研究会やネットワーク組織が生まれてきている。

このようなこれまでの開発教育の地域展開の動きを、上記の問題意識から改めて振り返ってみると、あくまでも概観的ではあるが、南北問題や貧困などのグローバルな問題を構造的に認識するための教育をローカル（地域）に持ち込み展開すること、「グローバルからローカルへ」といったアプローチが重視されてきたことが指摘できる。このこと自体は、様々な地球規模の問題の深刻さを考えるとき、開発教育にとって大切なアプローチであることに疑いはない。ただ、もう一つのアプローチである「ローカルからグローバルへ」、つまり、過疎、格差の広がり、環境破壊、多文化化など日本の当該地域の開発問題を見据え、その問題と世界の問題を構造的に関連づけて捉え、新しい社会のあり様を日本の地域から発想するというアプローチがどれだけ認識され、実践に活かされてきたかに関しては、批判的にならざるを得ない。たとえば、開発教育が重視する「参加・行動」は、国際援助活動・国際協力活動やライフスタイルの転換などの形では実現されてきたものの、自らの足元の地域における参加・行動という視点は十分であったとは思えない。また、価値指向性の強い開発教育において、「開発」をまず自らの足元の地域から考えようとするなら、その地域が持つ文化（伝統性・地域性など）を捉えなおし、さらにはその文化を、公正・共生につながる文化へと変容・発展させていくという視点が重要になるが、この点への開発教育からのアプローチは十分ではなかったと言うことができる。開発教育は本来、この「グローバルからローカルへ」と「ローカルからグローバルへ」が相互補完的な関係をつくっていくことを求めるものではないだろうか。

3　地域の意味と機能

以上のような問題意識から、これからの開発教育が「地域」を軸にした実践と理念・理論を構築していくとするなら、地域をどのように捉えていくことが求められるのであろうか。ここでは、試論的ではあるが、開発教育にとっての地域の意味と機能について考えてみることにしたい。

(1) 地域とは

「地域」は、伝統的には、地縁的ないし血縁的なつながりを中心に、住民が共同性に基づいて形成してきた生活空間を意味するものとして捉えられてきた。しかし地域は多義的であり、行政区や学校区のように切り取られたある一定の社会空間を指す場合もあれば、中央に対する地方、中心に対する周辺を指す場合もある。また「学校と地域の連携」といった言葉に示されるように、学校を取り巻く個人や団体、伝承文化・文化遺産・環境資源などを総称的に指す場合にも使われている。

また地域を、ある一定の固定化された空間として捉えるのではなく、問題や課題に即して可変的に捉えることも可能である。つまり地域を「特定の問題解決や課題達成に向けて住民の共同性に基づき形成される生活空間」として捉えるならば、守友裕一が指摘するように、地域の範囲は伸縮自在となり、また地域そのものも重層的に捉えることが可能になる。

「地域の範囲をいかに規定するかという議論は、変革すべき課題に即して決まるのであり、その意味で地域の範囲は『伸縮自在』であり、担い手の人間集団を出発点としてそれぞれが重層化しているととらえるのが妥当である。地域の範囲を画定することが問題なのではなく、地域の現実を主体的にどう変革していくか、そうした課題化的認識の方法こそが、地域をとらえる上で最も大切なのである。[4]」

このように課題とその課題を担う住民の共同性に即して地域を捉える視点は、開発教育などの問題解決型の教育にとっては特に重要である。それは地域が、政治、経済、文化、自然環境などの要素を内包する生活空間であり、それらの要素は特定の地域を越えて動的に絡み合っているため、そこに存在する問題とその解決方策を検討するにあたっては、地域をより伸縮自在に、柔軟に、重層的に捉える視点が、学びと解決行動の具体性という観点からみて重要であるためである。

(2)地域の持つ機能

では「特定の問題解決や課題達成に向けて住民の共同性に基づき形成される生活空間」としての地域とは、具体的にはどのような機能を有している、もしくはその可能性を有していると考えられるのだろうか。開発教育の見地から、地域の持ちうる機能を、相互に関連し合う三つの観点から、以下簡潔に指摘しておきたい。

①「歴史に学ぶ」——**先人たちの知恵に学ぶ場としての地域**　まず、地域は「歴史に学ぶ」場である。歴史的存在としての人間が、先人たちの知恵に学び、生きることを保証しあってきた場が地域である。地域のなかには、先人たちが問題解決を通して蓄積してきた長い歴史的営みとしての多くの知恵が、地域性や文化・習俗・風習として織り込まれてきている。

いま私たちが、地域を問題解決・課題達成の場として捉え、そこでの学びのあり様を考えようとするとき、地域の文化・習俗・風習などに見られる先人たちの知恵に学ぼうとすることは、最も基本的かつ必要な姿勢と言うことができる。またこのことは、伝統的な「おしえ、そだて」とは断絶した形で、外から制度として地域に持ち込まれ、現在においても地域性と切り離された教育を生み出しがちな学校教育・学校文化を再考する上でも、大きな意味をもっているということができる。

②「参加する」——**参加を可能にする場としての地域**　第二に、地域は「参加する」場である。「参加」は、開発教育のキーワードであり、学習過程への参加、問題解決への参加、そして地球社会づくりへの参加など、多面的に捉

えられてきている。そして学習者に、社会活動への具体的な参加を可能にする場が地域である。

ここで注視すべきことは、この参加は複合的・重層的に捉えうるということである。たとえば地域社会というものが政治・経済・文化といった要素を内包していることを考えると、そこにおける社会参加とは、政治的参加、経済的参加、文化的参加を意味することになる。また参加の対象となる社会活動を「公」「共」「私」という三つのセクターに区分してみた場合、そこには主に行政が担う平等性・公共性を原理とする「公」の活動、多様な市民組織・団体などが担う共同性を原理とする「共」の活動、そして主として企業や個人が担う私益を原理とする「私」の活動が浮びあがる。

つまり開発教育が標榜してきた社会参加というものは、地域に根ざして考えた場合、上記のように政治・経済・文化、そして「公」「共」「私」といった側面から、より複合的・重層的に捉えることが可能になる。そして地域の問題状況に即して社会参加の必要性を考えるならば、たとえば今、地域社会の崩壊、地域的関係性の希薄化といった表現で指摘されているのは、「公」が硬直化し「私」が肥大化する一方、「共」が崩壊・弱体化している状況である。その打開に向けて、民間市民組織であるＮＰＯやＮＧＯによる地域を軸とした社会活動への参加は、まさに「共」の再生への大きな原動力として捉えることができる。このように地域は、開発教育が重視する社会参加を具体的に語ることを可能にするのである。

③「対抗し創る」――対抗・創造の場としての地域　第三に、地域は対抗し、創造する場である。開発教育は問題解決を通して共に生きることのできる公正な地球社会づくりをめざしているが、その過程では多様な対抗・創造のプロセスを生み出すことになる。その過程の軸になるのが地域である。

たとえば経済のグローバル化の進展は、効率性・競争原理という価値による均質化・序列化を世界的に押し進め、また金融の自由化と多国籍企業活動の自由化は、弱い国の経済を暴力的に破綻させ富を収奪し、結果としてその恩恵に与かる地域とそうでない地域の格差を一層拡大させつつある。そしてこのグローバル化に対抗し、異なる価値による社会づくりへの動きを生み出しうるのが地域である。

たとえば近年、世界の各地域で生まれつつある「地域通貨」はその一事例である（第4章総論および事例2参照）。地域通貨は特定の地域の集団内で流通するようにつくられた通貨であり、貨幣ではないため、投機や貯蓄の対象にはならない。環境、福祉、教育といった特定のテーマに沿って、サービスをやりとりしたり、ものを売買したりする場合に使われるが、住民同士の顔の見える関係のなかで使われるところに特徴がある。

また地域通貨の一つの魅力は、効率性・競争を基本原理としていないことにある。たとえばミヒャエル・エンデは、ルドルフ・シュタイナーの社会有機体三層論を基礎に、社会という有機体を構成する三つの領域とその基本原理として、政治・法における「平等」、精神・文化における「自由」、そして経済における「友愛」を示している。[5] 経済活動は効率性・競争を不可避的な原理とするという認識が一般的であるのに対して、経済の基本原理に「友愛」を置くということは興味深い指摘である。地域通貨はこの原理に近く、住民同士がなりわいを助け合い、相互に支え合うことがめざされており、一つの地域共同体を結びつける絆になる可能性が想像できる。

貧困や地域間格差が深刻化し、経済のグローバル化にどう対峙するかが問われているなかで、地域通貨に見られるような新しい原理に基づく地域づくりへの試みは、対抗・創造の可能性を具体的に感じさせてくれる。そのような試みとして他にも公正な貿易をめざすフェアトレード（第4章コラム参照）など、様々な動きを地域に見出すことができる。

おわりに――これからの開発教育と地域

以上、「歴史に学ぶ」「参加する」「対抗し創る」という三つの観点から地域の持つ機能について考えてみたが、これらは、人間が歴史的存在、社会的存在、文化的存在として主体的に生きていくうえで必要とされる機能であり、地域は基本的な生活空間としてこれらの機能を内包することを可能としている。しかしこれらの機能は、地域に固定的に歴史的に存在しているわけではなく、課題を軸にした学び・教育を通して、活性化・再生されていくものである。本書の第1章以降の各テーマ、「多文化の共生」「『農』を中心とした学びの共同体づくり」「環境と開発」

「地域からの経済再生」「市民意識の形成と市民参加」「子ども・女性の参加」「ネットワークづくり」は、その課題を具体的に浮かび上がらせている。したがってそれぞれの地域が直面する課題を見据えるなかで、またそれらを世界の他地域にみる課題と関連づけるなかで、地域の機能を活かした学びをつくり、またその学びづくりを通して、地域の機能を活性化・再生していくことが、これからの開発教育の使命であり、可能性ではないだろうか。

●注

（1）開発教育において、「開発問題」をある特定化された問題として捉えることは難しい。それは、社会のあり様とその変化の過程・方向性を示す開発という概念自体が、歴史的社会的状況の中で問い続けられ変化しているため、「開発問題」もそれに応じて変化していくためである。ただ一九六〇年代以降、ますます深刻化する貧困、南北格差などの問題が、「開発問題」を象徴していることは事実である。また本書では、日本の足元の地域からも「開発問題」を捉えていこうとするため、そこには、過疎、産業不況、格差拡大、公害、環境破壊、多文化化・多民族化に伴う偏見・差別など数多くの問題が「開発問題」として浮かびあがる。

（2）「開発教育地域セミナー」は、開発教育協会と地元の実行委員会との共催事業として、外務省の資金協力を受けて実施されたものである。第7章事例1参照。

（3）教育方法のみに関心が払われることの危険性に関しては、一九九九〜二〇〇一年度にかけて開発教育協会内に設置された参加型学習研究会が指摘している。『開発教育』四二号（開発教育協会、二〇〇〇年）を参照。

（4）守友裕一『内発的発展の道——まちづくり、むらづくりの論理と展望』農山漁村文化協会、一九九一年、一一八頁。

（5）河邑厚徳＋グループ現代『エンデの遺言——根源からお金を問うこと』NHK出版、二〇〇〇年、七六頁。

序論 2

これからの開発教育と「持続可能な開発のための教育」

田中治彦
立教大学文学部教員
（特活）開発教育協会代表理事

はじめに

筆者が「持続可能な開発のための教育（以下ＥＳＤ：Education for Sustainable Development）」という用語に出会ったのは二〇〇二年五月頃のことであった。その年の八月には南アフリカ共和国のヨハネスブルグにおいて「持続可能な開発に関する世界首脳会議」が開かれようとしていた。日本政府と民間団体（環境教育系のＮＧＯ・ＮＰＯ）はそれぞれの立場から、このヨハネスブルグ・サミットにおいてＥＳＤの推進計画を採択するように働きかけていた。民間側で動いていたのがＮＧＯ・ＮＰＯの有志による「ヨハネスブルグ・サミット提言フォーラム」であり、この時期に開発教育協会（ＤＥＡＲ）や開発教育関係者にもこの「提言フォーラム」に加わるように働きかけがあった。そして、ヨハネスブルグ・サミットには開発教育関係者数名が参加し、開発教育のワークショップを実施して、ＥＳＤの推進に向けてアピールした。

結局、ＥＳＤの推進についてはヨハネスブルグ・サミットで採択され、同年一二月の国連総会において、二〇〇五年からの一〇年間を「国連・持続可能な開発のための教育の一〇年」（以下「ＥＳＤの一〇年」）とすることが決議された。ＥＳＤは一方で従来の環境教育の流れを汲んでいると同時に、南北問題や人権問題を扱ってきた開発教育の内容を包含する概念であったため、ＤＥＡＲとしては、こうした動きに反対する理由はなかった。しかしながら、当初はＥＳＤが従来の開発教育とどこが同じでどこが違うのか、ＥＳＤと開発教育をどう関連づけるべきなのか、など不明な点が多かった。そこでＤＥＡＲでは、これらの点を明らかにすべく機関誌『開発教育』の別冊として『持続可能な開発のための学び』を二〇〇三年三月に刊行した。そして、「ＥＳＤの一〇年」が始まった二〇〇五年には、ＤＥＡＲとしてＥＳＤをどう捉えてどう推進するかについて、『ＤＥＡＲのＥＳＤ（持続可能な開発のための教育）に対する認識と基本姿勢』という文書を発表した（六月一日）。この間、毎年八月に開かれる開発教育全国研究集会でもＥＳＤの分科会を設けて、具体的な実践例をもとに議論を重ねた。しかしながら、概して開発教育の関係者はＥＳＤという概念に対して積極的な関心を示すには至らず、また、ＥＳＤという枠組みでの実践についても必ずしも熱心とは言えないように筆者は感じている。それは開発教育の関係者にとって、ＥＳＤがそれほどの目新しさを感じさせなかったためかもしれない。

これはＥＳＤの推進を担うことを期待されているもう一つの教育分野である環境教育と比較すると対照的である。環境教育学会では、ＥＳＤの分科会や研究報告会に多くの聴衆が集まり、また学会としてＥＳＤを重点課題の一つとして取り上げている。これはＥＳＤが今後の環境教育に対して重要な新しい視点を提供しているからであると考えられる。それは、一九九〇年代より主流となった体験学習中心の環境教育実践に対して、ＥＳＤが「世界や地域の問題のリアリティを重視し、その解決に向けて参加する技能や態度を養う」という観点を強調していて、問題解決型の環境教育を提唱しているからである。あるいは、従来は生態学や理科的な題材が中心であった環境教育に対して、ＥＳＤは政治、経済、社会といった文脈をより強調しているからである。

とはいえ、ＥＳＤが開発教育に新しい視点を全く提示していないわけではない。開発教育はもともと「南」の国々の貧困や開発の問題を扱ってきたが、ＥＳＤはそれらの課題を日本の地域とつなげながら展開することを求めている、ということができる。この点は従来の開発教育においてはやや欠落していた部分であり、このことが本書において「これからの開発教育」とＥＳＤとの関係を議論する大きな理由である。その意味では本書のテーマと内容自体が、開発教育がＥＳＤの視点を組み入れて展開されていくためのひとつの試論と言ってもよい。

そこで本稿ではまず、ＥＳＤのもととなっている「持続可能な開発」について、主として開発論の立場からその意義を考えてみたい。次にＥＳＤの概念を、従来の環境教育や開発教育との関連の中で明らかにするとともに、国内外のＥＳＤの推進体制を概観する。最後に、「持続可能な開発」と深く関係している「参加型開発」と、ＥＳＤの方法論としての「参加型学習」に着目しながら、これからの開発教育がＥＳＤの枠組みによってどのように発展しうるかを展望してみたい。

1　「持続可能な開発」とは？

(1)「持続可能な開発」の起源

「持続可能な開発（Sustainable Development）」は、もともと海洋資源の保護をめぐる「最大維持可能漁獲量」という考え方から派生した概念である。一九八七年にブルントラント委員会（元ノルウェー首相ブルントラントを委員長とする、環境と開発に関する世界委員会）より出された『我々の共通の未来』という報告書の中で、初めて環境と開発とを同時に視野に入れた概念として定義づけられた[1]。そこでは「持続可能な開発」は「将来の世代が自らのニーズを充足する能力を損なうことなく、現在の世代のニーズを満たすような発展」と定義された。これは従来のように開発と環境を対立的に捉えるのではなく、両者を統合的に捉え、「地球の生態系が持続する範囲内で開発を進める」という考え方である。そこでは、現在の世代が将来の世代のための資源を枯渇させぬこと（世代間の公正）と、南北間の資源利用の格差すなわち貧困と貧富の格差を解消すること（世代内の公正）がめざされている。

「持続可能な開発」を開発論の立場からみると、それは一九七〇年代後半に論じられ始めた「もう一つの開発（Another Development）」、「オルタナティブな開発（Alternative Development）」の系譜に位置づけることができる。この議論は一九七七年にスウェーデンのダグ・ハマーショルド財団が発表した『もう一つの開発――いくつかのアプローチと戦略』を契機に始まり、従来の経済開発路線に代わる新たな発展の道を模索するものであった[2]。同報告書では

「もう一つの開発」を次の五つの特徴をもつものとして定式化した。①人間の基本的ニーズを充足する、②内発的である、③自立的である、④エコロジー的に健全である、⑤経済社会構造の変化を必要とする。この「もう一つの（オルタナティブな）開発」は、主として国際協力ＮＧＯの活動において重要なキーワードとして採り入れられていった。

②の「内発的である」は一九七〇年代半ば、鶴見和子らによって提起された「内発的発展論」の影響を受けている。[3] これは外部からの資金と技術の投入により「後進地域」の経済発展を促すいわゆる「近代化論」に対抗する形で提唱された概念で、経済中心の一元的な発展ではなく、伝統や文化を含めた価値、人間の全人的発展と地域のイニシアチブを重視し、相互依存的世界の形成をめざすものである。そこでは人間と環境の関係も不可分のものと捉えられている。

一九九二年にリオデジャネイロで開かれた「環境と開発に関する国連会議（地球サミット）」においては、「持続可能な開発」の理念が国際的に合意され、具体的な行動計画として「アジェンダ21」が採択された。以後「持続可能な開発」は、第二回世界人権会議（一九九三年、ウィーン）、国際人口開発会議（九四年、カイロ）、国連世界社会開発サミット（九五年、コペンハーゲン）、第四回世界女性会議（九五年、北京）、第二回国連人間居住会議（九六年、イスタンブール）など、九〇年代に開催された国連会議・国際会議において中心的なテーマとなり、そこでの議論を経て次第に地球社会が抱えている課題（人口、貧困、環境、ジェンダー、居住、人権など）の相互関連性が明らかにされることとなる（二五頁表1参照）。そしてそれらの課題の解決には国を超えた国際協力とともに参加型市民社会の構築が不可欠であるということが各会議で表明された。

(2)新しい開発の概念

「持続可能な開発」の概念に大きな影響を与えたものとして、「参加型開発」と「人間開発」「社会開発」の考え方がある。経済協力開発機構（ＯＥＣＤ）の一機関である開発援助委員会（ＤＡＣ）は一九八九年に『一九九〇年代の開発協力』という報告書を発表し、九〇年代の開発協力を主導する理念として「参加型開発（Participatory Development）」を提唱した。参加型開発とは、開発の受益層自身が開発の意思決定プロセスに参加すること、そしてより公平にその恩恵を受けるようにすることを主眼とする（第三節(1)も参照）。これは民主的なシステムの確立と公平な分配を保証する概念でもある。そして、この場合の「参加」の主体は、社会的に弱い立場に立たされた人々、すなわち都市のエリートに対する農村の住民、男性に対する女性、大人に対する子ども、支配民族に対する少数民族や先住民族などである。国際労働機関（ＩＬＯ）など複数の国連機関は共同で調査を行い、参加型開発の現状、方法、課題をまとめて『民衆と共にある開発』を一九九一年に発表した。[4] この後、「持続可能な開発」においてはこうした人々の「参加」が中心的なテーマとなることが認識されていく。

また、従来の経済成長中心の開発観に代わって、人間そのもの、そして社会の発展に焦点が当てられたのが「人間開発」「社会開発」の考え方である。国連開発計画（ＵＮＤＰ）は一九九〇年に『人間開発報告書』を発表し、「人間開発」を九〇年代の開発戦略の中心に位置づけることを提言した。[5] そこでは、「人間開発」とは、人々が各自の可能性を十全に開花させ、それぞれのニーズと関心に応じて生産的かつ創造的な人生を開拓できるような選択肢が拡大されることである、と説明される。一方「社会開発」は、「人間開発」が可能となるような社会条件を整備することに主眼が置かれたものである。社会開発の理論においては、人間優先の開発分野、すなわち栄養、飲料水、識字、教育、保健医療、雇用、環境などの分野が重視される。また、性差や民族などに基づく差別をなくし、社会的に弱い立場に立たされた人々の権利の擁護と、人々が社会参加する力を自ら獲得していくエンパワーメントの促進をめざす。「社会開発」は一九九五年の国連世界社会開発サミットにおいて提唱され、「コペンハーゲン宣言・行動計画」が採択されて、九六年からの一〇年間が「貧困根絶の一〇年」と定められた。そこでは各国政府は公共支出のうち少なくとも二〇％を社会開発に向け、また政府開発援助（ＯＤＡ）の二〇％を社会セクターに向けるべきという「二〇・二〇協定」が合意された。先に述べた「持続可能な開発」の概念のひとつの柱である「世代内の公正」（南北間の資源利用の格差すなわち貧困と貧富の格差の解消）の内実が、「人間開発」「社会開発」の提唱によってより具体的かつ明確に示されたということができる。

このように環境の持続可能性、世代内の公正、開発概念の問い直しといった地球規模の課題が国連を中心とした場で合意される一方で、経済のグローバリゼーションによる全く別方向の動きが顕著となったのも一九九〇年代の特徴である。GATT（関税および貿易に関する一般協定）ウルグアイ・ラウンド（一九八六～九四年）の合意により、九五年にはGATTを引きつぐ形で世界貿易機関（WTO）が発足した。WTOは物品やサービスなどの貿易の自由化を目的とした諸協定の実施と管理を行う国際機関であり、これにより世界の貿易自由化が一層促進されることになった。また、金融や投資についてはその促進や規制に関する国際的な協定が未整備な状況の下で、事実上国境を越えた投資が広範に行われていく。こうした経済のグローバリゼーションは世界規模の市場経済を発展させる一方で、貧富の格差、南北格差を地球的な規模で増大させる結果を生んだ。多国籍企業や国際金融機関による開発プロジェクト融資が、現地住民の生活や環境を破壊する事例も見られる。世界を覆う経済のグローバル化のなかで、地域の主体性を重視した形での「持続可能な社会」は可能なのか、という深刻な問いが投げかけられている。

2　ＥＳＤの概念とその推進体制

(1)地球サミット以降のＥＳＤへの発展

ＥＳＤの根拠は、「持続可能な開発」がキーワードとなった一九九二年の地球サミットに求めることができる。その行動計画である「アジェンダ21」では、第三六章で「教育、意識啓発及び訓練の推進」が扱われており(6)、その第三節で「教育は持続可能な開発を推進し、環境と開発の問題に対処する市民の能力を高めるうえで不可欠である」と述べられている。さらにその後段には、「教育はまた、持続可能な開発にそった環境および倫理上の意識、価値と態度、そして技法と行動様式を達成するために不可欠である」とも記されている。

「アジェンダ21」を受けてユネスコ（国連教育科学文化機関）は一九九七年一二月に、ギリシアのテサロニキにおいて「環境と社会に関する国際会議――持続可能性のための教育と意識啓発」を開催した。その最終文書である「テサロニキ宣言」では、「環境教育を『環境と持続可能性のための教育』と表現してもかまわない」（第一一節）と表現している。[7] そして、「持続可能性という概念は、環境だけではなく、貧困、人口、健康、食糧の確保、民主主義、人権、平和をも含むものである。最終的には、持続可能性は道徳的・倫理的規範であり、そこには尊重すべき文化的多様性や伝統的知識が内在している」（第一〇節）と述べられている。「テサロニキ宣言」において、環境教育を「環境と持続可能性のための教育」すなわちESDとして発展させることが提起されたことは、特に環境教育関係者に大きな影響を与えた。しかしながらその「持続可能性」の内実が、環境のみならず開発、民主主義、人権、平和、文化的多様性を含む概念であるとされたことから、「持続可能性の教育」は従来の環境教育に比べてはるかに広い枠組みであることが予想された。

開発教育関係者により大きな影響を与えたのが「ハンブルク宣言」である。これは一九九七年七月にドイツのハンブルクで行われたユネスコ第五回国際成人教育会議において採択されたもので（正式名は「成人学習に関するハンブルク宣言」）、そこでは一九九〇年代の様々な国際会議・国連会議の決議や行動計画の総括が行われ、地球的課題群と成人教育の課題について問題提起している。[8] そこでは地球的諸課題として、貧困・南北格差の解消、地球環境問題の解決、平和で民主的な社会の実現、被差別者・社会的弱者（女性、子ども、障害者、先住民、高齢者、等）の権利としての学習機会の保障が挙げられている。宣言の背景には、こうした諸課題の解決のためには「人間開発」と「参加型市民社会」が必要であり、そのためには成人教育こそ必要不可欠であるという基本認識がある。

成人教育という営みは、弱い立場に立たされた人々が自らを解放するための学習活動としても重要である。例えば、被抑圧者自身が自己のプライドと自信を回復し、自らの状況を改善するための諸能力を獲得すること、すなわちエンパワーメントにとって、成人教育のもつ意義は大きい。エンパワーメントには、個人的な能力の向上という意味以上に、社会を変革するための力の獲得という意味が含まれている。それ故、エンパワーメントのための学習には、識字教育、職業訓練にとどまらず、抑圧的な社会構造を理解する学習や、抑圧されている人々同士が連帯し声を上げていくための人間関係の構築や組織の運営法について学ぶことなども含まれる。「ハンブルク宣言」では、各国政府と成人教育関係者に、このような学習の権利を保障するための教育施策をとるように求めている。後述するように、DEARでは一九九七年に創設以来使用してきた開発教育の定義を改訂しており、そこには九〇年代の一連の国際会議での議論と「ハンブルク宣言」の影響を見ることができる。

(2)ESD推進の動向

二〇〇〇年九月には、ニューヨークにおいて国連ミレニアム・サミットが開催され、二〇一五年までに国際社会が達成すべき課題として「ミレニアム開発目標(MDG)」が設定された(9)。MDGには次の八つの目標が掲げられている——①極度の貧困と飢餓の撲滅、②普遍的初等教育の達成、③ジェンダーの平等の推進と女性の地位向上、④幼児死亡率の削減、⑤妊産婦の健康の改善、⑥HIV/エイズ、マラリア、その他の疾病の蔓延防止、⑦環境の持続可能性の確保、⑧開発のためのグローバル・パートナーシップの推進。さらにこれらの目標のもとに具体的な一八のターゲットが設定されている。「環境の持続可能性」は第七目標として設定されているが、ここまで述べてきたようなESDをめぐる議論から考えると、MDGのすべての目標がESDに関係するものと考えてよいだろう。

このような経過を経て、二〇〇二年のヨハネスブルグ・サミットにおいて「ESDの一〇年」が提唱されるに至る。これを受けて二〇〇四年一〇月には第五九回国連総会においてユネスコが「ESDの一〇年実施計画」最終案を提示し(翌年策定)、翌二〇〇五年から「ESDの一〇年」がスタートしたのである(10)。

日本においては、「ESDの一〇年」採択に向けて活動してきたNGOを中心に、二〇〇三年六月に「持続可能な開発のための教育の一〇年推進会議(ESD—J)」が発足した。政府は二〇〇五年一二月に「ESDの一〇年」関係省庁連絡会議を内閣府に設置し、翌年にはその推進のための実施計画を定めた。この実施計画の一環として、環境省は「ESDの一〇年促進事業」の実施地域を募集し、北海道石狩郡当別町、大阪府豊中市など国内一〇地域を採択した。しかしこうした推進施策にもかかわらず、ESDの概念が広範すぎてわかりにくく、その理念や運動

表1　「持続可能な開発」とESDの略年表

1972年	国連人間環境会議（ストックホルム）
1987年	ブルントラント委員会報告（「持続可能な開発」を初めて提起）
1990年	「万人のための教育」会議（ジョムティエン）
1992年	環境と開発に関する国連会議［地球サミット］（リオデジャネイロ）
1993年	第2回世界人権会議（ウィーン）
1994年	国際人口開発会議（カイロ）
1995年	国連世界社会開発サミット（コペンハーゲン）
	第4回世界女性会議（北京）
1996年	第2回国連人間居住会議（イスタンブール）
1997年	第5回国際成人教育会議（「ハンブルク宣言」採択）
	環境と社会に関する国際会議（テサロニキ）
2000年	国連ミレニアム・サミット（「国連ミレニアム宣言」採択）
2002年	持続可能な開発に関する世界首脳会議（ヨハネスブルグ）
	国連総会「ESDの10年」決議
2003年	（日本）「ESDの10年推進会議（ESD–J）」発足
2004年	（日本）環境教育推進法成立
2005年	「ESDの10年」開始（～2014年）
	ユネスコ「ESDの10年実施計画」策定
2006年	日本政府、ESD推進のための実施計画策定

が国内になかなか浸透しないという課題を抱えている。

国際的な動きとしては、ESDに特に熱心なのが韓国である。韓国では大統領府にESD関連政策を推進するためのセクションが設けられた。この他、台湾、インド、中国、スウェーデン、オランダ、オーストラリア、ドイツ、イギリスなども積極的である。これらのうち「北」側の場合、環境教育、人権教育、グローバル教育等が主な課題とされているのに対し、「南」側は、貧困撲滅を中核とした教育、HIV／エイズ教育、紛争防止教育等を中心に取り組みが進められている。

(3)開発教育とESD——地球的課題への関心

それでは開発教育はいつからESDを意識し、その活動のなかに取り入れてきたのであろうか。本書序論1にあるように、日本の開発教育は一九八〇年代に始まった教育活動で、当初は開発途上国における貧困や飢餓といった「低開発」を問題として、その解決のために先進工業国の住民としてできること、してはいけないことを考えるという学びをめざすものであった。したがって初期の主要テーマは貧困、南北格差、国際協力などであった。この時期の開発教育の特徴は、その知識や情報の多くを「南」の国々で活動し始めた国際協力NGOに拠っていたことである。この頃のNGOの活動は、主にアジアの「途上国」の貧困問題を解決すべく現地で支援活動を行うもので、開発教育はそれらのNGOから提供される情報や彼らの経験をもとに日本の子どもや一般の人々に「南」の世界の現実を知らせ、国際協力の必要性を訴えるという活動を行ってきた。国際協力活動と開発教育とはいわば車の両輪のように手を携えて、国外と国内の「開発」をめぐる問題意識をつなぎ、課題解決に向けて活動してきたと言ってもよいであろう。

一九九〇年代に入ると、先に述べた一連の国連・国際会議での議論を受けて、開発教育は環境、人権、平和、ジェンダーなどのグローバルな課題との関連性を意識するようになる。日本の開発教育のナショナル・センターともいえるDEARは、「ハンブルク宣言」と同年の一九九七年に、発足以来使用してきた「開発教育」の定義を改訂する（現在の定義については序論1の第1節(1)、七頁を参照）。この改訂では、「低開発」に象徴される狭義の開発問題に焦点を当てる従来の定義から、「地球的諸課題の相互関連性」「文化の多様性」などへと問題意識をより広げていく方針が採られた。つまりこのときからDEARはESDの活動を実質的に開始していたと言うことができる。そしてその後、DEARは「総合的な学習の時間（総合学習）」の導入をにらみながら、参加型学習の手法づくり、開発問題のカリキュラムづくり、学校・NGO・地域の連携などに関する研究会を立ち上げて、それらの研究成果をもとにハンドブックづくりなどに取り組んできた(11)。

DEARでは、開発教育を「私たちひとりひとりが、開発をめぐるさまざまな問題を理解し、望ましい開発のあり方を考え、共に生きることのできる公正な地球社会づくりに参加することをねらいとしている」と説明した上で、具体的な教育目標として「人間の尊厳性と文化の多様性の理解」「貧困と南北格差の現状と原因の理解」「開発問題と地球的諸課題の関連性の理解」「自分と世界とのつながりへの気づき」「問題解決への参加の能力と態度の養成」の五項目を上げている(12)。DEARではこの方針に基づき、「ESDの一〇年」の開始にあたり次の三つのことを提案している(13)。①次の学習指導要領（二〇一一年頃を予定）の中に、できるだけ多くESDの内容を盛り込む。「総合学習」についてはこれを維持発展させる。②各自治体に対し、ローカル・アジェンダをESDの観点から見直して、環境のみならず在住外国人、福祉、子育てなど幅広い分野を含んだ新ローカル・アジェンダを作るように働きかける。③ＥＳＤのアジア・太平洋におけるネットワーク作りを積極的に推進する。本書のテーマからみれば、特に②と③との関わりで、アジア各地での村落開発とくに「参加型開発」に学びながら日本の地域の問題を考えていく視点、あるいは逆に日本の地域の課題や解決への試みをアジア各地に発信していくことが重要である。

(4) 環境教育とＥＳＤ

ＥＳＤの学習論を早い時期に提起し、ユネスコが「ＥＳＤの一〇年実施計画」を策定する過程でアドバイザーとして活躍したのが、オーストラリアの環境教育学者ジョン・フィエンである。彼は、その著書『環境のための教育――批判的カリキュラム理論と環境教育』のなかで、「環境」と「教育」の思想・理念によって、環境教育を五つの類型に分類した。(14) その中のひとつである「批判的環境教育」が、今日の「持続可能な開発のための教育」に直接つながる理念と方法を有している。フィエンは、批判的環境教育は次のような五つの特徴をもっていると解説する。(15)

一．批判的環境教育は、以下の点に基づいて、環境への批判的意識を伸ばすことを強調する。
(a) 自然システムと社会システムの相互依存関係の総和として環境をホリスティック（全体的）に見ること。
(b) 現在と将来の環境問題を歴史的展望で捉えること。
(c) 次の点を検討し、環境問題の原因と影響、オルタナティブな解決策を探ること。
(i) イデオロギー・経済・科学技術の関係
(ii) 地域・地方・国家と地球規模での経済のつながり

二．批判的環境教育は、社会の現実の問題に焦点を当て、情報の種類とタイプについて広範に研究しながら、実践的で学際的な多様な学習経験を経て、批判的思考と問題解決技能を伸ばすことをめざす。

三．批判的環境教育は、環境の質に対する感受性と関心をもとにして、環境倫理意識を育むことをめざす。

四．批判的環境教育は、環境の質を改善し維持するさまざまな社会的行為に加わるように促す政治リテラシーに対する理解や態度、またその技能を養成することをめざす。

五．批判的環境教育は、目的に合った教授アプローチを必要とする。すなわち、それは「批判的実践」と呼ばれているものである。

同書邦訳に解説を書いた訳者の石川聡子は、持続可能性のための教育の基本原理として、①理念・基本的価値（公正・正義）、②手続き・過程（参加型合意形成・民主的意思決定）、③担い手・主体（市民・自立的存在）、の三つがあるとしている(16)。その上で、「簡潔にいうと、人間社会における公正さの実現のために、社会の構成員一人ひとりが、民主的な意思決定の手続きに主体的に関わることができ、他者とのつながりのなかで自らが豊かな存在になれることである。このような市民を形成し、持続可能な社会の構築へ向かう教育的役割を、持続可能性のための教育は果たすべきと考えている」とまとめている。

フィエンと石川が論ずるＥＳＤとは、詰まるところ「公共の問題に関わり解決のために参加できる市民の育成」をめざす教育である。その意味では、開発教育は一九八〇年代から南北問題という地球規模の公共の問題に関わり、その解決のために参加できる市民の育成をめざしてきたし、特にＤＥＡＲは一九九七年の新しい定義によって、南北問題に限らず環境、人権、多文化共生などを含む地球的課題の総合的理解と、その解決に向けて参加することのできる市民の育成という視点をより明確にしていた。そのためにむしろ、冒頭に述べたように、ＥＳＤの概念が二〇〇二年のヨハネスブルグ・サミットによって改めて提起された時には、開発教育関係者からはそれが従来の開発教育とどのように違うのか、従来の開発教育に何を加えればＥＳＤとなるのか、という疑問と戸惑いが見られたのである。

3　これからの開発教育と「持続可能な開発」

(1) 参加型開発と開発教育

ここで、「持続可能な開発」の観点から「これからの開発教育」を考えるにあたり、近年国際開発協力の現場から生まれた「参加型開発」の考え方をもう少し詳しく見ておきたい。先に述べたように開発教育は、国際協力NGOなどの活動から情報や経験的知識を得て、それを日本の地域や学校の現場に伝えてきた。したがって一九九〇年代以降の「南」の開発の現場および国際協力活動のあり方の変化は、日本の開発教育にも陰に陽に影響を与えてきたのである。

「参加型開発」は第一節(2)で述べたように、開発の受益層自身が開発の意思決定プロセスに参加すること、そして人々がより公平に開発の恩恵を受けるようにすることをめざす。ここではその実例として、筆者が研究対象としているタイの事例をあげる(17)。

開発プロジェクトには歴史的にみて、大きく三つのタイプがある。第一は一九七〇年代まで主流を占めた「慈善型」の開発プロジェクトで、貧困層や社会的弱者に対して慈善的な援助を行うタイプである。例としてタイでは、宗教系・王室系の慈善団体が、貧しい地域から大都市に売られてくる少女たちを救済する事業などを行っていた。第二のタイプは「技術移転型」で、八〇年代にアジア各国で数多く誕生したNGOはほとんどがこのタイプであり、その多くが、貧しい農村の開発やスラムの改善のために活躍した。その一例として、この時期タイの農村で盛んに実施された「総合農法」がある。これは米中心の自給自足型の農業から、野菜、果樹、魚などの換金作物を栽培して現金収入を増やす複合型の農業へ転換するというものである。これらの協力活動はほとんどが外国の民間財団などのドナーや、各国政府、国連機関などから資金を得て、外部から「進んだ」技術を農村部に移転するという方法で行われた。これが現在に至るまで最も多く行われてきた開発プロジェクトのタイプであり、日本の国際協力活動の主流は今でもこれである。

しかし、一九八〇年代の終わり頃になると、こうした技術移転型の開発方式があちらこちらで行き詰まり、タイでは「参加型」と呼ばれる新しい開発プロジェクトの方向性が目指されるようになった。タイの地元のNGOはこの参加型開発の考え方に基づき、「ローカル・ウィズダム（伝統知）」を重視して、村人の参加のもとにプロジェクトを進めるように方向転換していった。しかしながら、当時のNGOは参加型開発の理念は理解していても、その実現の手法をもたなかった。そこで、NGOをバックアップしていたチェンマイ大学のグループは、一九八九年から四年間かけて、参加型開発の提唱者の一人であるロバート・チェンバースらをタイに招聘し、参加型農村調査法（PRA）、参加型学習行動法（PLA）など参加型開発の具体的な手法を学ぶ場を提供していった[18]。タイではその後九〇年代に入ると、従来の農村開発に代わってHIV／エイズ問題、山岳民族の権利の擁護、環境保護が社会開発の喫緊の課題となる。特に、北部タイにおいてエイズ問題が深刻化したが、参加型学習の手法が大幅に導入され、エイズ予防に成果を挙げていくのである。

このような「参加型開発」へのシフトチェンジは、まさしく「持続可能な開発」への方向転換を反映した動きだった。そしてこの変化は当然、国際協力を学習の情報源としてきた開発教育にも直接的、間接的に影響を与えていくことになる。

参加型開発は日本の開発教育にとって二つの大きな意味を持っている。ひとつは、「援助・国際協力」学習の捉え直しである。国際開発協力の現場は右記のように、住民主体の参加型開発の時代を迎えているにもかかわらず、実際の学校や地域の多くの場面では依然として「慈善型」や「技術移転型」の国際協力が教えられている。また国際協力学習が、「モノやお金を寄付すること」で終わるケースも多い。そこでDEARでは、参加型開発の理解を目的に、『「援助」する前に考えよう――参加型開発とPLAがわかる本』という教材を発表した[19]（二〇〇六年）。

もうひとつは、自らの足元である「地域」を参加型開発という視点で捉え直すということである。開発、持続可能な開発、参加型開発は、何も途上国の開発のためにのみ使われる言葉ではない。先進国の足元である地域づくり、まちづくりにも当てはまる言葉である。社会参加を通して、「共に生きることのできる公正な地球社会づくり」を開発教育がめざすにあたって、まず足元である地域社会への参加を考えることは、まさに参加型開発そのものであるとともに、地球社会づくりにつながる必要不可欠なプロセスであると言うことができる。

(2) 参加型学習と開発教育

これからの開発教育を考える上で、参加型開発との関連で重要となるもう一つの視点が参加型学習である。参加型開発はその性質上、従来は客体となっていた住民自身が主体となる過程、すなわちエンパワーメントのプロセスを重視する。その際には知識や技術を外から教えこむのではなくて、住民自身が主体的な学習を行うことができるように「参加型学習」の手法が重視される。PRAやPLAにとどまらず、参加型学習の学習過程は日本の開発教育のそれと似ている部分も多く、今後両者が研究実践を交流させることで、より学びあえることが増えるはずである。

日本の開発教育は、地球的課題の理解と「参加」をめざす教育学習活動であり、「共に生きることができる公正な地球社会」の実現に向け、とりわけ社会参加の「技能と態度」を養うことに主眼を置いてきた。そのため、これまで数多くの参加型学習の教材とワークショップを開発してきた。先に挙げた参加型学習行動法（PLA）は、参加型市民社会をめざしているという点と学習方法において開発教育と共通している。ただし両者には対象の違いからくる差異がある。開発教育はもともとは「北」の国々で発展したこともあって、ある程度の学校教育を経た子どもたちや地域の人々を対象としているのに対し、PLAは「南」の国々の村落の人々を対象としている点で、具体的な手法にはさまざまな相違がある。例えば、「途上国」の村には模造紙やマジックなどの学習用具が十分にないこともある。その場合PLAでは、木の枝や石や地面を使ってワークショップを行う。総じてPLAのワークショップはシンプルであり必要とする用具が少なく、開発教育のワークショップはより複雑で事前に用意すべきものが多い。また、学習の目的にも若干の差異がある。「途上国」の村落で行われている参加型学習はそれ自体が目的というよりは、住民参加型の開発を推進するための「手段」として位置づけられる。これに対して、日本の開発教育の参加型学習は、本来学校づくりや地域づくりのための手段としての学習ではあるものの、学習それ自体が「目的」である場合も多い。

開発教育の教材やワークショップが日本各地の学校に飛躍的に広まったのは二〇〇二年の「総合的な学習の時間（総合学習）」導入の前後である。「新貿易ゲーム」や「世界がもし一〇〇人の村だったら」などのワークショップは今では多くの学校で実践されている。[20] しかしながらそれらは、「参加型学習」とは言うものの、教室内だけ、授業内だけの「参加」に終わっていることが大半であり、開発教育が本来めざしてきた「社会参加の技能と態度」を養うまでには至っていないことが多い。開発教育の参加型学習は、子どもの生活や経験の中から発して自分の地域に関心をもち、地域社会に参加することや、世界の現実に気づき地球的課題に関心をもち、その解決に参加することができる能力や態度を身につけることをめざすものであるべきだろう。地域と連携しながら、子どもの社会参加を見据えた参加型学習をどこまで学校教育にも浸透させていくかが、今後の大きな課題である。

おわりに――地域と地域をつなぐ「開発教育の虹」

日本の国際協力も開発教育も、その本格的な導入から数えておよそ三〇年を経た。一九八〇年代、国際協力NGOは主にアジアの「途上国」の貧困の問題を解決すべく現地で援助活動を行い、開発教育はそれらの情報や経験をもとに日本の子どもや一般の人々に「南」の世界の現実を知らせ、国際協力の必要性を訴えてきた。そして九〇年代に入ると、国際協力の現場では住民参加型の開発が目指されるようになり、PRAやPLAを使って住民のエンパワーメントのための参加型学習が行われていった。一方、日本の教育現場では、総合学習の導入によりとくに「国際理解」の分野で開発教育の参加型学習教材が広く活用されるようになり、社会教育活動でも流布しつつある。

参加型学習は、学習活動への参加のみならず、社会への参加や課題に取り組む姿勢を促すことを重要視している。そして、「南北問題」の解決のためには、先進国と途上国双方の社会が変わっていかなければならないと考えている開発教育においては、参加の場、課題に取り組む行動は、国際協力だけでなく、自分たちの暮らしている社会をつくりだすことにおいても同様に重要だと考えているのである。

「暮らし」とは、すなわち何気ない日々の生活である。私たちの生活の場である地域やまちを主体的につくっていくことは、持続可能な世界をつくっていくことにつながっているのである。したがって、本書に多く示されている地域の主体的な取り組みは、開発教育であり、持続可能な開発のための教育といえる。

開発教育は、当初より重んじてきた参加型学習によって、海外における国際協力、参加型開発、PLAという分野と、日本の地域づくり・まちづくり、ワークショップ、アクション・リサーチといった分野の橋渡しをすることによって、そのウィングを広げようとしている。そしてそれは、参加型学習を軸にした「開発教育の虹」として形成されるだろう（図1参照）。一つのベクトル（学習の形態）としては、虹の右下の日本の地域の課題から発して、それを世界の課題とつなげ、「南」の地域へと近づいていく方向性がある。例えば、地域の外国人労働者の問題を考えるなかで、地球規模の「ひとの移動」を学び、さらに相手国の貧困問題やその解決に向けた努力を理解する、というような学習である。逆に、左下の「南」の地域の問題から発して、自分たちの地域の課題に接近する学習経路もある。例えば、タイやバングラデシュの村の実情や援助のあり方を考える中で、次第に日本に住む自分の身の回りの問題に関心をもち、両者のつながりを意識しながら学習を進めたり、地元で行動を起こしたり、というようなベクトルである。

図1　参加型学習を軸とした「開発教育の虹」

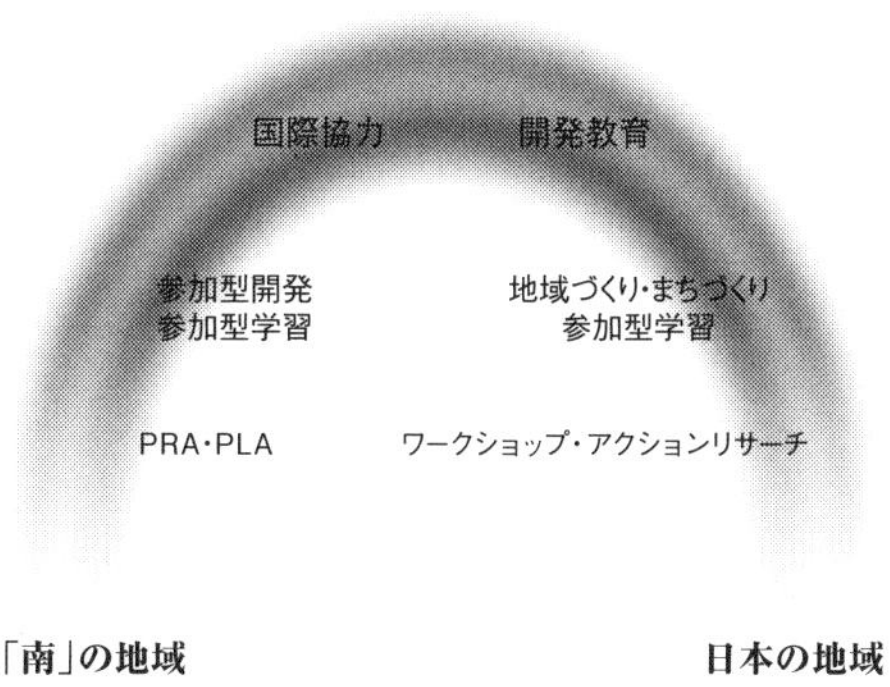

そして、いま私たちDEARが目指しているのは、日本の地域と「南」の地域とを直接つなぐような学びである。筆者がタイで関わったこうした「学びの交流」の事例をひとつだけ紹介しよう。持続可能教育促進研究所（ISDEP：Institute of Sustainable Development Education Promotion）はチェンマイに本拠

を置くNGOである。ISDEPの主な活動は、北タイのNGOスタッフや村のリーダーを養成することである。筆者は二〇〇四年六月にISDEPのプラヤット所長を訪ねて、日本の開発教育の活動を紹介するとともにISDEPの活動と課題について意見交換を行った。その際に、プラヤット所長は「自由貿易の進展によって、タイの農村はラオスや中国から輸入される安い農産物に押されて困っている。私たちは自由貿易の問題について村の人々に説明してきたが、どうも難しすぎて村人にうまくわかってもらえない」と語った。そして、DEARの開発教育教材の「貿易ゲーム」に強い関心を示した。そこでISDEPが主催するNGOスタッフ研修のなかで筆者が「貿易ゲーム」を披露することになった。このシミュレーション学習を体験したタイのNGOスタッフたちからは、「村人には作業が難しすぎる」という意見とともに、「国際貿易のしくみがわかりやすく理解できるので、村が置かれている状況を知るのに適当な教材ではないか」という感想が出された。

翌二〇〇五年八月にはISDEPとDEARの共催で、チェンマイ大学において「グローバリゼーションと参加型学習」をテーマに二日間のセミナーを行った。DEARの側からは開発教育教材「コーヒーカップの向こう側」から「アロマ村のコーヒー農園」というワークを紹介した。[21] さらに翌二〇〇六年夏に筆者らがISDEPを訪問した際には、「貿易ゲーム」と「コーヒー農園」を実際にいくつかの村で実施した結果について報告を受けた。難しすぎると判断された村もあれば、自由貿易の現状がよくわかった、と概ね好評の村もあった。日本の開発教育、あるいは他の教育分野も含めて、参加型学習の教材が、タイやアジア各地の実践においてどの程度有効性を示すかは、各地域が抱えている課題やその地域の住民の学習状況によっても左右されるし、いまだ検証の段階である。

いずれにせよ、こうした地域同士の学びの交流が続いていけば、「開発教育の虹」の下側がつながり、いずれ循環する学びの「円」となっていくであろう。今後の開発教育に求められているのは、ESDの理念を地域の中に根づかせて、このような循環を創りだす、地域と地域との「学びの経験交流」であるように思う。

●注

（１）World Commission on Environment and Development, *Our Common Future*, Oxford University Press, 1987.（環境と開発に関する世界委員会編／大来佐武郎監修『地球の未来を守るために』福武書店、一九八七年）

（２）M. Nerfin (ed.), *Another Development : Approaches and Strategies*, Uppsala : Dag Hammarskjold Foundation, 1977.

（３）鶴見和子・川田侃編『内発的発展論』東京大学出版会、一九八九年。

（４）Peter Oakley, et al., *Projects with People – The Practice of Participation in Rural Development*, ILO, 1991.（Ｐ・オークレー編／勝間靖・斉藤千佳訳『「国際開発論」入門――住民参加による開発の理論と実践』築地書館、一九九三年）

（５）UNDP, *Human Development Report*, 1990–.（国連開発計画編『人間開発報告書』国際協力出版会、各年版）

（６）*Agenda 21, Chapter 36, Promoting Education, Public Awareness and Training*, United Nations Conference on Environment and Development, Rio de Janerio, 3–14 June 1992.

（７）*Final Report*, International Conference on Environment and Society : Education and Public Awareness for Sustainability, Thessaloniki, Greece, 8–12 December 1997.

（８）*The Hamburg Declaration on Adult Learning*, UNESCO Fifth International Conference on Adult Education, Hamburg, 14–18 July 1997. 参考：田中治彦「地球的課題と生涯学習――一九九〇年代の国際会議の行動計画にみる」（『立教大学教育学科研究年報』四二号、一九九九年、一四七―一五六頁）、「開発教育とＥＳＤ（持続可能な開発のための教育）」（日本社会教育学会編『グローバリゼーションと社会教育・生涯学習』日本の社会教育第49集、東洋館出版社、二〇〇五年、一九九―二一一頁）。

（９）*The Millennium Development Goals* (http://www.un.org/millenniumgoals/). 日本語版は外務省のサイト「ミレニアム開発目標」（http://www.mofa.go.jp/mofaj/gaiko/oda/doukou/mdgs.html）を参照。

（10）*Plan of Implementation of the World Summit on Sustainable Development* (Johannesburg Summit), September 2002, p. 62. UN General Assembly December 2002 resolution 57/254.

（11）『参加型学習で世界を感じる――開発教育実践ハンドブック』（二〇〇三年）、『つながれ開発教育――学校と地域のパートナーシップ事例集』（二〇〇一年）、『開発教育キーワード51』（二〇〇二年）、開発教育協会。

（12）『開発教育ってなあに？』開発教育協会、二〇〇四年、四頁。開発教育の歴史と現状については、田中治彦「開発教育――これまでの二〇年とこれからの課題」（『開発教育』四七号、二〇〇三年、三―七頁）、及び湯本浩之「日本における

『開発教育』の展開」（江原裕美編『内発的発展と教育』新評論、二〇〇三年、二五三―二八五頁）参照。

（13）『DEARのESD（持続可能な開発のための教育）に対する認識と基本姿勢』開発教育協会、二〇〇五年六月一日。

（14）John Fien, *Education for the Environment: Critical Curriculum Theorising and Environmental Education*, Deakin University, 1993.（ジョン・フィエン／石川聡子他訳『環境のための教育――批判的カリキュラム理論と環境教育』東信堂、二〇〇一年）

（15）同上書、二九頁。

（16）石川聡子「これからの環境教育――人間環境の持続可能性をめざす」同上書、二〇〇頁。

（17）田中治彦「北タイのNGO活動の歴史と課題――特に参加型開発・参加型学習に着目して」（『立教大学教育学科研究年報』四九号、二〇〇六年、一〇七―一二二頁）。

（18）参加型農村調査法はPRA（Participatory Rural Appraisal）。参加型学習行動法はPLA（Participatory Learning and Action）。いずれも地域住民のエンパワーメントや自助自立を重視した参加型開発の理論・手法。参考：Robert Chambers, *Whose Reality Counts? Putting the First Last*, London: Intermediate Technology Publications, 1997.（R・チェンバース／野田直人・白石清志訳『参加型開発と国際協力――変わるのはわたしたち』明石書店、二〇〇〇年）。プロジェクトPLA編『続入門社会開発――PLA：住民主体の学習と行動による開発』国際開発ジャーナル社、二〇〇〇年。本書第6章総論二六七頁も参照。

（19）『「援助」する前に考えよう――参加型開発とPLAがわかる本』開発教育協会、二〇〇六年。

（20）「貿易ゲーム」は、紙や文房具などで貨幣や産品を表し、シミュレーションゲームで貿易を体験する教材。貿易を軸に世界経済の動きを擬似体験することによって、そこに存在するさまざまな問題について学び、その解決の道について考えることを目的としている（「新貿易ゲーム」は、今日の状況に合わせて二〇〇六年に改訂されたバージョン）。「世界がもし１００人の村だったら」は、「六三億の世界人口を一〇〇人に縮小してみたらどうなるか」をテーマにしたシミュレーション教材。「役割カード」などの材料や自分の身体を使いながら、世界の格差や多様性を体感するものである。『ワークショップ版　世界がもし１００人の村だったら』『新貿易ゲーム』『パーム油のはなし』『Talk for Peace! もっと話そう！――平和を築くために私たちができること』など、開発教育協会発行の教材参照。参加型学習の系譜については以下を参照のこと。『開発教育』四二号（特集：参加型学習）、二〇〇〇年、特に山西論文、廣瀬論文。中野民夫『ワークショップ――新しい学びと創造の場』岩波書店、二〇〇一年。

（21）『コーヒーカップの向こう側――貿易が貧困をつくる!?』開発教育協会、二〇〇五年。

第1章

多 文 化 の 共 生

国際化・グローバル化の進展に伴う人の移動が加速する中，多くの地域で，多文化化・多民族化が進んでいる。一方，この動きは，それまで日本社会が内包してきた民族・文化問題とも相まって，個々の文化的アイデンティティの模索，そして地域固有の文化の再発見・再創造という動きを生み出しつつある。いくつかの事例を通して，多文化の共生という視点から，これからの地域を描き，そこでの教育のありかたを探る。(写真：アイヌ・アートプロジェクトのメンバーたち。本章事例１参照)

総論

多文化共生と開発教育

早稲田大学文学学術院教員
山西優二

はじめに――地域にみる多文化化の進展

国際化・グローバル化の進展は、人々の国境を越えた移動を加速させ、特に一九七〇年代の後半以降、日本の各地において、多文化化・多民族化を促進させている。たとえば日本の学校では海外からの帰国生の数が増え、またアジア・中南米などからの外国人労働者とその家族、中国からの引揚者、アジアからの留学生など、日本に在住する外国人の数は飛躍的に増大している。そしてこのような状況は、アイヌ民族問題、在日コリアン問題などそれまで日本社会が内包してきた民族・文化問題とも相まって、個人レベルで文化的アイデンティティをどのように形成していくのか、また各地域レベルでいかにして多文化化・多民族化に対応し、多文化共生の社会を実現していくのかという課題を浮かびあがらせている。

一方、国際化・グローバル化の進展は、経済・情報のグローバル化に伴う文化・文明のグローバル化、均質化への動きをも加速させ、その内実としてのアメリカ化、西欧化への反発と、個々の文化的アイデンティティへの模索を促し、ローカルな、つまり国家的・地域的・民族的な伝統や価値を再生しようとする動きを活性化させつつある。ただこの動きは、時には国家主義・地域主義・民族主義的な色彩を示し、文化間に新たな対立を生み出す危険性を内包している。

このような状況の中で、教育は、そして開発教育は、文化をどのように扱うことが求められるのだろうか。また多文化共生を目標に掲げたいろいろな施策や国際交流・国際理解活動が国レベル、地域レベルで展開されているが、果たしてこの多文化共生とは、多文化がどのような関係をつくり出すことをめざしているのだろうか。本稿は、これまでの開発教育における文化の扱い方を批判的に再考し、これからの開発教育における文化の捉え方を描き出し、さらには地域の事例を参考にしつつ、多文化共生のあり様についても開発教育の見地から提示することを目的としている。

1 これまでの開発教育にみる文化の扱い方

地域そして地球社会を語る上で、また教育・学びを語る上で、文化は重要なキーワードである。では「集団によって共有される生活様式、行動様式、価値などの一連のもの」としての文化を、これまで開発教育はどのように捉え、それを教育活動においてどのように展開しようとしてきたのだろうか。

開発教育の定義・ねらいに関する言説の中で、文化に触れている個所は少ない。たとえば開発教育協会（DEAR）による開発教育の定義[1]では、「開発を考えるうえで、人間の尊厳性の尊重を前提とし、世界の文化の多様性を理解する」といった文言が見受けられるに過ぎない。私自身、DEARによる開発教育の定義の再考に関わった者として当時（一九九二年から九五年）の議論を振り返ってみると、「開発を考えるうえで」という文言が示すように[2]、開発問題を考える基礎として文化を取り扱うというように、文化の扱い方はある意味限定的であった。また「世界の文化の多様性を理解する」という文言の意味に関しても、当時の国際理解教育や異文化理解教育における一般的な認識を踏襲し、文化の異質性・共通性そして多様性への理解に力点を置き、文化を固定的、相対主義的に捉え、文化のもつ可変的、動的特質への理解や、時として文化に内在する階層性や差別性への批判的な認識が十分ではなかったのである。

しかしその定義再考が進行しつつある一九九四年の時点で、開発教育と文化理解に関して次のような論及がなされていたことは今改めて確認しておきたい。小西正雄は「開発教育が本来的には、強烈な未来志向、グローバル志向、行動主義を基本理念としていることは言うまでもない。…異文化理解教育は部分志向であり現状追認型ないし過去志向の教育にほかならないと言える(3)」としたうえで、異文化理解教育の文化相対主義的なあり様を次のように批判している。

「相対主義を前提として展開される異文化理解教育は、厳密な意味で文字通りの異文化『理解』教育の位置にとどまらざるをえない。しかし、未来の創造などということにそもそも無縁であったわが国の教育にとっては、相対主義への批判などは、無視することに何の痛痒も感じる必要のない無用の長物であった。…相対主義への疑いをもつことなく押し進められるそのような異文化理解教育は、『骨董屋の好奇心』の域を出ない『見世物小屋的異国趣味教育』に陥ることを免れなかった。…かくして文化相対主義は、理解するだけで判断を留保する、ないし制限するというわが国の教育風土の中に根をおろし、生きながらえてきた(4)。」

小西が指摘するように、確かに開発教育は未来志向性を大きな特徴として展開されてきた。しかしこと文化に関しては、開発教育はこの未来志向性をどれだけ意識してきたといえるのだろうか。開発問題を学ぶ基礎として文化を位置づけたことが、開発教育のもつ構造的理解や未来志向性という特徴を文化理解に反映させることなく、異文化理解教育や国際理解教育と同様に相対主義的文化理解を踏襲することになったといえるのではないだろうか。

2　これからの開発教育における文化の扱い方

開発教育は、様々な開発問題の解決に向けて、「開発途上国と先進国」、「グローバルとローカル」などのように、空間的な関わりを動的に捉えようとしているところに、また現在の問題状況を見据え、過去に学び未来を志向するというように、時間的な関わりを動的に捉えようとしているところに特徴がある。

このような動的な視点から、文化というものを捉えなおしてみると、文化の動的特性が浮かびあがってくる。つまり、人間が自然との関わりまた社会的な関わりのなかで、課題克服に向けての共同作業を通してつくり出してきた文化というもの、また人間が未来に向けて、たえず伝承・選択・創造し続けている文化というものは、まさに動的なものである。このように文化を動的に捉えるという視点から、これからの開発教育における文化の扱い方を描いてみると、以下に示すように相互に関連し合う基本的な三つの課題を指摘することができるのではないだろうか。

(1)「文化の人間的役割」を理解する

文化を理解するというと、その文化の中身への理解と解されることがほとんどである。しかし、文化は上述したように動的な特性をもつものであり、その視点から文化を捉え直すと、文化の中身の理解に入る前に、人間にとっての文化の役割を理解することの重要性がまず浮かびあがってくる。たとえばベルギーの社会学者ティエリ・ヴェルヘルストは、文化というものは進化するもの、変化するもの、日常生活から生まれるものであるとしながらも、文化を捉える上で重要なのは、その中身よりも、文化が個々の人間と社会の両方に影響をもたらす役割、すなわち「文化の人間的役割」であると指摘している。彼の挙げる四つの「文化の人間的役割」は次の通りである。(5) 第一は、人間に自尊心をもたらしてくれる役割である。一九六〇年代の人種隔離政策下の米国で革新的な黒人運動が掲げた「ブラック　イズ　ビューティフル!」のスローガンを例に、己に誇りと自信をもたらすのが文化であると指摘している。第二は、選択の基盤を与えてくれる役割である。影響力を持つ様々な思想が溢れる社会では、人間は自分の位置を定め、それらを判断・選択する基盤を必要とするが、その役割を担うのが文化であると指摘している。第三は不正行為に抵抗して闘う武器としての役割である。ラテンアメリカのインディオの抵抗運動やマハトマ・ガンジーの非暴力運動など歴史的運動を例に、文化が社会闘争の一つの原動力になると指摘している。そして第四が、人間の抱く根本的な問題に意義を与える役割である。これは他の三つの役割を総括するものでもあり、哲学、宗教と並び、文化もまた人生、死、自由、愛、自然といった人間の根本的な問題に指針と意味をもたらすものであると指摘している。

開発教育では、このような「文化の人間的役割」をどのように位置づけてきたといえるだろうか。人間と文化との関わりや文化の役割を十分に見据えることなく、その中身を知ることに主要な力点を置いてきたのではないだろうか。しかし日本の各地域において、多文化化・多民族化が進展するなかにあって、オールドカマー、ニューカマーを問わず、そこで文化的アイデンティティの問題として顕在化しているのは、文化の中身以上に、ヴェルヘルストの言う「文化の人間的役割」に関する問題ではないだろうか。マジョリティとしての日本人の多くが、この「文化の人間的役割」を十分に理解していないことが、自らの文化的アイデンティティを弱体化させ、またマイノリティにとっての「文化の人間的役割」を奪う状況を生み出しているのではないだろうか。開発教育が共に生きることのできる社会として多文化共生社会を想定するなら、人間にとって文化がもつ意味、つまり「文化の人間的役割」について捉え直していくことが求められるのである。

(2)文化の動的状況を考える

文化は、現在、グローバルとローカル、マジョリティとマイノリティ、普遍と個別、などというように、多様化の中でのダイナミックな緊張・対立の様相を大きく顕在化させている。たとえば経済・情報のグローバル化に伴う文化・文明のグローバル化、均質化への動きに対して、その内実としてのアメリカ化、西欧化への反発と、個々の文化的アイデンティティの模索のなかで、ローカルな、つまり国家的・地域的・民族的な伝統や価値を再生しようとする動きが活発化しつつある。一例を挙げれば、マクドナルドに象徴されるファーストフードのグローバル化は、世界各地域での食生活・食文化に急激な変容をもたらしているが、一方でこれに対する抵抗運動として、スローフードを求める動きも徐々に広がりつつある。

また「平和の文化」「人権の文化」という言葉が示すように、諸問題の解決に向けて、個別の文化を活かしつつ、より普遍的な文化を創り出そうとする動きが国際レベルで活発化している。たとえば一九九九年には「新しい千年紀」に向けて、国連総会で「平和の文化に関する宣言」が採択され、さらに国連はユネスコの提唱を受けて二〇〇〇年を「平和の文化国際年」と定め、この国際年は二〇〇一〜一〇年の「世界の子どもたちのための平和と非暴力の文化の一〇年」へ引き継がれている。

さらに各地域レベルでは、「はじめに」で指摘したように、国境を越えた人々の移動が刺激となり、それぞれの地域での多文化化・多民族化が進展する中で、マジョリティとマイノリティの関係の捉え直しを含め、いかにして多文化共生社会を実現していくのかという課題が顕在化している。またこの課題は、個々人のレベルからみれば、複数の文化にまたがって生きる人々が急増し、人間の中の文化の多層性・多様性が活性化されるなかで、個々の文化的アイデンティティをどのように形成していくかという課題でもある。たとえば地域の在住外国人にとって、生活言語としての日本語の習得、さらには母語の維持という課題は、まさに言語そのものが文化であるため、自らの文化的アイデンティティを形成していくうえでの大きな課題である。

このような文化をとりまく動的な様相は、地域における日々の生活のなかにあまりにも多く見てとれる。そうした状況のもとでは、これまでの教育にありがちな、「〇〇国文化」「〇〇民族文化」というように特定の文化に国や民族を背負わせて、文化を静的、固定的、相対主義的に理解しようとするのではなく、多様化する文化の緊張・対立状況を、自文化そして他文化との関係として動的に理解し、その状況を越えていく方策を考えていくことが重要になってくるのである。

(3)文化の表現・選択・創造活動に参加する

開発教育にとって、「参加」はキーワードであるが、この参加という視点から文化を捉えてみると、文化的参加という概念が浮かびあがる。これは社会参加に含まれる概念ではあるが、社会参加は、これまでの開発教育における解釈と同様、一般的に社会的意思決定過程への制度的参加や組織・集団への参加などの側面から、社会性や社会的意義に関連づけて捉えられることが多かったのに対し、文化的参加は、文化的存在としての人間の精神的・情緒的側面に注目し、それらの表現・創造活動への参加を意味する概念である。佐藤一子によると、文化的参加は、「創造的・探求的な関心や興味の共有、情緒的一体感などを通じて個々人の精神的充足や人間関係の形成、心身の解放などが促進されるプロセスを重視し、文化を媒介とするより内面的な価値をもつ活動とその人らしい表現をつうじて個人が社会や集団とかかわる個性的方法に注目するとらえ方[6]」と概念化されている。またこの概念は、特に子どもという立場、そして地域づくりという立場にたつ場合、より重要になる。それは、学校という制度的枠組みをこえた地域という空間において、「子どもたちみずから表現し、異なる世代とのコミュニケーションを発展させ、多様な価値との葛藤を経験しうる場として、地域社会における文化的生活への参加は大きな意味をもっている[7]」ためである。またいま世界各地での地域づくりを眺めてみると、そこには、祭りがあり、踊りがあり、歌があり、演劇があり、また芸術があるように、大人・子どもを問わず、すべての人に心の躍動を生み出すような文化的な動きが一つの核になっていることが見てとれる。このような動きは、共同性を再生し、人間のエネルギーを活性化するうえで非常に重要であるが、この動きを文化的参加と呼ぶなら、そして学びが心の躍動を含めた全体的存在としての人間の成長・発達を促すものなら、文化的参加は、社会参加と相互に関連し合いながら、これからの地域づくりに必要不可欠な課題となっていくことが想定できる。

既述したように、これまで開発教育では、文化に関してはその異質性・共通性・多様性を理解することに主眼を置き、一方、開発問題に関しては問題の様相を知り、問題を考え、問題の解決に参加することに主眼を置いてきたが、文化と開発問題の両者を十分に関連づけて捉えてはこなかったことが指摘できる。しかし、上述した「文化の人間的役割を理解する」「文化の動的状況を考える」「文化の表現・選択・創造活動へ参加する」という三つの課題を設定することによって、左頁の図が示すように、開発問題に関しての「知り、考え、参加・行動する」という学びの一連のアプローチと、文化に関する学びの一連のアプローチを相互に関連づけたものにすることが可能となる（次頁図参照）。

さらには、開発教育を「開発問題の解決に向けて、公正で共生が可能な文化をつくり出していく活動」と捉える

開発問題アプローチと文化アプローチとの関連

テーマ＼目標	知る・理解する		考える		参加する・行動する
開発問題	問題の様相	⇔	問題の原因・解決方策	⇔	社会参加
⇕	⇕		⇕		⇕
文化	文化の人間的役割	⇔	文化の動的状況	⇔	文化的参加

なら、開発問題へのアプローチの中に、文化理解そして文化づくりという視点を織り込むことで、両アプローチを止揚することが可能になる。

これからの開発教育には、開発問題へのアプローチと文化へのアプローチを分けることなく関連づけ、さまざまな課題を軸に、未来志向性と参加を重視する統合的な教育を地域からつくり出していくことが求められているのではないだろうか。

3　地域の事例からみえてくること

以上、文化という視点からこれからの開発教育にとってのいくつかの課題を提示したが、その課題追求への動きがすでに各地域で試みられていることも事実である。この章で紹介されている三つの事例は、まさにそのことを物語っている。

結城の**事例1**は、アイヌ文化を未来に向けて活かしていくための教育と文化事業のあり様を提起している。結城は、自然環境の美しさを基礎とするアイヌ文化のあり様と、文化を奪われ、言語を奪われたアイヌの歴史を踏まえつつ、教育において「歴史を知ること、本当のことを知ること、そしてその歴史に思いやりをもつこと」の大事さを指摘している。また文化は人間に誇りを与え、共に住む大地の未来を考えることを可能にすること、さらには文化が「常に産まれ繋がっていくもの」であり、「生活を含んで成り立つもの」であることを指摘し、次の時代に向けて、生活の中でアイヌ文化をどう活かしていくのかを課題とする「アイヌ・アートプロジェクト」を含めたいくつかの試みを紹介している。

杉澤の**事例2**は、東京都における多文化化の中での地域の学びとして、地域日本語学習支援事業と外国人相談事業を紹介している。杉澤は、「市民自身が自分たちの地域に暮らす外国人の問題を自らの問題として捉えられなければ、多文化の人々が共に暮らせる地域づくりなどできようがない」と述べ、市民の問題意識を喚起することの必要性を指摘する。そしてそのためには「外国人の抱える問題を通して日本社会に根ざす課題に気づき、共有する中で課題解決のための活動を起こしていく場と仕組みが必要だ」と述べる。紹介されている二つの事業は、まさにそのためのものであるが、ここには、多文化の人々が共に暮らせる地域づくりに向けて、外国人の抱える問題の解決を通して、日本社会に根強くある排他主義や民族差別意識をしっかりと見つめること、言葉や文化の違いを認めつつ地域に暮らす同じ市民として人間関係を構築すること、異なる文化に触れる場を提供することにより地域に豊かな文化的営みの場を創造していくこと、などいくつかの重要な点が示されている。

佐々木の事例3は、文化による地域づくりの一例として、長野県高森町という人口一万三〇〇〇人の町で大成功をおさめた、総勢六五〇名のスタッフによるふるさとミュージカル「惣兵衛堤防に咲いた花」を紹介している。そこには、「地域づくりは住民の手で」を基本姿勢に、それを行政と専門家が支援するという参加の過程が示されている。また、地域の伝統的な文化をテーマの基軸としながらも、そこに山林の乱伐などの人為的自然破壊や地球環境問題といった現代的課題を織り込み、「この地球は未来からの預り物」というテーマを提示した。これはその後、町づくりの基本スローガンとなり、地域における文化活動、環境活動、教育活動へ大きな影響を及ぼしていることが示されている。

これらの事例は、それぞれが、文化の視点からみた開発教育の三つの課題に対応していると指摘することができよう。さらに三つの事例に共通して言えることは、まず文化が生きたものとして語られていることである。文化は常に人間とともにあり、文化は人間とともに生きているからこそ、時には虐げられ、抑えつけられ、相互に対立し、大きな躍動性を示すものである。人間は文化なくして生きることができず、課題克服に向けての共同作業を通して、文化というものを、未来に向けてたえず伝承・選択・創造し続けていることを、これらの事例は浮かびあがらせている。

また本書第2章以下において紹介されているいくつかの事例も、上記の三事例と同様、地域課題を見つめ、歴史に学び、未来のあり様を描き出そうとする動きを通して、地域住民自身が創り出していく動的な文化の姿を浮かびあがらせている。本来、共に生きることのできる公正な社会づくりをめざす開発教育にとって、地域づくりと文化は、まさにこのように相互に連動した動的なものとして捉えていくことが必要なのである。

おわりに――多文化共生とは

文化というものを、地域づくり、そして学び・教育づくりという視点から捉え直してみると、両者の共通の核に主体としての人間が存在するのと同様、文化もその核に存在していることに改めて気づかされる。

このような視点から、社会のあり様としての多文化共生を捉え直してみると、次のように動的に定義づけることが可能になる。

「多文化共生とは、現在の社会において、地球レベルそして地域レベルで、文化間の緊張・対立関係が顕在化する中にあって、人間が相互にそれぞれの文化を理解し合い、それぞれの文化の表現・創造に主体的に関わりながら、緊張・対立関係の解決に向けて、より公正で平和な関係そして文化をつくり出している、またつくり出そうとしている動的な状態である」。

そしてこの定義に基づくならば、多文化共生の実現に向けて教育そして開発教育に求められるのは、従来の文化の異質性や共通性を文化相対主義的に理解することにとどまるのではなく、私たち一人ひとりが、地域を含む人間関係を基礎とした共同性のなかで、文化の人間的役割を理解し、現在の文化の緊張・対立状況を再考しつつ、それぞれの文化を表現し、さらにはより公正で平和な文化の創造に主体的に参加していく力を形成することであると指摘できよう。

●注

（1）DEARによる開発教育の定義の内容については、本書序論1の第1節(1)、七頁を参照のこと。

（2）本書序論2の第2節(3)、二六頁参照。

（3）小西正雄「相対主義をこえて」（『国際理解』二五号、帝塚山学院大学国際理解研究所、一九九四年、七三頁）。

（4）同上、七五頁。

（5）ティエリ・ヴェルヘルスト「文化が持つ人間的役割」（片岡幸彦編『人類・開発・NGO――「脱開発」は私たちの未来を描けるか』新評論、一九九七年、一六―一八頁）。

（6）佐藤一子・増山均編『子どもの文化権と文化的参加――ファンタジー空間の創造』第一書林、一九九五年、一五頁。

（7）同上、一一頁。

事例1

アイヌ文化が次世代に光をあてるために

結城幸司
アイヌ・アートプロジェクト代表

はじめに

アイヌモシリオッタ・ラパッ・イニカラ・ヒケピリカ・ヌプリ　ピリカサンケナイ　ヘマカライェ・
（「人間の国へ降りて見たら　美しい山　美しく流れる川広がって…」）

これは、キナラブックフチという名のユーカラクル（語り部）が伝えたオオジシギという鳥のユーカラ（叙事詩）である。文字を持たない私たちの祖先は、このユーカラの中に人間として生きる道、人間が犯してはいけないルールなどを込め伝えあった。その中でも私の好きなユーカラの一節をここに紹介したい。

チカップカムイ（鳥の神）が自分の住む神の国より使いに出され、うわさに聞いた人間の国へとやってきた。そこはとても美しい国であり、チカップカムイは遣わされた用事を忘れ、見とれていた。そして思い出すのだが、神の叱りを恐れ、上に昇るが引き返し、そしてまた思いなおして上に昇る…しかしまた…。

これはユーカラの美しさを伝えるためにここに紹介したのではない。異文化の世界からやってきたチカップカムイがそこで見た風景を感じてみて欲しい。これが人間の考えた物語であるならば、祖先たちは自分のまわりの環境を美しいと自覚していた。原生の森、川、山、海、空。アイヌはけっして森の中だけに生きたものではなく、海を渡り他の国も見てきている。ましてや道南の方に行けば和人の国が城をかまえ城下町もあったであろう。森の外を知らずして美しいと感じたのだろうか？　それとも知ったうえで、自然がくれる美に対して賛辞を送ったのだろうか？

私は後の方だと考える。川や海や山があって、我ら人間が生きられ、他の動物たちがいることでバランスがとれている。命をいただき、命を育てる。そのことに対して感謝の祈りをする儀式においても、常にそのことと向きあっている。それは今もなお続いていて、私たち若い世代に伝承されている。このユーカラでは、異文化を見ることに気をとられたチカップカムイが、人間の国のすばらしさを伝えてくれている。だからこそアイヌは、環境の美しさを大切にしなければと心に言い聞かせる。

私は、アイヌ解放運動に邁進した父親の背中を見て育った。そして今、自ら活動をするようになって、かつてのように対立する時代は終わったと感じている。私は、アイヌ文化を活かしていくために、〝今〟をキーワードにしてアイヌ文化と向かい合い、アイヌ文化を自然体に表現する「アイヌ・アートプロジェクト」と名づけられたグループの活動をしている。

1　アイヌの歴史・文化と教育

現在私の住む北海道の札幌では、都市化が進み、大都市に合わせた街づくりをしており、伝わってくる情報も中央のものばかりである。ここで生まれたアイヌ文化のことに重きを置かない政治や経済が人々を不安にさせている。一生懸命に新しい文化をつくろうとしているのだが、私から見ると、花火のように、広がりはするがやがて消えて行くもののように見える。教育に関しても同じように、ここでのことではなく、中央が私たちを左右する。「日本国民」であるために同一の教科書を読み、同じように査定され人生を行く。北海道は歴史的にかなり内地と違っており、開拓以降の歴史だけでは、到底すべてを語りつくせない。自分たち独自の歴史をきちんと学ばないことに関しても道民は疑問をもたないし、日本人全体も画一的な歴史像に疑問をあまりもっていないように思う。

私たちは活動として道内の中学校や高校をまわるのだが、そのときそのことがよく見えてくる。事前に「アイヌ」に関するアンケートを出しておくと、おもわずふき出してしまいそうな答えが出てくる。「アイヌ」と聞いて連想するものはと問えば、答えは「裸族」「羊飼い」「男の軍団」「毛むくじゃら」「クマと生きている」などである。まるで遠い国に住む異国の先住民のように私たちを考えている。同じ大地で共に生きている本当に近い先住民であるのに知らないのだ。大人も教師も歴史もメディアも語らないからだと思う。もちろん専門的に詳しく調べてくる生徒もいるが、圧倒的にほとんどの生徒が知らない。知っていながらされる差別もきついが、知らなさすぎるのも困ったものである。

教科書にアイヌが最初に出てくるのは人権の分野で、「歴史的に厳しい差別を受けた」という何行かである。それも小学校中学年で、全国同じ教科書で、だ。私が現在のアイヌ文化やその取り組みを話したり、アイヌ文化の持っている「自然と生きる哲学」を伝えようとしても、ほとんどが興味はなさそうだ。しかし、たとえば高三の生徒たちに「おいおい、自分たちの土地の文化だぞ、君らが一七年間ずっと住んでいる土地の名前もアイヌ語から来ている。後に当て字で漢字をのせたんだよ。本当の意味を知っておいた方がかっこいいでしょう」と言うと、初めて反応を示す。「おいおい、何を教えているの。北海道の地理でも歴史でも人権教育でもすべてにアイヌが関わるでしょう。そして本当のことを知ることが真の愛国心でしょう」、教師に対してはそう感じる。そんなことから伝えるべき状況で、次世代を背負うこの子たちが、きちんといろいろな問題に取り組んでいけるのだろうかと感じる。

日本の中にある多様な異文化問題も同様である。在日朝鮮・韓国人の人々もこれだけ年数を重ね、共に生きてきた仲なのに、問題は未だ山積みであり、アイヌのこともしかりである。異文化を持つ他者に「共生の教育」「日本人化」を促してはいても、その人たちが持つ歴史に関しては理解や共感がとても浅いと感じる。こうした異文化の問題に光を当て、本当のことを学ぶ教育をしないかぎり、未来の多文化共生、異文化共生の問題はうやむやになるのではないだろうか。

もちろんマイノリティといわれる私たちにも問題はある。私はアイヌとして正面から自文化を語るが、アイヌ自体もデリケートになりすぎて、文化的に自分を閉じているところもある。これに関して私は、長年「なぜ」という疑問を持ち続けていたのだが、やはりうわべの異文化教育、多文化理解教育の結果であるのは間違いないように思う。枠でくくられ、シンボリックなものとなった「アイヌ」と、「私の文化・自分としてのアイヌ」は同じではない。

中学校や高校をまわるときに、子どもたちへのメッセージとしていつも最後に話すことは、歴史を知ること、本当のことを知ること、そしてその歴史に思いやりをもつことが大事だということである。文化や言語を奪われた人々にとって、無いものとされた自分の文化は、未来で常に自分に襲いかかる魔物となる。否定されても捨て去ることはできないからだ。自文化を心に押し込め、隠し、最初からなかったもののように振舞っても、自分のアイデンティティがわからなくなるばかりだからだ。大人は親心が強ければ強いほど、差別から子どもたちを守るために、重い足かせとなる自文化を放棄し、伝えないようにしてしまうだろう。しかし、それは自分たちに続く子どもたちに、自分は何者なのかをわからなくさせてしまう。自信をもち、自らを誇れる力を奪うことになるのだ。他者の文化を否定することとは、そうした事態を招くほど深刻なものだという認識を含めた異文化教育も必要なのである。

なぜ、アイヌがアイヌをいやがるのか。アイヌであることを理由に学校でいじめられれば学校を嫌いになるし、地域で理解されなければ地元を離れる。何年も何十年もそれを繰り返してきたアイヌにとって、自文化に対してデリケートになり、閉じるしか方法のないことなのだ。そして、そこから積み重なっていく歴史は、アイヌ文化を薄くする一方なのである。自文化にとどまって耐えたとしても、アイヌ以外の人、つまり歴史的な抑圧者に武力以外で向かう術は、悪口や糾弾でしかなくなる。近代のアイヌを語れば、差別問題でしか表現できなくなっている事実も、私にはとても心苦しいことなのである。

しかしその悪しき伝承もどこかで止めなくてはいけない。嘆きや悲しみだけの近代を止めなくてはいけない。そう考え、仲間に語ることに情熱をもってのぞんでいるが、傷を持った人々に希望を持とうと言い続けることは、たやすいことではない。私とその人間との間で話が通ったとしても、その人間の住む環境がまた彼を破壊すれば、より深く傷を負う。そしてけしかけた自文化であるアイヌさえも受け入れなくなるであろう。

では、今までのアイヌの運動のように団結して戦うべきなのだろうか。しかし、その戦いに希望は産まれない。なぜなら勝者しか言葉を強くしないからだ。やはりマイノリティの文化に対する思いやりを持つための教育が必要なのだと思う。知らないというのはとても恐いことである。知っていながらコントロールされることも恐ろしい。だからこそ、知る勇気を持ち、受け入れる心を養う教育が必要なのだと思う。

2 アイヌ文化と現代の生活

何も教育だけが糸口だとは思っていない。北海道について言うのであれば、たとえば街にあるものやあらゆる建物の出入口にあるものを変えていくことも方法だと思っている。

私たちアイヌ文化には、オリジナルなアートがある。「フロンティアスピリット」だけが北海道ではないし、ネイティブのものも同じようにアピールしたい。たとえば北海道の某航空会社の航空機もアイヌ文様にしてしまいたいし、北海道への入口である空港も、近代的なものでも結構だが、ネイティブな雰囲気のある、オリジナリティの強いものにしたい。そうすれば、この土地を訪れた人々にとって、たくさんのことが心に残る入口、出口になると私は考える。少しずつ少しずつ、そうしたオリジナリティへの意識も出てきたかな、という雰囲気も感じられるが、まだまだ考えてみてほしいと思う。制圧されている自文化が広く受け入れられていったら、心の変化ははかりしれない。自分たちに伝わるものを大切にしようとし、誇りが持てるのではないだろうか。

そしてもっと大切なのは、解放されたから上だ、下だと考えるのではなく、共に住むこの大地の未来を考えるということである。そうしたらすべてがうまく行く気がしてならないのだが、同じ日本人同士でも、経済力や学歴、住む地域などによって差別を常に産んでいる状況をみれば、そうすぐにはうまく行かないだろう。しかし異文化共生、多文化共生の問題は、思いやり教育とともに伝えれば、形を変え、子どもらを豊かな方向へ導いてくれる気がする。

アイヌを取り巻く環境に関してもまだ、提案はある。この文化を強くするには、仕事が必要である。近代、「北海道ブーム」に乗って木彫り作品やおみやげ品という分野で仕事を得た一部の人たちもいた。しかし最近は、そのアートを誰が彫ったものなのかがわからなくなり、あげくの果てにデザインだけが飛びまわり、他国でアイヌ文様を彫らせる日本企業も出てきている。私たちに伝わった文化の「知的所有権」はゆるくなって行く一方である。土地問題も同様で、海外において、マオリ、カナダインディアンなどには少しずつ土地の返還がなされているのに、日本はその点、のらりくらりとしている。もちろんアイヌ側にも問題はあるのだが、何とかして争わない方法での解決をつくっていきたいものである。

そのためには法律を変えて行かなくてはならない。明治時代にできた旧土人保護法（北海道旧土人保護法）は、差別的法律であったが、まだアイヌ全般の生活を見据えるところもあったのに対して、一九九七年に施行されたアイヌ文化振興法（アイヌ文化の振興並びにアイヌの伝統等に関する知識の普及及び啓発に関する法律）は、技芸に対する法であり、文化を技芸と決めつけ、その方面に恩恵があるだけの法律である。もちろん言語の復活、若者の育成には良い面もある。しかし先に述べたまだ多くの傷を持った世代、自分を閉じている人々には効用がない。文化を技芸に閉じ込めているような印象さえ受ける。傷を持った人々の心のケアを含めた文化運動につなげる変化も、うったえて行きたいものである。文化とは常に産まれ繋がっていくものなのだし、それは生活を含んで成り立つものだからだ。

3　アイヌ文化を活かしていくために——アイヌ・アートプロジェクトの活動を通じて

今、子どもたちを囲む社会の環境も、子どもたちに決して良い方向だとは感じていない。これはアイヌ文化にいる子どもたちにも言えることである。仕事のない、教育のない未来に希望を持つことは、不可能に近い。さらに、行政の対応を待つ間に、様々な問題がうやむやにされる。こうした点への対応は、急がなければ次の時代が危険である。

かつてアイヌ文化にのしかかったコンプレックスやプレッシャーが、今の時代を作った。とてもあやふやで、はっきりとしないアイヌ文化を構成している。アイヌにおいても日本においても、可能性があるうちに次の時代の用意、精神・社会づくりをしなくてはいけない。

私はアイヌの若手を集めてグループを作り、行政＝官主導で動かない存在を作りあげたいと動いている。この「アイヌ・アートプロジェクト」を結成したのは二〇〇〇年秋。歌、楽器演奏、踊り、木彫り、刺繍など芸術を通してアイヌの思いを発信し、相互理解につなげたいという思いで立ち上げた。創設時は仲間六人だったが、現在は子どもも含め、メンバーは二五人ほどいる。木彫りや刺繍といった伝統工芸の展示会やライブ活動などを、北海道だけでなく全国各地でも行っている。展示会は、「現代を生きるアイヌ」という主張をしたいため、伝統的なものだけでなく、Tシャツや木版画などそれまでになかったものも展示している。またライブも同様に、伝統的な楽器のみならず、ギター、ドラム、ベースといった現代楽器を織り交ぜている。そして、アイヌの存在そのものを力強く表現していく活動にしたいため、アイヌ文化をテーマとするようなイベントだけでなく、環境・人権ＮＰＯやボランティアグループが開催する様々なフィールドのイベントへの招きにも、なるべく応えて出演するよう心がけている。

こうしたライブや展示会を通して、来てくれた人々に、非常に基礎的ではあるがアイヌの現状を知ってもらい、日本にアイヌや先住民はいるのかいないのか、を考える場を提供できていると思う。また単純に文化や民族の独自性、ファッション、アートに興味を持ってもらえているとも思う。こうして表現されるアイヌは人びとにインパクトを与えるように感じる。

メンバーたちは、初めはこうした活動に戸惑いを感じていた。なぜなら従来の「アイヌの伝統」にとらわれてい

（上下とも）アイヌ・アートプロジェクトの活動の様子。（上は筆者）

たからだ。しかし私たちは、「伝統」とは誰が求めて、誰が形にするのかということを皆で考え、伝統の自然な成り立ちとはどのようなものかを模索している。また、メンバーである子どもたちは、成長と共に学校や地域でのアイヌ差別を恐れて活動から離れるかと思っていたが、自文化を見てもらいたいというスタンスで関わり続けてくれている。もちろん、どう感じるか、どう文化をつないでいくのかは、強制などせず本人たちの意思にまかせている。どちらかというと子どもたちがどう感じているかということよりも、自分たち大人のメンバーが子どもたちにどう見られているかを意識することが多い。

来てくれるのを待つのではない、こちらから行くことのできるグループをめざしている。しかし、向かい風や空回りもたくさんある。仕事をしないと食べて行けないという悩みもある。

文化と仕事をつなぐ新たな取り組みのひとつは、「先住民の心」で案内する知床のネイチャーガイドである。知床が世界自然遺産に決まる過程で、観光化が強く打ち出されることで、アイヌ文化の自然観が軽視される傾向があった。北海道の先住民族としてそれはあってはならないことだと強く思い、北海道大学の研究者やネイチャーガイドのNPOと協力してガイドに取り組むようになった。アイヌが考える自然の文化的な意味、大学が提示する自然の科学的な意味、そしてNPOが持つ現状の環境問題に取り組むノウハウをもちよることで、良いガイドができると考えたからだ。木々一本、鳥一羽にもユーカラを持つアイヌ文化の自然を思うやさしさでこの地を訪れた人々をガイドしている。知床から始めて、ゆくゆくはたくさんのアイヌがそれに携われればいいと考えている。自らの文化を紹介しながら、それが仕事につながり、何代も何代もそれが受け継がれていけば素敵だと思っている。これはすでに世界各国の先住民たちも行っていることである。

加えて、アイヌ・アートプロジェクトの活動を通じて、アイヌのオリジナルなアートをもっともっと興して行きたい。伝統もモダンも含めて、若い世代も自分の中にあるDNAで自由に勝負して欲しい。言語に関する学校も必要だと感じている。まず言葉ありき、伝え合うためにぜひ教育の中へアイヌの言葉の学びを組み入れ、北海道に住む子どもたちにも学んで欲しい。それらを通して、土地の意味を含めたアイヌの存在感を教育の中で伝えていって欲しい。

おわりに

最近よく、日本におけるマイノリティの人々に話しかける機会がある。一昔前なら、どう差別を受けたかなど傷を見せ合うだけの場だったフォーラムで、「傷を意識して生きるより、痛みを知ればこそ、傷を受けた人々に貢献していこう」と発言することがある。足りなさよりも満たしていく心の方が人間として輝くことを知った方がいいと思うからだ。私も一昔前はアイヌのことだけで心や頭があふれていたが、あるきっかけでアジアという世界を知り、そのアジアの問題を感じたとき、人間として何ができるかという問いをつきつけられた。

日本がやっていることを含めて、アジアの人々、いや世界のいろいろな地域に住む人々が、私たちが受けたのと同じ傷を今まさにつけられようとしている。しかし、自分たちができることに気づき始めた多くの日本人が、頑張ってそのようなことをなくそうとしているのも見てきた。そのとき、歴史的に傷を体験してきた私たちにもできることがきっとあるはずだと考えた。そしてそれに気づかせてくれたのが異文化とのコミュニケーションだったのである（あまりにもうまい終わり方だが）。事実と体験をもとに、私自身の取り組みから始めて、次世代への道すじに光をあてることができたらと考えている。

事例２

多文化社会に向けて

東京における市民活動の現場から

杉澤経子
東京外国語大学多言語・多文化教育研究センター

はじめに

情報や経済のグローバル化にともなって、外国人登録者数は全国的に増加し続けている。二〇〇六年には二〇〇万人を突破し、この一〇年間でおよそ一・五倍になった。また、一九九〇年の入管法（出入国管理及び難民認定法）の改正により労働者として入国できるようになった日系ラテンアメリカ人の数や国際結婚の増加もあり、外国人の定住化傾向も進んでいる。各地域では言葉や文化の違いからくる住民間のトラブル（ゴミの出し方やアパートの入居拒否など）、賃金不払いといった労働問題、国際結婚や離婚、子どもの教育に関することなど、様々な問題が顕在化してくるようになった。

こうした問題に対応するため、各地域では、市民グループ・団体、自治体本体や自治体が設置した国際交流協会などで、それぞれのやり方で日本語教室や相談事業などが実施されるようになった。

私は現在、東京外国語大学多言語・多文化教育研究センターで、多文化化する日本社会の課題に貢献できる人材の育成や実践研究活動のプログラム作りに取り組んでいる。一九八九〜二〇〇六年五月までの一七年間は、武蔵野市が設置した武蔵野市国際交流協会（ＭＩＡ）の職員として、日本人も含む多文化の人々が相互に関わりを持って生きていける地域づくりをめざして、日本語教室や相談事業、国際理解講座などの事業づくりに関わってきた。

このＭＩＡ時代に私自身がこだわり続けてきたのは、いかに市民主体の事業づくりができるかという点であった。まさに、市民自身が自分たちの地域に暮らす外国人の問題を自らの問題として捉えられなければ、多文化の人々が共に暮らせる地域づくりなどできようがないからだ。それは、私にとっては、事業の企画、運営、そして当日の参加者として、そのプロセスに多くの市民が参加できる仕組みを作ることであり、活動を通して市民の問題意識を喚起し、議論の場を設定することによりさらなる新たな活動を展開していけるよう環境を整える作業であった。しかし、そうした作業は、実際にはそう容易なことではなかった。

ここでは、プログラムコーディネーターとして、多文化の住民がともに地域に暮らしていくために実施してきた事業のうち日本語学習支援活動と相談事業を紹介しながら、その中から見えてきた課題を通して、今後の日本の多文化社会のあり様について考えてみたい。

1 市民ボランティアの意識

ＭＩＡは一九八九年に設立された。その当初に行われていた事業はホームステイの受入や交流パーティ、日本語学習支援活動などであったが、ボランティアとして参加していた人々は、夫の赴任にともなって海外で生活した経験のある主婦や定年退職後の男性が目立って多かった。その中には「黒人はお断り」「英語を話す人を」といった要望を出す人が少なからずおり、さらには、ＭＩＡ職員に対して「税金で食べているのだから言うことを聞きなさい」と下働きを強要する人までいるような状況の中、私は、果たして外国人は差別されることなく日本で暮らしていけるのかと強い疑念を抱くようになった。

その一方で、日本に暮らす外国人の問題に真摯に取り組もうとする人たちがいることも、活動を進めていく中で徐々に見えてくるようになり、かすかな希望も湧いてくるようになった。

2　地域における日本語学習支援活動

ＭＩＡで私が最初に取り組んだ事業は、日本語教室だ。事業の企画にあたっては、日本語交流員（ＭＩＡにおける日本語ボランティアの呼称）として登録した方の中から日本語教師を職業としている方に声をかけ、具体的にどのように実施していったらいいかを一緒に考えてもらうことにした。企画の段階から市民に参加してもらうことがより重要だと考えたからだ。

こうしてできたのが、週一回の「教室活動」と、週一回の「マンツーマン交流活動」を組み合わせて一つのプログラムとする日本語教室だった。

三ヶ月程度を一期として、教室活動の方では専門知識を持った日本語交流員が基本の文法文型を教え、マンツーマン交流活動では、日本語交流員と学習者が時間と場所を自由に設定し日本語で自由に交流するというものである。したがって、マンツーマン交流活動のほうは、日本語教育の知識やノウハウがなくとも週一回二時間程度、活動する「意志」のある人であればだれでも気軽に参加できる。そのため、学習者のニーズに寄り添った、それぞれの日本語交流員の創意工夫が光る主体的な活動が行われるようになった。これらの日本語交流員による運営の方法は、マスコミの報道で「武蔵野方式」と呼ばれるようになった。

こうして活動を進めていくうちに、教室活動では、プロの日本語教師経験者が担当するということもあってか、どうしても「先生」と「生徒」という固定した関係になりやすく、地域における市民活動でありながら、市民同士の人間関係がなかなか作れないという課題が見えてきた。これはＭＩＡに限ったことではなく、日本語を教える活動が中心の日本語教室では、どうしても学習者は支援を受ける側に置かれ立場的には弱くなりやすい。

すでに一〇年ほど前の話になるが、インドネシア出身のＡさんがこんな話をしてくれたことがある。「日本語を勉強するために地域の日本語サークルに通っていましたが、近くに別の教室ができたので、そちらにも行こうとしたら先生にダメと言われました。先生に逆らったら地域で生きていけなくなります。日本の社会はどこにいってもグループになっていて、入るのも出るのもむずかしいです」。実際に事実関係がどうだったかはわからないが、少なくともAさんは、自分の意見を率直に表明できず、居心地の悪さを感じていただろうことは想像に難くない。

日本語の文法や文型を体系的に教えることは重要なことである。しかし、地域の日本語教室が、同じ地域に暮らす外国人の意見を聞くことなく、自分たちのやり方を押し付けるだけであったとしたら、だれがそんな日本社会を住みやすいと感じることができるだろうか。

地域の日本語教室は、異なった文化、考え方、視点を持った外国人と日本人が、地域に暮らす同じ市民として、「日本語」という必然性をもって一定の期間活動をともにできる貴重な場である。こうした場は地域にはそうたくさんあるわけではない。だからこそ、教える／教えられるだけではない、同じ地域に共に暮らす住民としての「人間関係」が構築できる活動にしていくことが望まれる。

3 日本語交流員の活動

教える活動に偏りがちな教室活動に比べて、マンツーマン交流活動の方は、自由な交流をベースにした活動であるため、家族ぐるみの付き合いに発展していったり、日本語交流員のちょっとした気づきや手助けで、外国人が地域にうまく繋がっていくというケースが多く見受けられた。

あるネパール人は、外国人というだけでなかなか部屋を貸してもらえず困っていたが、一緒にマンツーマン交流活動をしていた日本語交流員が不動産屋に同行し、友人としてネパール人の人柄や立場を説明したところ、アパートを借りられるようになった。

日本人と結婚したフィリピン女性のMさんは、日本語教室に通っている時に妊娠し不安を抱いていたが、マンツーマン日本語交流員のYさんが自分の経験からいろいろとアドバイスしていた。いよいよ出産となり入院したが、習いたての日本語に自信がなかったMさんは病室で一人ポツンとしていたそうだ。見舞いに行ったYさんは、そんな状況を察して「Mさんは日本語ができるんですよ。仲良くしてくださいね」と同室の人たちに紹介してまわった。Mさんはそれをきっかけに友達ができ、安心して出産できたという。

中国帰国者のOさんとマンツーマン交流活動をしていた日本語交流員のNさんは、Oさんの自宅を訪ねた際に、Oさんの水墨画作品を見せられてあまりの素晴らしさにびっくりし、Oさんを講師に迎えての市民向け水墨画教室の開催をMIAに提案してきた。Oさんは、MIAの日本語教室の常連であったが、高齢だったからか日本語の習得はあまり進まず、日本語教室に来る以外はほとんど部屋に閉じこもるという生活を送っていた。

水墨画教室は、中国語の通訳をつけて、MIAの外国人企画事業として四回コースで開催が実現したが、結果は定員をオーバーする応募があったうえ、参加者からは大好評を博したのだった。事業終了後Nさんとともに事務所に来たOさんは、その感想を「私の教室にこんなにたくさんの日本人が来てくれて本当に嬉しかった」と語っていた。Oさんはその後、参加者から請われて自ら水墨画教室を主宰するようになり、現在では大学でも教えるまでになっている。また、この出来事をきっかけに、MIAには年間事業として「外国人企画事業」枠が設けられ、外国人の自主的な活動が次々と活発に行われるようになった。

Oさんの優れた才能に気づいたNさんが、この「外国人企画事業」の生みの親であったわけだが、もしNさんが自分の活動の目的を日本語を教えることだけに止めていたとしたら、Oさんの豊かな才能には気づかなかったかもしれない。Oさんは水墨画教室の開催によって、地域に貢献できる方途を見出した。「日本語ができなくとも自分にもできることがある」と感じることで勇気と自信を持てただろうことは容易に想像できる。

このように日本語交流員の活動の中には、言葉や文化の違いを認めつつ外国人を隣人として受け入れていくプロセスそのものを作り出したり、異文化の面白さを発見し地域に新たな文化との出会いの場を創造する可能性が秘められている。

4　分野を超えた専門家のネットワーク

「Lさんの様子が変なんです」。一九九一年のある日、マンツーマン担当日本語交流員のTさんが、事務所に相談にやってきた。

Lさんは台湾出身で、当時留学生だった夫とともに来日し、MIAの日本語教室に全くの日本語初心者として参加した。Tさんは、週一回Lさんと会ってマンツーマンでの交流をしていたのだが、Lさんがずっと具合が悪そうでどうも様子がおかしいという。Tさんが付き添って医者にかかったものの原因がわからず、結局Lさんは帰国してしまった。しかししばらくしてLさんは元気になって再来日した。後にわかったことだが、当時は、日本語もできず独り部屋でじっと夫の帰りを待つ生活の中で精神障害を引き起こしていたということだった。精神科医に聞いたところ、こうしたケースでは異文化の中で暮らすことによる「異文化ストレス」が精神障害の要因になっている場合が多いということを知り、少なからずショックを受けたことを覚えている。

外国人の抱える問題には日本人とは異なった複雑な要素があり、こうした問題に対応するためには専門家とのタイアップが必要不可欠だということを認識させられる出来事だった。

実際に一九九〇年代後半になると、在留資格やDV（ドメスティック・バイオレンス）など専門家のアドバイスを必要とするような相談が増加してきたため、外国人問題に詳しい弁護士や労働相談員、精神科医と個別に連携をとるようになったが、分野が違う専門家同士が出会う場はほとんどないのが実情だった。そこで九七年に、こうした専門家と、外国語での情報提供活動をしていたボランティア三〇名ほどに声をかけ、相談事業のあり方について検討しようということになった。またこのメンバーで実際に「無料専門家相談会」も試行した。その結果、三年後の二〇〇〇年に、弁護士、労働相談員、精神科医など多分野にわたる専門家と多言語に及ぶ通訳ボランティアがタイアップした「専門家相談会」を、月一回定期的に開催していこうという案がまとまり、分野を超えた専門家が連携しての相談事業が始まったのである。

二〇〇一年には、都内の国際交流協会、行政本体、弁護士会や多文化間精神医学会等の専門団体、主に外国人支援活動を行っているNPOなど四二団体（二〇〇七年現在）で構成する「東京外国人支援ネットワーク」が立ち上がり、都内を巡回する「都内リレー専門家相談会」や通訳ボランティア向け研修会が協働で実施されるようになった。これらの事業には、かつて各地域の日本語教室で学んだ外国人が通訳ボランティアとして参加するようになっている。

現在私が所属している東京外大多言語・多文化教育研究センターも、二〇〇六年の設立時にこの東京外国人支援ネットワークのメンバーとなり、言語・文化の専門家である教職員や大学院生たちが通訳ボランティアとして活動に参加している。

おわりに――多文化社会に向けて

以上、東京の地域における日本語学習支援と外国人相談の活動を中心に紹介してきたが、こうした事業を通して見えてきたことは、言語・文化の違う人々が出会い共に暮らす状態は、何もしなければ誤解とトラブルが量産されていくだけだということだ。

例えばゴミの出し方ひとつとっても、日本人同士の場合であれば地域ごとにルールは違っていても日本語でコミュニケーションがとれるためさほど問題にはならないが、外国人の場合はそうはいかない。言葉のみならず日本の文化習慣、ルールがわからず、また近隣の日本人も敬遠して近づかないこともあり問題化することが多い。医療・教育などの制度面や生活習慣の違いなども、様々な問題を引き起こす原因になっている。こうした言葉や制度などの違いによって起こる問題は、日本語教室や相談事業を通して支援ができるのだが、深刻なのは、アパートの入居拒否や学校でのいじめ、また第1節で紹介した日本語教室等における抑圧などに見られる、日本社会に根強くある目にみえない無意識下の排他性や差別意識をどう捉えたらいいのかということだ。

ここで紹介した日本語交流員の活動と外国人相談事業の中に、その答えの一端が垣間見えるように思う。不動産屋でネパール人の人柄を説明した交流員。フィリピン女性Mさんの入院先で同室者に彼女を紹介してまわった交流員Yさん。中国帰国者Oさんの水墨画の才能を発見し、地域の人々に異なる文化に触れる場を提供するきっかけを作った交流員Nさん。地域内に外国人を「○○さん」という一人の人間として紹介し、人々につなぐ役割を担う人がいることにより誤解は少なくできるし、排他的な行動も減らすことができるのだ。

また相談事業では外国人を含む多くの市民が通訳として活動している。こうした人々は、相談活動を通じて日本社会に横たわるより本質的な課題を共有するようになっている。

言語・文化、制度の違う国・地域からやってきた人々に対しては、最初はやはり支援が必要だ。しかし、外国人の定住化が進む中、かつて同じ立場を経験した外国人が支援する側に増えてきており、多文化の人々をつなぐ上でより頼りがいのある担い手になってきている。こうした日本人や外国人が増えてきてこそ、初めて多文化の人々が共生できる社会の実現が可能になるのではないかと思う。

では、どうしたらそうした人々を増やしていけるのか。それには、外国人の抱える問題を通して日本社会に根ざす課題に気づき、共有する中で、日本人と外国人が共に課題解決のための活動を起こしていく場と仕組みが必要だ。多くの市民が主体的に参加して行われる市民活動としての日本語学習支援事業や相談事業は、その最も重要な基盤となる活動だと考えている。

（上）マンツーマン日本語交流活動の様子。（下）専門家相談会の様子。外国人も通訳ボランティアとして活躍している。

事例3

ふるさとミュージカルづくりと地域の活性化

長野県高森町の取り組み

佐々木　昌
長野県高森町教育委員会

はじめに――ふるさとミュージカル事業の発端

高森町は長野県の南端に位置する人口一万三〇〇〇人の町で、飯田市のベッドタウンとして現在人口は微増中である。産業は果樹栽培、水稲栽培が盛んで、特に「市田柿《いちだがき》」発祥の地として有名である。景観として仙丈岳、塩見岳、赤石岳等標高三〇〇〇メートルを越える南アルプスの連峰を東に望み、天竜川の中流西岸に位置する風光明媚な町である。

高森町では一九九六～九八年の三年間にわたって、総勢六五〇名の地域住民スタッフによるふるさとミュージカル「惣兵衛堤防に咲いた花」に取り組んだ。運営に当たっては、財団法人地域創造のジャンボ宝くじ助成、文部科学省の「文化による町づくり事業」助成等を財源に活用した。

この事業の発端は自治体職員である私の発案であったが、それを可能にしたのは次のような町の動きがあったからである。当時、町には、地域再発見事業をベースとした「良いとこ発見マップ」の作成や優れたコミュニティ活動への推進補助事業、地域づくりの夢を育てる「ハーモニック塾」等の活動があった。また職員研修制度を活用し、先進事例の積極研修を行い、新しい発想の導入を図っていた。そして当時、ふるさとミュージカルづくりを地域の住民の手で盛り上げていく環境として、町には四〇〇を越える文化・健康をテーマとする市民グループの活動があった。町ではこれらのグループを前述のコミュニティ活動補助制度で育成していたが、こうした個々の文化活動の発展の中から、地域一体となって取り組む総合的な文化活動を期待する声も上がっていたのである。

以下に述べるようにふるさとミュージカルは大成功に終わったが、それだけでなく、その後の一〇年間の町づくりに少なからぬ成果をもたらすこととなった。本稿では、ふるさとミュージカルづくりという文化活動を通しての地域活性化の試みを、自治体職員としての立場から紹介することにしたい。

1　ふるさとミュージカル実現への課題

ふるさとミュージカルを実現するにあたっては、乗り越えるべきいくつかの課題があった。

第一は、財源の多くを公費で賄う上で、住民や議会の理解をどう得るかという課題であった。一九九六年に企画書を作成し予算化を試みたが、議会や財政部局では厳しい見方があり、文化による町づくり、地域づくりへの抵抗が示された。これに対して提案者としては、ちょうど一九九八年の町制施行四〇周年行事と結びつけることにより、徐々に住民の意識を盛りあげていく方針を示した。さらに議会や役場職員の理解を得るために、ミュージカルを取り入れた総合的な文化活動がもたらす地域づくりや地域再生への効果についての研修会を数回実施することになった。

第二は、この事業と地域づくりをどう結びつけるかという課題であった。「ふるさとミュージカル」という、文字通りふるさとに住む人々の手による内容にするために、地域の歴史や課題に結びついたテーマが必要となった。そこで町内の演劇愛好家などから成る一〇名の企画委員会を設置し、企画の細部について検討した。結果として、題材を地域の歴史の中から選定することになった。そして、一七五二（宝暦二）年に完成し、飯田藩に二五〇ヘクタールの美田をもたらし、その後一九六一（昭和三六）年の災害で流失するまで二〇〇年間持ちこたえた天竜川の伝説的な堤防、下市《しもいち》田《だ》大川《おおかわ》除《よ》け（別名「惣兵衛堤防」）をミュージカルの題材にすることとなった（『高森町史上巻　後編』)。またこの題材によって、地域の身近な歴史に目を向け、それを学ぶことにとどまらず、現在の山林乱伐などの人為的自然破壊や地球環境問題にも目を向けることにもなったのである。

第三は役者やスタッフを誰が担うのかという課題であった。この課題については、あくまでもミュージカルを作るのはこの地域の人々であることを基本にした。そして役者やスタッフは地域の人々を対象に公募し、専門家集団を導入する場合も、その目的はあくまでも地域のスタッフや役者の養成支援に限定した。

2　ふるさとミュージカルがもたらしたもの

(1) 公募から公演まで

一九九七年六月にはそれまでの企画検討の成果を整理し脚本作成を音楽出版㈱C・A・Mに委託し、八月には脚本の原案「惣兵衛堤防に咲いた花」が完成した。これを受けて、企画委員会では役者とスタッフの公募を行い、一〇月に説明会を開催し七〇名が集まった。

その後、舞台オーケストラと合唱団も、町内の音楽愛好家の皆さんの協力により、アマチュアのオーケストラは四〇名、合唱団は六〇名で結成された。最終的なスタッフは小道具、大道具、衣装、メイク、美術、脚本検討会、役者等も含め六五〇名を越えたのである。

ミュージカルの開始の初行事として、この物語の主人公の飯田藩石工《いしく》中村惣兵衛の末裔の方々、飯田藩の家老職の末裔の方々の協力を得て、中村惣兵衛と当時の飯田藩主堀親長《ほりちかなが》の墓参を行った。この墓参には一六〇名の関係者がバス四台で参加した。ここから二年間にわたって、役者やスタッフはもとより、その家族や周囲の人々も関わる形で、ふるさとミュージカルづくりを柱にした生活の新しいリズムが生まれていった。この参加者の中に青少年も多くいたことはこの活動のまとまりと発展の重要な要素となった。多くの大人たちは困難に出会うたびに、子どもたちの熱心さと成長する姿に励まされて幾多の課題を越えた。

公演は一九九八年三月二〇日、二一日の二日間にわたり行われたが、急きょゲネプロ（通し稽古）も公開し、四回の公演を二四〇〇人が大きな感動をもって鑑賞し、大成功を収めたのであった。公演当日のアンケートからは、役者やスタッフ、そしてこの公演を鑑賞した人々の思いや感動を読み取ることができる。まず役者やスタッフとしてミュージカル活動に参加した人からは、「わたしはミュージカルが大好きです。まさか自分が参加できるとは思っていませんでした、すばらしい体験をありがとうございました」（一〇代女）、「町内では知らない人ばかりでしたが、ミュージカルに参加して、いろいろな人と知り合えました。これからは、関心の無かったほかの町内行事へも楽しく参加できそうです」（二〇代女）、「これからもこういう文化活動を行うことで地域が発展できると思います」（三〇代男）、「みんなで力をあわせれば不可能は可能になることを一番感じました」（五〇代男）、「ここには文化の拠点がないので体育施設とは別に文化会館がほしい」（五〇代男）、など、特に参加への思いの声を聞くことができた。また公演を鑑賞した人びとからは、「普通の人たちがよくこんな舞台を作ったと驚いて感動している」、「見なかった人に見せたい」、「感激、涙が出た、がんばったね」、「せめて一〇日はつづけてほしい」、「みなが一体になりすばらしかった」、「二年間の結集がすごい」、「わかりやすくて感動した」、「子どもたちが大変良かった」、「次のミュージカルに挑戦をしてください」、「町が生きています、こころが洗われました」、「予想以上のものですばらしかった」、「後世に伝えたい」、「町づくりへの心意気が伝わってきた」、「高森町以外でもやってください」、といった感動の声を聞くことができた（『高森町ふるさとミュージカル資料集』高森町公民館事務局、一九九九年）。

ミュージカルのために結成された40名のオーケストラの練習風景。

(2) 文化活動への影響

ふるさとミュージカルという文化活動は、その後の地域の文化活動に多様な

いよいよ開演，第１幕“お祭りの場面”。

形態で波及していくことになった。第一は、公演に向けての取り組みの中で結成された文化グループの活動の発展継続であった。その例として次のようなものがあげられる。①高森有線放送劇団「どんぐり座」の技術的な向上。②オーケストラから発展した「高森ニューサウンズ」の定期公演活動。③合唱団として参加した高森コーラスと友好合唱団の「オマイカコール」（南木曽町）との定期交流会「木と森のふだん着コンサート」。④毎年公演の日を記念して、三月二一日に開かれる「ふるさとミュージカル思い出しの集い」。⑤ミュージカルを機に、わたしも役者をやりたかったというスタッフの仲間で結成し、各施設でのボランティア演劇などの活動を継続している「ホラ吹きの会」。

第二は、各地域行事や祭り行事の発展であった。ミュージカル参加者は積極的に地域行事に参加し、例えば「吉田役者の会」では、毎年秋祭りのさい打ち上げ花火を寄付し祭りを盛り上げている。

第三は、ミュージカルに参加した個々人の活躍である。ミュージカルを機にその人柄やリーダーシップが注目され、結婚相談員やコミュニティ活動推進委員、町会議員として活躍するようになった方々の例もある。

(3) ミュージカルのテーマとこれからの地域づくり

前述の通り、ミュージカルのテーマとこれからの地域づくりをどう結びつけるかは、テーマ設定の時点で想定されていた課題であった。

脚本の終盤に次のような場面がある。「親方！　こんな立派な堤防ができたのだからどんな大水にもびくともしませんね」と言う弟子の一人に対し、主人公中村惣兵衛は「自然を大切にし、自然とともに生きなければどんな強固な堤防を築いても壊れてしまうのだ」と諭す。そして一番弟子の耕吉が、「この地球は未来からの預かり物…」と結ぶ。このミュージカルのテーマは、まさにこの「この地球は未来からの預かり物」ということであった。そしてこのテーマは、その後の高森町の地域づくりにいろいろな点で生かされていくことになったのである。

第一は、このテーマは公演の翌年の高森町の予算編成、町づくりの基本スローガンになった。具体的には、町内各地域において、環境美化の自主活動が発展し、各地域で環境景観条例が作られたのである。

第二は、文化活動で深めたこのテーマを教育活動の中に位置づけたことである。高森町では二〇〇五年から、環境省のモデル事業である「学校エコ改修事業・環境教育モデル事業」の導入に取り組んでいるが、この事業では、環境問題など人類規模の緊急課題に取り組める子どもたちを育てるために、環境教育プログラムの作成を行っている。

第三は、地域の施設づくりへの反映である。総合的な文化活動の結果住民から出された要望により、福祉センターの改修や「吉田ミュージカル創造館」の創設など、地域集会施設の補強が実現したのである。

3　これからの地域づくりへ向けての教育・文化活動の課題

私自身、自治体の職員として、ふるさとミュージカルを含めた地域活動に関わってきたなかで見えてきていることこれからの地域づくりへ向けての教育・文化活動の課題として、いくつかの地域での試みを交えながら、最後に六つのことを挙げておきたい。

第一は、小学校・中学校における歴史や自然をテーマにした総合学習、地域学習活動との連携である。例として、高森南小学校では、地域学習活動として、物兵衛堤防や町内の城跡などを素材に、地域の歴史をテーマにした学習を実施している。高森北小学校では、身近な自然環境から学び、保護する活動体験として、ほたるの飼育活動を実施している。こうした教育活動を通して、子どもたちが地域への関心を深めていくことは、地域づくりの基礎を形成していくと考えられる。

第二は、文化活動の様々な分野での専門家との交流である。「地域づくりは住民の手で」を基本理念に、住民自身が質の高い活動を展開することは大切である。しかしそのために、企画段階や基礎技術の習得の段階では、専門家の指導を積極的に受け入れる姿勢も必要である。それに関して、たとえば大学の研究活動と連携できる文化活動や地域づくり活動を積極的に取り入れることも重要である。そして行政はそれらのための情報提供や資金援助を行うことが求められる。

第三は、文部科学省や環境省、県の機関が示している、教育や文化活動に関する施策や援助の制度を研究し、行政機関や担当者と連携し様々な情報を収集することである。

第四は、総合文化活動推進委員会の活動の活用である。ふるさとミュージカルの活動を総括する中で、一九九八年八月には総合文化活動推進委員会が一〇名の委員で発足した。これは行政側から委嘱した委員会であり、ふるさとミュージカル以後のさらに幅広い芸術・文化・健康活動の推進を提案する委員会である。この委員会は発足後、膨大な提案を行政はじめ地域に対し行ってきているが、その提案の一つを受けて発足した「市田柿の風景の会」による「市田柿コンサート」や「柿の里ウォッチング」には毎年多くの人が参加している。

第五は、NPOや住民の自主運営組織の発展と文化活動の関係である。高森町では、「柿の里スポーツアンドカルチャー」、「町内城跡愛護会」などのNPOが自主的に、演劇、放送劇、健康講座、コンサートなど多方面にわたる文化活動を展開している。こうした活動は会員の同意により実施可能な範囲で運営され、各地域の施設を利用して行われている。これらは日常的・自主的な文化活動や地域の教育活動の新しい方向性のひとつであり、こうした組織の活動を通して、住民による自主的な文化活動が発展することが望まれる。

第六は、日常的な研究発表の場の提唱である。発掘された地域の人材や人的資源を日常的に積極的な待機状態におくことである。そのためには、各分野の様々な研究活動の中間報告発表ができる定期的な場をつくり出すことが重要である。たとえば高森町の特別老人養護施設「杉の木ホール」で行われている定期的な総合文化活動研究発表会「フルーツバスケット」はその一例といえる。こうした活動が、各文化活動リーダーの次の活動へのステップになり、またこうした集まりの中で、他の分野への理解が深まり、時には共同研究やコラボレーションに発展することもある。そして地域の高齢者を含めた鑑賞者もこの研究の場を育てる大切な役割を担っている。

おわりに

以上が、一九九六〜九八年にかけて高森町で行われたふるさとミュージカル「惣兵衛堤防に咲いた花」による地域活性化活動の試みであった。もともとの地域の伝統文化を基礎にしつつも、そのしがらみを打ち破り、従来の伝統文化の上下関係、支配関係のマンネリを砕き、一方、未来に向けて地球的視野を持った地域づくりにつながるテーマを掲げ、住民の参加を奨励していったことが、個性尊重と平等に基づく地域社会の連帯と活性化の輪をつくり、その後の継続的な活動へとつながっていったと考えられる。その一つの実例を示したところに、この事業の今日的な意義があったと私は考えている。

第2章

「農」を中心とした学びの共同体づくり

「農」は持続可能な社会づくりに欠かせない営みである。自然と人，人と人との関係をとりむすぶ「農」の持つ価値，すなわち命の循環性と分かち合いの原理は，循環型地域社会づくりの基盤である。日本は明治以降，大量生産と農業の効率化を農業政策の軸とし，従来の農業のあり方や農村社会の文化を大きく変容させた。今，「農」本来の価値を再確認し，そこから発信されるメッセージを受けとめ，学び，私たちの生活のあり方そのものを問い直すときにきているのではないだろうか。（写真：富山県上新川郡大沢野町根上での 2005 年稲刈りの様子。本章コラム参照）

総論

「農」からの学びと地域共同体づくりの試み

上條直美
立教大学ESD研究センター

はじめに——なぜ〈「農」と開発教育〉なのか

一九九〇年代に台頭してきた経済のグローバル化は、開発教育の描く公正な社会への道すじとは全く逆の方向に国際社会を導いていった。農業分野でいえばWTO（世界貿易機関）体制のもと[1]、国際アグリビジネスによる食料・農業市場の支配・開発が行われ、農業の自由化・市場開放に伴い、日本国内の農業、特に小規模農家はその基盤を失いつつある。日豪間のFTA（自由貿易協定）[2]交渉によって関税が完全に撤廃されれば、国内生産は大打撃を受け、日本の食料自給率は一〇％台にまで下がるという見方もある。農業はとりもなおさず私たちの生活の基盤であり、命を支えるものである。公正な社会では、平等ないのち、誰もが飢えないことが実現されているはずである。しかし、現実には、世界で毎年一四〇〇万人の子どもたちが、飢餓が原因で命を失っている[3]。

本稿では、持続可能な地域社会づくりに向けて、「農」という営みが持つ意味を通して、次の二つの点について考えてみたい。一つは、経済のグローバル化への対抗軸としての持続可能な地域社会づくりに、「農」の持つ価値は欠かすことのできないものではないか、という点である。循環型社会の形成に向けて、「農」は自然と人が、また人と人がどのように関係をとりむすんだらよいか、ということへのヒントを与えてくれると筆者は考えている。例えば、近代の化学肥料を多用する農業は必ずしも「環境保全機能」[4]を十分に持つとは考えにくく、むしろ土壌を破壊してしまう。化学肥料の代わりに有機肥料を使用する有機農業は、近代農業へのオルタナティブとして、循環型社会における「農」の役割を示唆している。

もうひとつは、明治以降の日本の農業政策の転換の中で変質していった農村文化や農業が本来持っていた価値の再評価という点である。それは、農業が工業などの他の産業と同様に貨幣的な価値に置き換えられるようになったことで失われつつある、あるいはすでに失われてしまった価値だと言い換えることができよう。農業の変質のなかで、農村と農民は苦境に置かれた。農民による抵抗運動なども起こったが、それとは別のもうひとつの動きとして農民を支えてきた運動がある。それが、キリスト教的な価値観をもとにした農民教育運動である。日本の農村の歴史の中では小さな運動ではあるが、農業、農村文化の価値を再評価し、農民教育を通じて人間本来の生活とはどうあるべきかということを追求してきたことには一定の評価を見出すことができる。

本稿ではこの二つの点から「農」の持つ意味を再確認し、さらに本章では、三つの事例と一つのコラムを通して、「農」を軸とした共同体づくり、地域社会づくりの試みにおいて、「農」が発信するメッセージを読み解き、これからの開発教育について考えてみたい。

なお本稿の中では、農業と「農」を呼び分けている。一般に「農」という場合には、食料生産としての農業だけではなく、人と自然の関わりや農業の営みを通して培われる文化、生活、生き方などを含んだ意味として表記されることが多い。本稿では主として「農」という表現を使っていきたい。

1 循環型地域社会づくりと「農」——自然環境と社会環境

(1) 生命の循環

「持続可能な開発」というものを、古沢広祐は、永続的な資源・環境利用の模索という面と、様々な関係性を問う広義の公正の概念という二つの側面から捉えている[5]。持続可能な開発とは、単にエネルギー資源の枯渇を危惧してもっと節約をしていこうというだけのものではなく、そのような状況を引き起こした産業形態、社会のシステムそのものを見直していく中で、貧富の格差に象徴される人のいのちの不平等を正していくことをも含んでいる。

自然環境は、人間も含めてすべての生命が網の目のようにつながり、相互にバランスを保ちながら生態系をなしている。生命活動によって排出される廃熱と汚れは、生態系の循環の中で処理される。近代の工業化は、自然界では処理できない化学廃棄物によってこの生態系のバランスを崩してしまった。生態系のバランスと循環を取り戻そうとする営みが、循環型地域社会づくりの根本に据えられているのはこのためである。農業は元来、こうした自然の生態系を利用しつつ、生態系を損なわない範囲で作物を育ててきた。

江戸時代には、江戸の町の台所の生ゴミの多くが、肥料として近郊の農村に引き取られ、作られた作物がまた江戸の食卓にのぼる、という循環が、都市と農村の間に成り立っていたという(6)。菅野芳秀は、「かつて農家の庭先には堆肥塚というものがあった。台所からの生ゴミ、田畑や野山の藁や草、豚や牛などの家畜の糞尿、人糞や尿などといった暮らしの中から出る、あらゆる有機資源をむだにすることなく堆肥塚に積み上げ、それを田畑に還元してきた」と近代以前の農業を振り返り、農家から消えたこの堆肥塚を新たな形で蘇らせようと、山形県長井市において、台所と畑をつなぐ「レインボープラン」を提案し、市民と行政の連携を促し、市をあげての循環型社会をめざす事業を推進した。菅野は、レインボープランにおける循環を「一つは、土から生まれたものを土に返すという循環であり、二つはまちの人とむらの人が互いに手をつなぎ、生ゴミを健康で安全な農産物に変えようとする循環である」と表現している(7)。

同様の取り組みが、本章事例3の埼玉県小川町におけるNPO小川町風土活用センター（通称：NPOふうど）の活動である。NPOふうどが提唱したコンセプトは「地域の資源を最大限に活用した有機農業と自然エネルギーによる自給」であり、生ゴミの資源化のためのプラントを市民の手によって作る試みである。小川町は有機農業が盛んなことでも広く知られている地域であり、一九七〇年代初頭から同町で先駆的に有機農業に取り組んだ金子美登《よしのり》は、近代化の過程で水俣病、イタイイタイ病、そしてカネミオイル（PCB）、四日市ぜんそくなど日本の公害問題があらわになった時期、「生涯をかけるに値する農業は、いのちを支え、環境を守る『有機農業』しかないと覚悟を決め」[8]、その実践に入った一人である。金子のめざす「大量生産するための農業ではなく、自給、自立を目指す農業、化学肥料や農薬に依存するのではなく、知恵と工夫でする農業」は、循環型地域社会の根幹をなすものである。

(2)分かち合う関係――農村共同体の原理

中村尚司は、資源の循環を成り立たせるためには、「その資源にふさわしい社会関係」が必要不可欠であると述べている[9]。また、大地や海などから得られる地域の自然資源の特質は、その地域に生活している人びとにとって「共通に有用性」をもつために、本来的には「だれのものでもなく、みんなのものである」という原則を、そこに住む人びとが共通に確認している必要があるとも述べている。このような人と人との関係性は、ともに資源を管理し生活するという意味で相互扶助的である。

入会権《いりあいけん》のように、日本では、村の共有地や共有林を、皆でどう管理しどう利用するかを取り決めた慣習法がそれぞれの村に存在した。村では、「共有林の手入れや、水路や道路の修繕、そして催事や正月の餅つきにいたるまで住民の共働がごく自然に機能」[10]していた。特に稲作は水の共同管理が必須であり、農村共同体には農作業を軸として生活全体の作業を分かち合う関係性があった。しかし明治以降の農地改革、農業の近代化とともに、機械化、効率化、競争原理などが入ってきて農村共同体は変質してきた。

菅野がレインボープランを通じて実現したかったことのひとつ、「まちの人とむらの人が互いに手をつなぐ」ということは、まさに循環型社会づくりを軸として、人びとの関係性を紡ぎなおすプロセスである。「農民も主婦も農協職員も行政職員も、幼稚園の先生も、お寺のお坊さんも同じ地域社会の生活者として手を結び合う」[11]という共同体のあり方を模索して、農民だけでなく、町の人だけでなく、行政全体、市民全体が連携する事業を構想したのである。菅野は、これを「生命の資源の前の平等」と表現している。これは古沢のいう持続可能な社会における公正の概念に通じるものであり、人と人、人と自然が共に生きる社会を描いている。

ある有機農業を営む筆者の友人は、「お金を介さない関係づくりを、有機農業を通じてめざしていきたい」と語っている。農業を貨幣価値に置き換えたとたん、生産者と消費者の関係には「お金を介した関係」の占める割合が高くなる。スーパーで野菜を買うという行為と、顔の見えている誰々さんから野菜を買うという行為は、本質的に異なる関係に基づいている。前者には、生産者と消費者の関係がそれ以上発展する可能性はほとんどないが、後者には、生産者と消費者という枠を超えた人と人との継続的な関係性へとつながっていく可能性がある。持続可能な社会づくりにおいては、このような分かち合う関係づくりが人と人とをつなぐ原理として重要な意味を持ちうるのではないだろうか。

2 農業を取り巻く状況の変化と「農」の本来の価値

循環型社会づくりや共生社会の根幹をなす、農業を営むということの本来の価値をめぐっては、明治以降の近代化のプロセスにおいて、十分にその価値を発揮することが難しくなってきた。ここでは、農業を取り巻く環境がどのように変わってきたのか振り返るとともに、その変化に伴い失われそうになった農業本来の価値を復興させることをめざした小さな試みである農民教育運動を知ることを通して、「農業の価値」とは何かについて考えてみたい。

(1)農業と農村の変質——明治時代の土地改革

明治六年(一八七三年)の地租改正によって、多くの自作農民たちはそれまでの営みを大きく変えられた[12]。従来の穫れ高に基づいた生産物による年貢ではなく、穫れ高とは関係のない土地の価格に基づいた金納を義務付けられたのである。自然の営みである農業が、豊作、不作に関係なく一定の税金を課されるようになったことによって、農民たちは金策に追われることになる。借金地獄に陥った農民たちによる抵抗運動としての秩父事件[13]などが自由民権運動との関わりの中で起こったりした。明治政府の政策により地主制度が敷かれ、地主の肥大化、そして自作農民の小作化と零細化が進んだ。それまで農民とともに領主や代官と闘っていた地主は、農民に対する支配者という立場になった。農民の側に立つものがいなくなり、自然発生的に農民は小作組合のような形で自らの生活を守って行こうとするが、必ずしもうまくいかなかった。近代化と農村の解体のプロセスが、表裏一体となって進行したのである。

(2)大正期から戦後にかけての農民教育運動

農民福音学校運動　明治政府の地主制度政策の影響で、各地で小作争議が起こった。農民のこうした示威行為は、全国的な運動とはならず単発的な行動に終わった。

こうした農民の闘争的な運動の流れとは異なり、農民を協同の精神に基づいて組織化し、自立／自律を促そうとする取り組みがなされた。これが、明治末期から大正時代にかけて、農村の再生をめざした農民組合運動である。組合運動を日本に紹介し、農村に広めたのが、キリスト教の影響を受けた賀川豊彦[14]（一八八八～一九六〇）と杉山元治郎であった。彼らによって日本農民組合が一九二二年に設立され、「土地と自由のために」というスローガンのもと、農地が農民に開放されてこそ農民は人として生きることができると主張し、全国各地を周り組合運動が広められた。こうした組合運動を通じて、農村の疲弊と小作農民の窮状を打開するためには農民教育が必要であると考えた賀川と杉山は、政府や道府県が管轄する農学校が地主子弟の教育を目的としていることに対抗して、自作・小作農民のための農民高等学校を作る。この学校のもととなったのは、デンマークのフォルケホイスコーレであった。デンマーク視察旅行でこれに強い印象を受けた賀川は、フォルケホイスコーレを発展させ、杉山とともに農民福音学校を兵庫県西宮瓦木村の自宅に設立した。そしてそのカリキュラムに、近代デンマーク精神の父といわれるN・F・S・グルントヴィ（一七八三～一八七二）の掲げた三つの柱、すなわち㈠協同組合、㈡立体農業[15]、㈢三愛精神（神、人、土地を愛すること）、を位置づけた。

農民福音学校は、キリスト教による農村の再生をめざしていた。賀川は疲弊した農村の状況を憂慮し、「農村は自然と人間生活とが美《うる》はしく調和している」のに対し、「都会生活は自然と隔離されている」と評し、「農村社会は利害一致した社会である」が、「都会の社会は利害相反するものが多い」としている。[16] 利害一致とは、理想の社会に向けて一致団結していくことができるかどうか、というほどの意味である。賀川と杉山は、自然と人間の調和と村人の協働という価値観を、「理想とすべき農村文化」と表現した。そしてデンマークの農村を模して、農業技術だけでなく人格的な教育を通して助け合いの社会をめざすべきであるということを、全国各地の農村で説き広めようとした。この農民福音学校運動は、二人の尽力で全国に広がりつつあったが、二つの世界大戦を挟んで中断せざるを得ない状況となってしまった。

戦後の農民教育の流れ　戦後、農民福音学校は全く同じ形では復興しなかったが、同じ三愛精神を基盤とした農民教育への取り組みが再び行われるようになった。一九五〇年、北海道酪農学園短期大学の初代学長となった樋浦誠は、[17] 地主の子弟の教育のために建てられた大学では一般の農民は学ぶ機会がないことから、大学を農村青年のために開放することを始めた。これが「三愛塾」と呼ばれ、戦後の農民教育運動のはじまりとなったのである。この三愛塾運動は全国各地に広がり、日本の農業問題、農村問題への関心を呼び、一九六一年に農業基本法が制定されてからは、農業の展望をどう切り開くかの模索や、農政や農協のあり方など社会改革的テーマが重視されるようになった。

農民福音学校と同じプロテスタント・キリスト教の農村伝道の拠点であったキリスト教農村文化研究所（戦後は、農村教化研究所、のちに中央農村教化研究所、現在は鶴川学院農村伝道神学校）に一九六〇年に併設された東南アジア農村指導者養成所は、東南アジア諸国の農業・農村事業関係者を受け入れて研修する場を提供し、その後それぞれの国に帰すという事業を行っていた。これは、途上国へ日本人技術者を派遣するという発想から一歩進み、自力再生の道を歩み始めていたアジア諸国の主体性を促すことを目指したものである。翌六二年からスタッフとして高見敏弘が関わり、東南アジア諸国の農村の実情に合ったカリキュラムが設定される。そして七三年には鶴川学院農村伝道神学校から分離独立し、栃木県西那須野に土地を得てアジア学院となる。これは有機農業と農村共同体の実現をめざした学校であり、国際協力NGOとしても草創期の団体に位置づけられている（本章事例2参照）。

(3)「農」の本来の価値と国境を越えた連帯

「農」の営みは、人と自然の共生のあり方を私たちに具体的に示してくれる。また、人と人との公正な関係に基づいた社会のあり方も示唆している。明治以降の農村教育運動は、そのような「農」の価値の再生と密接に結びついていた。またそうした「農」の価値は、国境や民族の違いを超えて共感しあえるものであり、広いネットワークを作り出している。

韓国の農民教育の事例であるプルム学校では、二〇〇五年以来、途上国から学生を毎年一名受け入れる取り組みを実験的に行っている。また、日本の愛農高校や恵泉女学園大学などからも留学生を受け入れ、国境を越えたつながりを通して、思想・ミッションや課題の共有を広げている（本章事例1参照）。そこには、世界はひとつの大きなコミュニティだという前提が存在する。また先に述べたアジア学院は、一九七三年の創立以来、一〇〇〇名を越える卒業生を世界中に持ち、そのネットワークを通じて、情報交換とともにお互いのコミュニティでの活動を助け合っている。

(4)「内を耕す」

農村共同体は、農業を営むことを通じて、その地域に生きてきた人びとが伝えてきた様々な知恵、伝統、文化、歴史など様々なものを共有している。

内村鑑三（一八六一〜一九三〇）は、明治、大正、昭和にわたってキリスト教界という枠を超えて日本の社会に影響を与えた思想家であり、その思想と実践は広く深く根を下ろしている。日本で内村の聖書集会に参加していた韓国の金教臣《キムギョシン》は、プルム学校を創立する李賛甲《イチャンガップ》に大きな影響を与えた。プルムの「聖書の上に学校を築く」という教えは、実は内村の影響を受けたものである。また、内村は『デンマルク国の話』の中で、「国の大なるはけっして誇るに足りません。（略）外に拡がらんとするよりは内を開発すべき」と語っており[18]、プルムの「小さな学校」「小さい農業」を誇りとしていく考え方は、ここに由来しているのではないかと考えられる。プルム学校は、地域づくりそのものを学校設立の目的に掲げた稀有な教育機関であり、人材を養成し学校の所在地域の村に輩出し続けている。プルムのこの実践がきっかけで、二〇近くの住民組織が周辺の農村地域に出来ている。生産・加工・流通、文化、教育など地域コミュニティに欠かせない各分野の小規模な実践がまず学校の中で行われ、それがうまくいくと、卒業生などを中心に地域の中で発展継続させていくという試みが、プルムの最大の特徴であろう。地域の仕組みを生み出す人と知恵を育むための教育の役割を見事に果たしているのである。「農」と生態系の原理に依拠したこうした地域づくり、人づくりを、プルムの元校長の洪淳明《ホンスンミョン》は「生態共同体づくり」と呼んでいる。

日本では、内村の思想の影響を受けた鈴木弼美《すけよし》によって、山形県に基督教独立学園高等学校（一九四八年）が、また高橋三郎によって島根県にキリスト教愛真高等学校（一九八八年）が創立された。これらの学校は、プルム学校も含めて姉妹校同士として交流を深めている。いずれも「真理としてのキリスト教」にもとづいた少数教育で、全寮制であり、勉強だけでなく肉体労働も重視し、野菜づくり、牛や鶏の世話、炊事、環境整備など、生活にかかわるすべてのことを生徒と教職員が協同で行うなどの特徴を持っている。

自分の足元の地域、そして自分自身の「内を耕す」ことから始めるという発想は、先のグルントヴィの精神にもつながることであり、地域づくり、そして教育のあり方への示唆に富んでいる。

3　「農」の持つ全体性と学び

「農」を通じてしかできない学びがある。それは、生きる、という日常の当たり前のことを改めて考え、体験させてくれる生きた学びである。山形県高畠町の農民詩人であり、小川町の金子美登と同時期に高畠で有機農業を始めた星寛治は、「育てるということでは、農業において作物とか家畜を育てるということと、人間を育てるということは、一体のものであると思っている。それは地下茎のように見えないところでつながっている」[19]と語る。

「農」は、自分のことは自分で決め、行う、すなわち自律ということの意味を教えてくれる。情報にあふれ、便利さに囲まれた現代社会では、目の代わりに世界各国の映像を写すテレビがあり、手で文字を書く代わりにパソコンがあり、人に会いに行くための足の代わりに車や飛行機、テレビ電話など数限りない「道具」がある。そうした「道具」は私たちが何でもできる存在だという錯覚を与える。こうした「道具」を手に入れる代わりに、私たちは画面を通したバーチャルな自然を鑑賞し、人と人とのコミュニケーションをうまくとる方法を教室という空間の中でトレーニングしなくてはいけなくなった。自然と人間の関係は、週末や休暇にリフレッシュするために訪れる海や山の自然を非日常的に体験することの中に閉じ込められた。日常生活の中で、工夫することや時代を超えて伝えられてきた伝統的な知恵を忘れ、等身大の自分で生きることを忘れてしまうことが多くなった今、「農」は本来の「生活」とは何か、ということを思い出させてくれる。農業は常に自然との対話の中で、知恵と工夫を駆使して営まれる。農作業は、一見単調な作業が毎日続いているように見えるが、農民に言わせれば一日たりとも同じ日はないそうだ。常に新しい状況に直面し、知恵が試される。

本章の三つの事例と一つのコラムの中には、いくつかの共通したメッセージが込められている。ひとつは学びの全体性ということ、ふたつめに、社会の基本原理は競争ではなく共生であり、人と人との関係を取り戻すことが大切であるということ、そして三つめに、どの事例も具体的な未来を見据えていることである。

「農」を通じた学びは、頭だけでなく、身体だけでなく、心だけでなく、それらすべてを動員して学ぶという点で人間の全体性を前提としており、各事例ではそれこそが本来の学びであることが描き出されている。学ぶことは生きること、生きることは学ぶことなのである。

事例2では、それを、食べ物といのちは切り離すことができないという意味の造語「フードライフ」に象徴させている。自然と向き合い、仲間たちと作業を共にするという具体的な体験を通して、国の違いや文化の違い、価値観の違いとそれらがもとで生じるぶつかり合いを乗り越えることを身体全体、心全体で体得していく。

事例1では、「全体と部分」ということをより意識したあり方が描かれている。学校は、地域全体の中の一部分であり、地域をよりよくしていくために学校は何ができるか、ということを考えている。また、農作業は自然の生態系のサイクルを意識する中で行われなければならないし、そのためには生態系を熟知していなければならない。「生態には、循環とか相互依存、流れ、調和、均衡、多層などの法則というものがあり、その法則によって社会を見、学校を見る」と洪が語っているように、農作業は生態系の部分であり、全体を知らなければ部分は成り立たないのである。

コラムの中で筆者加藤は、昔ながらの農機具を使った農作業は、「とても文章では残せないような小さな作業」の積み重ねであり、「一緒に作業しながら見て学び身体で覚えるのが一番」と語っている。

私たちの生活は、さまざまな部分から成り立ってはいるが、部分を考えることで精一杯の毎日で、生活全体がどのような考えのもとで営まれているのかということに思いを馳せることは少ない。また、私たちの生活は、どのような地域社会全体、世界全体の中で営まれ、どのような意味と役割を持っているのか、ということを考えなければ、「私の生活」を含めた未来像は見えてこないのではないだろうか。

それぞれの事例では、明確な未来像が語られている。**事例1**のプルム学校では、百年先の地域を見据えた持続可能な社会づくりが具体的な計画のもとに進められている。**事例2**のアジア学院の目指す「調和的な多様化」を軸とした共生社会は、さまざまな宗教や文化、背景を持つ人々が共に生活をするという具体的な実践から始められている。**事例3**の埼玉県小川町のＮＰＯふうどでは、住民が主人公となる暮らしの仕組みづくりが目指され、農産物だけでなく地域資源の活用の仕組みや、エネルギーの自給、市民による脱石油の学びを通して、持続可能な循環型町づくりの実践が行われている。

コラムでも、自給の暮らしをするためには「生活することそのものに多くの時間を必要とする」という実感が語られているように、私たちの生活全体を見直せば、何が大切で何が不要かという取捨選択を常に迫られている。生活全体がどのような考えのもとで営まれるかを見極めることは、こういう取捨選択ができる基準、生活の軸を持って生きることにつながるはずである。

「農」は、生きる原点にとても近いところを支えてくれるが故に、私たちに生きる自信や勇気、前向きに生きる姿勢を教えてくれる。自律的な個は、自己を受容できると同時に、他者をも受け入れることができる。そうした自律的な個同士が結びつき、支えあい、助け合うことのできる共同体を地域社会の原点に位置づけていきたい。

星寛治はこのような個を「ぶれない軸」を持つ人と表現している。ぶれない軸を持つと、異質なもの、新しいものが入ってきても、恐れずに受け入れる受容力を持つことができる。プルム学校を度々訪問して驚かされることは、訪れるたびに新しい試みが始まっていたり、進展していたりすることである。良い事例や取り組みがあると聞くと、まずはそれを取り入れ、試みる。新しいことへの受容力が非常に高いのだ。

おわりに――「農」と開発教育

本稿では、「農」から発信されるメッセージの意味を考え、それが持続可能な社会づくりにどのように位置づけられるかを考えてきた。また、学びという点においては、時代や政策の変化の中でも変わらず存在し続けてきた「農」の価値は、人と自然、人と人をつなぐ「共に生きる」という価値観であり、その価値観に基づいた社会を築いていくためには、頭の中だけでなく、心も身体全体も使ってその価値観を学びとり、身にしみこませていくことが必要である。それこそが生きた学びであり、この学びが実現されたとき、「農」からの価値観を生活全体に行き渡らせることが可能となるのである。

これからの開発教育を考えたとき、地域課題とのつながりが不可欠なテーマとなるであろう。開発教育は、途上国の課題と自分たちの地域の課題の相互依存性を認識し、途上国に起こっている貧困問題は、ひるがえって先進国の社会のあり方に起因しているという自覚を持ちながら学習活動を行ってきた。それは、社会の課題を学ぶとともに、自分自身のライフスタイルの見直しや変更をも迫るものであった。開発教育が地域課題とつながるとき、ますます自らの社会のしくみ、生活のあり方が問われてくるであろう。学び手は、一生活者として学ぶことを迫られ、開発教育を通して自らの生活課題に向き合わざるをえない。そのときに、「農」の持つ意味から、私たちは多くを学ぶことができるのではないだろうか。

●注

（1）一九四八年に発足した関税・貿易一般協定（ＧＡＴＴ）は、工業製品分野の関税引き下げ交渉に限定されていたが、その守備範囲を拡大することとなったウルグアイ・ラウンドの交渉結果として一九九五年に世界貿易機関（ＷＴＯ：World Trade Organization）が設立された。

（2）物品の関税、その他制限的な通商規則、サービス貿易等の障壁など、通商上の障壁を取り除く自由貿易地域の結成を目的とした二国間以上の国際協定。二国間協定が多いが、北米自由貿易協定（ＮＡＦＴＡ）等の多国間協定もある。

（3）国連世界食糧計画（ＷＦＰ）ウェブサイト（www.wfp.or.jp）参照。

（4）一九九九年に制定された新農業基本法において、農業が有する「多面的機能を総合的に捉える」という方針が打ち出された。そこでは農業の環境保全機能や景観維持機能の発揮、教育的・文化的機能の発揮を、「国土の保全、水源の涵養、自然環境の保全、良好な景観の形成、文化の伝承等農村で農業生産活動が行われることにより生ずる食料その他の農産物の供給の機能以外の多面にわたる機能」（新農業基本法第三条）と定義している。

（5）古沢広祐「持続可能社会の構築とＮＧＯの役割——社会システムの変革からポスト地球サミットを考える」（『別冊開発教育　持続可能な開発のための学び』開発教育協会、二〇〇三年、三一頁）。

（6）石川英輔『大江戸えねるぎー事情』講談社、一九九〇年、二五五頁。

（7）山形県長井市レインボープラン推進協議会著／大野和興編『台所と農業をつなぐ』創森社、二〇〇一年。

（8）桝潟俊子・松村和則編『食・農・からだの社会学』新曜社、二〇〇二年、一五七頁。

（9）中村尚司『地域自立の経済学』日本評論社、一九九三年、四四頁。

（10）星寛治『耕す教育の時代』清流出版、二〇〇六年、二〇頁。

（11）山形県長井市レインボープラン推進協議会、前掲書、二〇頁。
（12）星野正興『日本の農村社会とキリスト教』日本キリスト教団出版局、二〇〇五年、三〇頁。
（13）秩父事件とは、一八八四年、埼玉県秩父郡の農民たちが政府に対して武装蜂起した事件。生糸価格が暴落したことで養蚕業が盛んだった秩父の農民は大きな打撃を受けた。そこに高利貸しがさらに追い討ちをかけ、困窮した農民たちは県庁に押しかけたが、すぐに鎮圧され四千名の逮捕者が出た。秩父は養蚕業に偏りすぎており、食料の米麦も外部から購入していたため、たちまち困窮したという背景がある。
（14）賀川豊彦は、労働組合運動、農民組合運動、協同組合運動、無産政党樹立運動などに献身した社会事業家である。関東大震災後は、罹災者救済やセツルメント事業にも尽力した。（財団法人雲柱社　賀川豊彦記念館・松沢資料館　http://zaidan.unchusha.com/kagawa.html）
（15）立体農業とは、J・ラッセル・スミスの tree-crops を賀川豊彦が翻訳したもの（J. Russel Smith, *Tree-crops,* 邦訳『立体農業の研究』賀川・内山俊雄訳、恒星社厚生閣、一九三三年）。日本を含めた傾斜地の多い土地で、それを利用し樹木栽培を行う農業。嗜好品としての果樹ではなく、主食的なもの、高カロリーを有するナッツ類（栗、くるみなど）が栽培された。また、農業生産物を加工し付加価値をつけて販売したり、農民自身の生活改善にもつながるように多面的に農業を利用したことも「立体」的であるとされる。パーマカルチャーとほぼ同義。
（16）日本基督教連盟編『農村福音学校読本』基督教出版社、一九三六年。
（17）樋浦氏は、三愛精神を初めて日本に紹介した内村鑑三や賀川豊彦から影響を受けているが、当時の状況を次のように回想している。「内村先生が日本へ帰ってからデンマークのことを『デンマルク国の話』という本の中に書いたわけですが、これが日本に三愛精神が最初に紹介されたものとなりました。その後賀川豊彦先生も全国で農民福音学校を盛んに行ってデンマーク復興の精神を教えました。そんなことがだんだんに広がってきて私どもが酪農大学を始める頃は『神を愛し、人を愛し、土を愛す。』という言葉はクリスチャンであれば誰でも知っている合言葉であったわけです」（樋浦誠先生追憶集刊行会『求めよさらばあたえられん――樋浦誠先生遺稿・追憶集』酪農学園同窓会連合会、一九九二年、二九頁）。
（18）内村鑑三『後世への最大遺物　デンマルク國の話』岩波文庫、一九四六年。
（19）星寛治『有機農業の力』創森社、二〇〇〇年。

事例1

共に生きる「平民」を育てる学校

プルム学校と地域共同体

プルム学校・田舎教師 洪《ホン》 淳明《スンミョン》
構成・補注＝上條直美

はじめに――プルム学校のめざす生き方

私がプルム学校(1)に関わるようになったのは、設立三年目の一九六〇年のことだった。一九五八年四月二三日、朝鮮戦争からの復興の最中、朝鮮半島の田舎(2)、忠清南《チュンチョンナム》道《ド》洪城郡《ホンソングン》洪東面《ホンドンミョン》(3)に村ではじめての「中学校」ともいうべき各種学校(4)、プルム高等公民学校が開校された。生徒一八名、教師二名。「手の平ほどのわずかな土地の青い麦を刈って、教室が一つだけのわらぶき屋根の建物を作ってプルム学校が開校された。みすぼらしい開校ではあったが、それはプルムの歴史の始まりであった」(5)。その後、一九六三年にプルム農業高等技術学校（以下プルム学校）が設立され（高等公民学校は地域の公立中学校が開校した一九八〇年に廃校）、二〇〇一年には環境農業専攻科（二年制課程）が設立された。

洪東面の生活遺物展示館に展示されているプルム（ふいご）。

プルム学校には二人の創設者がいる。その一人朱鋈魯《シュオクノ》先生は、学校の設立趣意書に、学生たちはまずキリスト者、農村の守護者、そして世界市民＝平民を育てるために地域の学校を設立する、と書いている。洪東は伝来、寺子屋の書堂の根が深く、朱先生は内村鑑三の流れを汲む無教会信仰の影響を強く受けている。もう一人の李賛甲《イチャンガップ》先生は、五山《オサン》学校出身である。(6)五山学校は、教育とキリスト教(信仰)と農村を一元化、ひとつのものにするという教育目標を掲げて奮闘したが、植民地時代、また解放以降は共産党によって学校自体が廃校になり、理想を守ることができなかった。李先生は、北(北朝鮮=朝鮮民主主義人民共和国)で果たせなかったことを南(大韓民国)で果たそうと志したが、洪東面生まれの朱先生に出会って、教育、信仰、農村をひとつにする思いにお互いに共鳴した。

李先生は解放の年(一九四五年)に、これからの自分たちの生き方を四つの目標として次のように描いた。一番目は、生涯働き学ぶこと、二番目は、何でも明るく誠に生きること、三番目は、苦難に満ちた韓国歴史の象徴である農村を背負うということ、四番目は、まず一人ひとりが自分の立っているところで生まれ変わり、経済や軍事の国ではなく、思想と精神の永遠の国に民族が目覚めること、である。

プルム学校は創設のときから、このように農村と信仰と学校はひとつであり、「共に生きる平民」を育てる教育、すなわちエリート教育ではなく、平民を重んじ、人を排除する競争ではなく共に生きることをめざす教育を主張していた。離農向都の傾向の中で、国の礎であり根である農村を守ることが大事だと説いてきた。そのような精神に基づいて学校は出発し、それを口先だけで理想として掲げるのではなく、実践が伴うよう努めたのである。

1 地域づくりを目的とした学校——信用組合をつくる

プルム学校が始まった年からすぐに、学校の中に消費者生活協同組合が組織された。組合員は生徒たちである。学校内である程度運営がうまくできるという見通しがたったとき、組合の運営を村の人に引き継いで任せることにした。学校は教育が中心であり、地域事業を抱えこむと放漫になると考えたからだ。その頃すでに地域で活動していた卒業生が組合の理事や専務になり、(7)運営を行った。その後、高利貸しで苦しむ農民のために、地域に信用組合を作ることになった。最初は、教職員が兼任して信用組合の仕事をこなした。そして消費者生活協同組合と同様に、ある程度運営が軌道に乗ったところで、村の人に運営を任せ、給料も支払うようにした。信用組合と消費者生活協同組合は協同に基づく地域共同体の柱である。その二つができたら、その下に小さい組合がいくらでも作れるのではないか、資本主義は自由、社会主義は平等がその理念だが、私たちは第三の形態として協同組合を選んだのである。その手本として、国の歴史や文化を尊び、平民であることを追求し、農村と協同を大切にし、自由で制度にしばられない教育と宗教を重視するデンマークの百姓大学[8]（国民高等学校＝フォルケホイスコーレ）運動を見習った。協同組合の理事や専務は選挙で選ばれるが、三分の二以上がプルム学校の卒業生になることがほとんどだった。すなわち組合はそれ自体、生徒にとっては学びの現場であり、卒業生にとっては地域における働く場所となったのである。こうして、ひとつ、ふたつと地域組織が形成されて、今では次のように二〇近くの住民組織が出来ている。

生産——正農会洪城支会、洪城郡親環境米作目連合会
加工——平村ヨーグルト、「プルムの人々」、国産小麦製粉所
流通——プルム生協
教育——カッコル保育園、生活遺物展示館、『洪城新聞』
環境——プルム石鹸協同組合
信用——プルム信用協同組合
女性——洪城女性農業人センター
文化——『学校と地域』（雑誌）、グムルコ出版社
福祉——隠退農場
地域——文堂里生態村、環境教育館

これからも様々な組織が準備されていくであろうし、既存の組織はさらに充実していくことだろう。今考えているのは地域通貨[9]の導入である。勉強会を開き、具体的に取り組む人材を探しているところである。

日本では地産地消という言葉があるが、地域（農村）だけが単独で自立したら、都会の自立はほぼ困難だと考えられる。そこで、「地足都給」という言葉を作った。都会と共に生きるという意味である。相依止二、四里四方、全民皆農、地足都給、これは生態系も社会もお互いに依存し合っている、別々のものではなくふたつでひとつだということを表している。そしてすべての人たちが皆、なんらかの形で農業の大切さを覚り、農業をやるべきである。四里四方で育てた農産物、自分の地域で育てて循環させた食べ物こそが安全で健康であり、そうやって創ったものを、農村は都会に供給し、都会を支える。加工や流通をできるだけ自分たちで行えば、しっかりと土地に根を張った農村になるだろう。プルム学校ではそれがいわばモットーである。そのために直販所を作ったり、農村と都市の循環システムを構築することが大事だと考えている。そのほか、住民図書室を開設する、合鴨農法[10]を米ぬかと組み合わせてさらなるレベルアップを図る、加工所を立てる、農業実験室を作る、などさまざまな方法、アイディアがある。こういうふうにずっとやってきたことで、地域と学校がいわば水と魚の関係[11]になっているのである。

2 「持続可能な開発のための教育」としての生態教育[12]

二〇世紀は競争の時代で、都市化、産業化が世界的な流れだったが、競争によって環境が破壊され、経済的にも二極化した。アメリカでも中国でも、一部は豊かでも他の多くの人々や地域はどんどん貧しくなり、戦争におびえている。それが二〇世紀の遺産である。だから二一世紀は共に生きる時代にならなければいけない。経済、環境、文化がお互いに関係しあって支える持続可能な社会のためにも、農村、農業、地域には非常に重要な役割が課されている。ヨーロッパなどでは、国連「持続可能な開発のための教育（ＥＳＤ）の一〇年」と歩調を合わせて、生態教育がいろいろ行われてきているが、アジアではまだあまり行われていない。そのためには農業や生態系、環境、食べ物などのテーマが、教育の中でもっと重視されなければならない。有機農産物を作っても売れない、それならそれを学校で教育しなければならない。自分たちの食べ物の安全のためにも、教育の中でそれを学んでいけるよう

プルム学校教職員室でインタビューに応える筆者。（2005年9月6日）

にしなければ環境も文化も守れない。これは利潤追求を第一義とする企業や、票集めに熱心な政治家には任せておけない。学校でこそ生態系や平和を守らなければならない。それが「ESDの一〇年」の意味ではないだろうか。

農村や地域を大切にすることは持続可能な社会の実現のために必要不可欠である。ローカル・アジェンダも、地域が動かなければ始まらない、つまり学校と地域が一緒に動かなければならないのである。これは、地域の教育力を活かし、学校と地域が相互に影響を与え合い共存するという、プルム学校の創立者の考え方に近いものであり、プルムの理念が今、より切実さを増しているのではないかと思っている。

地域の自立だけではなくて、世界の環境、世界の貧しさの問題を学校でどう捉えるか、それが開発教育の内容ではないかと思う。私は一九七七年にオランダでNGO関係の国際会議に参加したことがあるが、そのときに南アメリカの代表が、「少しのお金を貧しい国に援助するよりは、先進国の企業がどのように貧しくさせているのかということを自分の国で教育して欲しい、搾取されなければ自分たちは自立できる」と非常に強く訴えた。それまでは援助やチャリティは良いこととしか考えていなかったが、そうではなくて、大企業による搾取をやめるようにすることこそが自分たちの自立のために必要なのだと聞いて、私は目から鱗が落ちた。そのときオランダの人たちは、すでにそういう開発教育を実践していた。私は、大企業の搾取を広く知らせるために市民団体が教育活動を行い、市民たちからは賛同を得ているが企業からは抵抗もあるというオランダの状況を、韓国内の英字新聞に紹介した。

開発教育は、生態教育と平和教育の一部として学校で取り入れなければならない。生徒は一〇年先に大人になる。平和教育とは、もちろん心の安らぎという要素もあるが、社会の調和や社会正義も平和の一部である。正義をふせて心の安らかさだけを得ても世界は平和にはならない。聖書には、平和を作るものが神の子だと書いてある。平和は人と人との歪んだ関係を正すことだから、個人レベルから、皆がつながっている世界の次元まで目を開かせることが大切だ。平和はピースフル（状態）ではなくて、ピースメーキング（行動）でなくてはならない。朝鮮半島の関係もアジアの関係もそうであって欲しい。プルムは小さい学校だが、北朝鮮のために断食をして寄付をしたり、世界各地の災害罹災民を助け、時事の勉強もする。韓国も最近の百年を除けば、文化の特性は祭典と労働と生活が営まれる場としての農村にあった。農村に文化がなければ空間と物質だけである。プルム学校では、農謡を学ぶ教科を設け、農村文化の理解と伝承に活用している。また、以前から昔話を改作して本を出したり、校誌に載せたりしている。

3 生態教育の実践

今、韓国では小学校から高校まで生徒たちは受験勉強に追われ、学校自体がおもしろくなくなっており、したがって授業中に居眠りしたりすることが多い。しかしそれは生徒たちの過ちではない。機械的に暗記させ、競争に明け暮れさせているからそうなるのだ。生徒にもっとさまざまな活動の機会を与え、学校を生活の共同体にすべきである。その具体的な実践としてプルム学校では、協同学習や、グループで菜園を持って野菜を育てたり、地域の教育力を積極利用したり、あるいはイベントを生徒たちと計画・実施したりもしている。

ところで、字が読めないことをイリテラシーというが、それと同じで、コンピューターを使わない人は「コンピューターイリテラシー」、生態のことを知らない人は「エコロジカルイリテラシー」という。生態には、循環、相互依存、流れ、調和、均衡、多層などの法則が存在する。その法則によって社会を見、システムを見、学校を見る。そのとき社会の様態を、競争ではなく共生と捉えると、学校と社会の歪んだ姿が見えるはずだ。そして学校と社会の正しい姿を見極めることにより、学校と地域社会が変わり、勉強は生活になり、運動になる[13]。平和教育と生態教育は、二一世紀の教育として総合教育の方向を示しており、従来の、教員が伝達する知識を生徒が学ぶという一方向性を転換する可能性を持っている。学校も転換し、教員も転換し、生徒も転換する。学校によって地域社会が生態的に転換し、勉強が生活になり、運動になるわけである。

それは開発教育につながる。開発教育は人の意識を変え、社会を変える。人を転換し、社会を転換する。教育は、人をつくり社会を作り直すということにつながらなければならない。今は既存の矛盾だらけの社会に生徒たちを馴らさせる、とにかく分からせる、既存のシステムによく順応させるという方向のみに向いている。教育とは、社会を作り直す力を養成するものでなければならない。そのときに、農村や環境、食べ物など、それぞれの地域の文化がもっと大切になる。グローバリゼーションで通信や交通は世界化できるだろう、しかし、農業や文化や教育は世界化できない。地域化、多様化、詰め込み教育ではない学びの創造が必要な時にきている。創造力は生徒の中にある。生徒の創造力を先生が率直に認めて、お互いに学び合う学校のシステムを創出しなければならない。

韓国では従来、環境教育、親環境農業という表現を使ってきた。しかし、「環境」とは人を中心に考えた言葉であり、生物や自然は周辺的なものという考えに基づいた概念である。一方「生態」は、人も生態系の一部であり、生態のルールに従わなければならないということを意味している。自然は汚すとブーメランのように人に戻ってくる。農薬をばらまけば、悪玉が盛んになってそれが人を襲う。自然を「環境」とみなしなおざりにして逆襲された時はじめて、自分だけが生態のルールから外れて安全に生きることはできないということがわかるはずだ。

生態を競争の場と捉えたとき、それは適者生存、ひいてはホロコーストにつながる。社会や経済、生態を競争原理で捉えたとき、その先には戦争や搾取、破壊が起こる。教育もその仕組みの中にはめこまれてしまっている。生態を共生と捉えられれば、社会も人の生き方も生活様式も、みんな何か変わらなければならないことに気づくだろう。

4 アジアの農民ネットワーク――農業と平和

プルム環境農業専攻科にはバングラデシュからの留学生が一人いる。韓国とバングラデシュは、東アジアで同じタイプの農業を営む土地柄である(14)。彼はいずれ帰国して有機農業を実践する予定だ。私たちは今後も長く彼と交流を続けていこうと考えている。一つひとつは小さなことだが、こうした試みを一〇年、一五年と続けるうちに、アジアのあちこちに友だちができて、その人たちと交流・協力し合えるようになれば、何と素晴らしいことだろうか。

環境農業専攻科は、地域だけでなくアジア全体で農民ネットワークをつくり、共通の問題に取り組むために作ったとも言える。とはいえcollegeであることは間違いなく、このような田舎の大学、集落の大学というのは世界中探してもちょっとほかには見出せないだろう。集落の大学で、地域の人たちの視野を世界に広げるとともに、世界のために働ける人を育てるということも重要だと考えている。

専攻科は生徒を三〇人までとし、敷地を小さくし、その中に水田、庭園、販売所、加工所、畜産場、エネルギー施設、図書室など、集落のさまざまな機能・設備を設置した。ここで学べば、卒業後どんな集落に入っても、集落で必要なことは何でもできるようになる。学校の敷地に店も作る、加工もする、販売もする。美術も学ぶ、音楽も学ぶ。学校は地域の人によって支えられ、地域の人が教師にもなり、生徒にもなる。必ずしも教職員の免状を持つ人でなくてもいい。有機農業に造詣の深い人が外部講師として教えに来てくれたりもする。学校は学校のためにあるのではなく、地域のためにある。これは学校自体が集落に支えられながら集落の構造を持つことであり、集落民による学校、集落のための学校、College of the Village, by the villagers, for the villagesというふうに考えている。

プルム学校・専攻科は、隣国として日本とも深いつながりをもっている。姉妹校が日本に四つ[15]あり、頻繁に交流が行われている。また、日本の地域との交流も盛んである。今年（二〇〇五年）も村の人々二四名を連れて、九州への有機農業研修や合鴨農民交流会などに参加した。神戸のP.H.D協会[16]にもお世話になっているし、「九州日韓百姓出会いの会」に携わっておられる農民作家の山下惣一さんとも親しく付き合わせていただいている。

二〇〇六年には「アジア合鴨農民シンポジウム」[17]をプルムで開催する。農業の国際的な会議はいろいろあるが、従来は学者が中心で百姓は脇役だった。今度はそうではなく、行政と学者が脇役で、百姓が主役になる大会を開く。合鴨が国境を越えて飛ぶように、歴史を通じて国を支え、苦しんできたアジアの百姓の声を世界に発信しようと考えている。大会では、アジアではアジア式の農業をやるべきこと、家族経営・複合経営・小規模・有機農業によって地域と共同体を生かすべきこと、それぞれの国が自国の食糧自給率アップのために努力すべきこと、農業は世界化の波に翻弄され困難に直面しているが、農業を愛する人々が農業にじっくり取り組めるよう智恵を出し合うべきこと、などをアピールする。また、輸出や経済のための農業ではなくて、安全な食べ物を皆が安心して食べられるようにするための農業をめざすべきこと、農業は農民だけでなく、行政や消費者も農業の大切さを認識し、本当に愛さなければならないということを、宣言の形にまとめてアピールするつもりでいる。それは世界の、アジアの貧しい農民たちが、今までは歴史の犠牲者だった自分たちのあり方を転換し、歴史の主体になることとつながっている。さらにそこには、環境を守り、貧困をなくし、地域を築くことによって多様な文化や食生産を守ること、それこそが平和につながるというメッセージも含まれている。農業は平和とつながるものなのだ。平和とつながる農業、自然への親和性、農を楽しむこと、そこにこそ平和社会の理想像がある。

5　地域の学校同士の連携

プルム学校では、地域の人たちが学校の菜園の運営を手伝い、評価し、生徒と関わって一緒に作物を作る。生徒は教室から村に出かけて行って地域の民俗や農業の方法を学んだり土壌や水質を調べるなど、教科を越えて、学校外で、生きた教材で学ぶことができる。教育は先生がするものなどと決めつけず、生徒が健やかに学べる環境をつくり、個性を生かす教育を行うため、互いに協力すべきである。生徒たちが食べ物の安全の重要性に気づき、地域の農業を大切にし、持続可能性やローカル・アジェンダの意義を学ばなければ、地域の後継者育成も持続可能な社会の実現も難しいだろう。

現在、環境農業専攻科には生徒が一七人いる。洪東面には、公立の小・中学校のほかに、私立のカッコル保育園（カッコル子どもの家）、プルム農業高等技術学校（プルム学校）、プルム環境農業専攻科がある。専攻科の入学資格は高卒だが、教員や公務員を辞めて入ってくる大卒者もいる。四〇代の働き盛りの人たちも入学してくる。設立五年目の今年、三期生が卒業し、一一人が結婚して地域に定着している。

公立中学校に新しく赴任してきた女性の校長先生が、大学時代ハンセン病の人たちの集落で援農活動を経験しており、たまたまその集落の責任者がプルム学校関係者だった。前任の校長先生はプルム学校と連携をとることに積極的ではなかったが、新しい校長は意欲的で、さっそく一緒に生態教育をやることになった。文堂里《ムンダンリ》の環境教育館[18]を利用して、カッコル保育園からプルム学校まで地域内の機関をフルに活用し、学科と学校を越え、学校と地域の互いに開かれた関係によって、段階的に生態教育を行うことができたら、持続可能な社会の実現や教育方法の変革に大きく貢献しうると考えている。こうした連携にはそれ自体意味があるし、仮にすぐには成果が出なくても、いずれは必然的に求められるはずである。

共に生きる社会を築くためには、学校は先生ではなく生徒を中心にしなければならない。施設や教職員組織から評価や教育の方法まで、その形態は生態の法則に従い、地域とつながったものであるべきだ。先生の役割は、方法を教えて生徒たちを励ますことである。そのとき、競争ではなく共生を目指すことによって、勉強の仕方、学校のあり方、生活様式、社会のあり方、すべて異なってくる。

おわりに――未来世代へ向けた「文堂里百年計画」

私たちは、自分たちのためだけではなく、地域のため未来のためにこの村を良くし、いずれは次の世代へ譲ろうと考え、「文堂里百年計画」を立てた。われわれは未来の世代のことを考えなければならない。ESDのためには、次の四つのことを若い世代に伝える必要がある。すなわち、①自然も社会も人も互いに依存し合っていることを知ること、②一人ひとりが社会の問題に責任を持つこと、③自分の才能は委託されたものだということ（stewardship）、④未来の世代に譲るために今自然を大切にすること。未来の世代への責任を認識するために、村の住民たちとソウル大学環境団体が協力して「百年計画」を作成した。プルム学校も常に未来を意識して、持続可能な社会に向けた試みを営々と続けなければならない。いつも意識し努めるということが、今生きているわれわれの未来に対する配

「100年後の文堂里」を表現したジオラマ。

慮であり責任でもある。
「田舎」は自然を尊ぶ場所、人と自然、人と人が共に生きる場所であり、命を育む根源であり、心のふるさとである。そして田舎は都会の人たちとも地足都給を通してつながっている。返本固礎（「根本に立ち返り、基礎を固める」の意）、私は自身の田舎教師としての生涯に誇りを感じている。（二〇〇五年九月六日　プルム学校専攻科教職員室でのインタビューをもとに構成）

●注
（1）プルムとは韓国語で「ふいご」のこと。
（2）「田舎」という呼称は、都市に住む人から見たある種の蔑称と捉えられることもあるが、本稿ではそのような含意はなく使用している。
（3）面は日本の村に相当。洪東面は人口四六七一人、世帯数一五六八、うち農業世帯は一一五七戸（二〇〇五年一二月現在）。
（4）学校教育法第一条に規定される「学校」以外で、学校教育に類する教育を行う教育施設のこと。
（5）尾花清「韓国プルム学校の生態共同体づくりの今日的局面」（『教育』二〇〇三年一一月号、七五頁）。
（6）一九七〇年平安北道定州郡に李昇薫《イスンフン》がキリスト教民族教育と人材養成のために設立した私立校。李賛甲は設立者の従孫に当たる。
（7）プルム学校では、教員と職員（事務担当）の区別をしておらず、全員が教え、事務的な仕事も分担する。
（8）「百姓」という呼称も「田舎」と同様に、蔑称ではなく、生業や農作物の多様性を「百」の字に投影した言葉、つまり多様性を持った農業を営む者という意味合いで使用している。
(9) 政府や中央銀行の発行する法定通貨以外で、特定の共同体内などでのみ、法定通貨と同等あるいは全く異なる価値を付与して使用される通貨。第4章総論の注(5)および同章事例2も参照。
(10) 日本で改良された合鴨(野生の鴨とアヒルを交配させたもの)による水田除草法で、化学肥料や農薬を一切使わない。
(11) 「水魚の交わり」(中国の故事)。水と魚が不即不離であるように、非常に仲の良い関係を表す。
(12) 「生態教育」とは、洪氏独自のとらえ方であり、「人も生態の一部なのだから、その法則にしたがって人と自然の正しい関係と持続可能な社会を実現しなければならない」としている。洪氏はこうした生態の論理を、自然環境のみならず、人間の労働、生活、社会、教育の論理として展開している。
(13) この場合の「運動」は、市民活動などを含む、持続可能な社会づくりのためのさまざまな活動を含んでいる。より広い意味では、文化を創る行為の総体を指す。
(14) 筆者は、東北アジアと東南アジアを同じ「東アジア」と捉えている。いずれもヨーロッパとは異なり、モンスーン気候で地域農業のやり方が同じで、農村は家族経営、多品種目で小規模である。
(15) 基督教独立学園高等学校(山形)、キリスト教愛真高等学校(島根)、愛農学園農業高等学校(三重)、盛岡スコーレ高等学校(岩手)。
(16) 主に日本とアジア・南太平洋地域の人々との国際交流・協力活動を行っている市民団体(NGO)。PHDはPeace(平和)、Health(健康)、Human Development(人づくり)の頭文字。
(17) 第一回は日本(福岡県)、第二回は韓国(洪城)、第三回はベトナム(ハノイ)、第四回は中国(鎮江市)で開催された。二〇〇六年は五回目となる。
(18) 洪東面文堂里に住民たちが建てた施設。有機農業の研修、生徒の生態体験学習、環境団体のセミナー等で年間延べ二万人が利用している。

事例2

フードライフを礎とした学びの共同体

アジア学院の理念と実践

（学）アジア学院副校長
荒川朋子

はじめに

アジア学院には「真なるもの」がある。そう感じて私がこのコミュニティ（メンバーがひとつの共通する目的のために共に働き、学び、生活の多くの時間を共有するという意味でのコミュニティ）に職員として住み始めてはや一三年が経とうとしている。しかし未だその生活のどこにも色あせた感はない。それどころか毎日は初めて来た時と同じような興奮と新鮮な学びを与え続けてくれる。アジア学院にある「真なるもの」は、教育においてのみならず、すべての人間の生において真なるものであると信じている。そしてその基礎には、私たちのいのちを支える「食べもの」がある。

1 アジア学院とは

アジア学院は一九七三年に栃木県那須山麓に創設された、アジア・アフリカの農村指導者を養成する学校である。日本の国際協力NGOとしては草分け的存在である。またアジア学院は「ひとといのちを支える食べものを大切にする世界を作ろう——共に生きるために」という理念を掲げ、食べものを生産し、食べて、土に返すという、人間にとって最も本質的な活動を中心に生活している共同体でもある。約六〇名から成るコミュニティはいわば世界のミニチュア版で、日本人が全体の三分の一を占めるが、アジア・アフリカからの学生、欧米からのボランティアや訪問者など、国籍が二〇を超えることも珍しくない。しかも同じ国から来た人たちでも文化的背景が全く違うこともあるので、実際には三〇、四〇の異文化が存在する。このような異文化の人間が集い、共に働き、人間にとって最も大切な食べものを作り、分かち合い、その活動を通じて人と自然と共に生きる生き方を追求する。それがアジア学院である。

共に生きる社会は人間同士が協力するだけでは到底達成できない。私たちを取り囲み、私たちのいのちを支える食べものを育む自然環境や生物の営みが破壊されては、人間が共に生きることは不可能である。だから私たちは人のいのちを脅かす農薬の被害、化学肥料の過剰投入による地力の低下や農民の経済的負担、エネルギーへの過剰な依存を憂慮し、頑なに有機農業を守り抜いている。

アジア学院の朝の集会風景。

またアジア学院は発足以前からボランティア活動と深く関わりがあり、創立以来すべての活動はボランティア精神に基づいている。ボランティア活動とは、人が人々とそれを取り巻く諸環境のために、金銭的な報いを望まずに惜しみなく身体的、知的労働をすることであり、人間社会およびその環境はボランティア活動なしでは成立しえない。学院内には多くのボランティアがいて、日々の学院の生活に欠かせない農作業、給食、営繕などの諸活動はもちろんのこと、機関紙の封筒詰め及び発送、古着の整理整頓、募金等の活動もすべてボランティアの方々によって支えられている。アジア学院は人と人が積極的に支え合う社会を実現している。

2 あたりまえのことを実現する

「アジア学院は今、そしてこれからも社会正義の実現のために存在する」。創設者高見敏弘はアジア学院の存在意義をこう説明する。ここで言う「社会正義」とは、自由、平和、公正といった一般的な社会正義をより日常に即して表現したもので、「世界の人々がひとりの例外もなく、分かち合う喜びを感じながら豊かな食卓につくことができること」ということである。なんだそんなことか、と思われるかもしれないが、これは近代社会の成立以降、一度も実現されたことはないであろう。それどころか社会が発展するにつれその実現は難しくなっている。この社会正義が実現された「あたりまえの社会」を創ることがアジア学院の使命であり、アジア学院の養成する農村リーダーたちの使命である。

また、私たちの目指す「あたりまえの社会」では、いのちに直結した食べものは、換金商品やモノとして扱われるのではなく、「人間と自然の業の結晶」として人間の心を満たす霊的なものである。そうした食べものは、かつてそうであったように人間の本質に訴えかけ、人間と自然、人間と人間の関係を明確にしてくれる。そのような食べものは豊かな食卓を生み、その食卓を囲む私たちをも豊かにする。滞在者の多くがアジア学院の一番の印象を「食事」と答えるのもそのためであろう。

さらにアジア学院が目指すのは「調和的な多様化」に向かう社会の実現である。多文化、多宗教の存在する多様化の中にあって、差別、排他、権力の集中とは反対に、それらが争うことなく調和し共存している社会である。歴史的に対立した民族同士であっても、排除し合わず、名前を聞いたこともない国の人でも無関心にならず、違いを認め合い、互いの文化を尊重し合い、互いの能力と可能性が発揮されることでより豊かな社会が創造されることを信じて社会参加をする。平和の礎をしっかりと具えた社会、それが私たちの目指す社会である。以下に、私たちが掲げている「アジア学院の使命」を挙げておく。

アジア学院の使命

アジア学院の使命は、イエス・キリストの愛に基づき、個々人が自己の潜在能力を最大限に発揮できるような、公正且つ平和で健全な環境を持つ世界を構築することにあります。この使命の実践に当たって、私たちは、共に分かち合う生き方を目指して、農村指導者の養成と訓練を行っています。主としてアジア、アフリカ、太平洋地域の農村共同体に生き、働いている男女の指導者たちが、毎年職員やアジア学院に集うその他の人々と共に学びの共同体を形成します。この共同体に根ざした学びを通して、私たちは農村の人々が地域で自分たちの持っている資源や能力を共通の目的のために分かち合い、活用する最善の方法を見出してゆくのです。アジア学院は、食べものといのちについての独自のアプローチによって、我々自身と全世界に問いかけを続けていきます。共に生きるために。

3 「いのちへの共振」に学ぶ

アジア学院のユニークな点は、目指す社会像をただ空で唱えるだけでなく、まずアジア学院というコミュニティの中で具現化しようと試みていることだ。その試みのプロセス自体が学びの教材であり、自分たち自身が実験台なのである。創設者高見が「アジア学院の『共に生きるために』というモットーは、目的であると同時に手段である」と言う所以である。私たちは「共に生きる」社会を目指して、「共に生きる」毎日を実践するのである。当然そこには苦しみも伴う。文化に基づく価値観の衝突やミス・コミュニケーションによる誤解が生じ不愉快な経験をすることはどのメンバーにとっても珍しいことではない。しかし「共に生きる」ことを目指す以上、そういった問題を避けて通ることはできない。ここ、そこと発生する問題にひとつひとつ向きあって、解決に向かう過程で、私たちは「共に生きる」ためのヒントを見出していく。これは「共に生きる」ことを体験的に学ぶ究極の学習方法である。

さて、アジア学院のカリキュラムの中心はフードライフ（Foodlife）である。フードライフという言葉は、食べもの（food）といのち（life）は切り離すことができない、双方が双方にとって必要不可欠であるという事実と概念か

アジア学院農村指導者研修の基本コンセプト

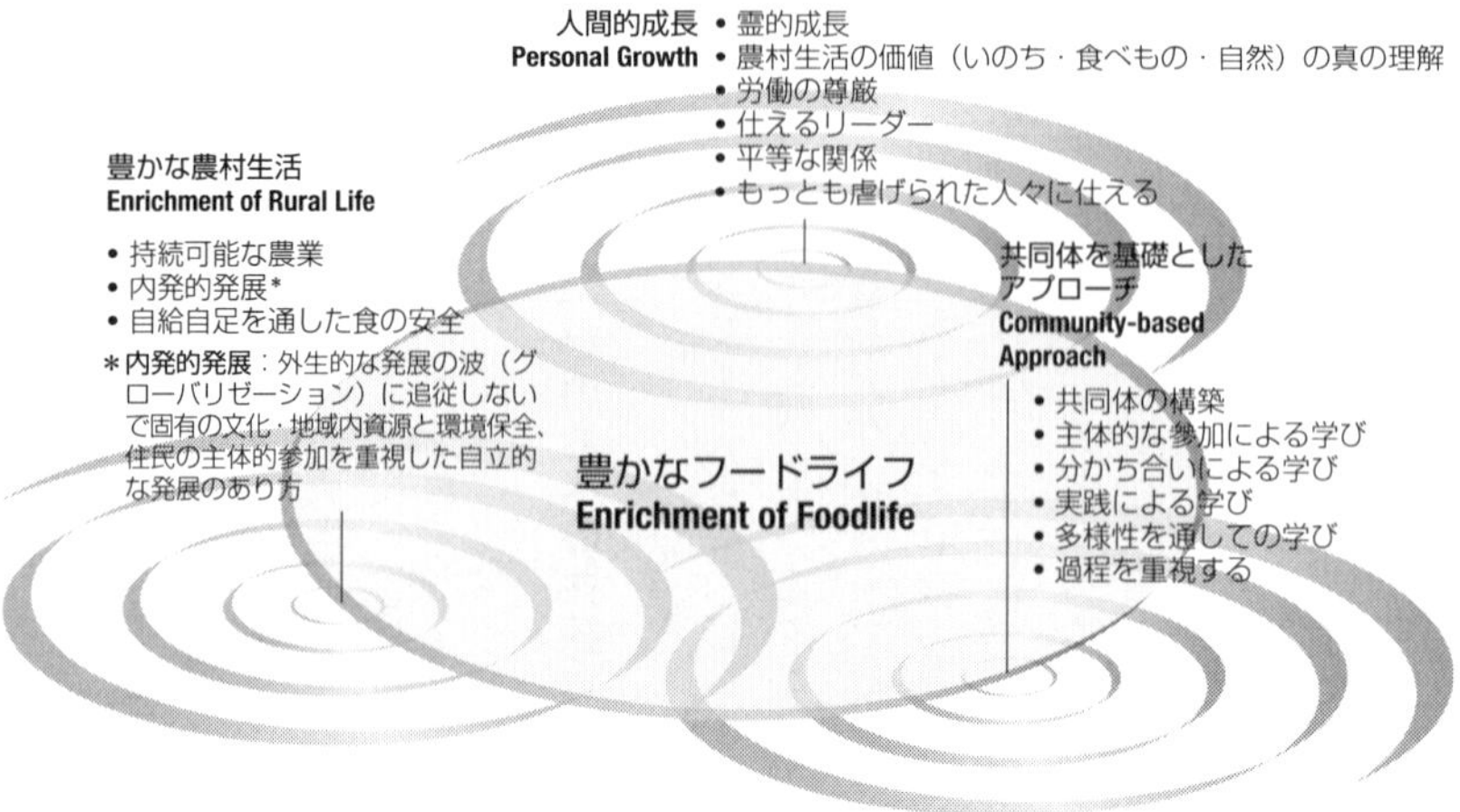

ら派生したアジア学院独自の用語であるが、具体的には「自力で有機農法により食糧生産をし、コミュニティの食糧自給率を高め、食べものを分かち合うことによって豊かに生きることの実践活動」を意味する。

カリキュラムとして学生たちは朝と夕の一時間ずつ必ず、どんな天候の中でも農作業と食事の準備に当たる。リーダーシップ研修、技術研修を組み込み、畑と畜産の管理はすべて学生がグループ単位で行う。また計画、実行、振り返り、リーダー評価を定期的に行い、マネージメント能力の向上を目指す。この一連の活動に職員、トレーニング・アシスタント（卒業生）、ボランティア、訪問者、つまりアジア学院コミュニティの全メンバーが学生を補助する形で加わり、学院内の食糧自給を目指す。これがフードライフ・ワークである。

しかしこれは単なる労働とは違う。高見は著書『共に生きるために』の中で次のように言っている。

さて、朝晩農場で働き、自分達で食べるもの、また仲間に食べてもらうものを生産する労作を共にすると、その中に、人間の営みと自然の営みとが一つになって素晴らしい食べものができてくる。人間と自然の業の結晶は食べものであるということが分かってくる。すると労働が大変意味のある、楽しいものとなってくる。一年の営みの移り変わり、四季の変化、温度の変化などに敏感に反応していく植物、動物、昆虫など生き物の姿に接すると人間である自分も自然の営みに呼応し、反応しながら、命を豊かにする努力をしていこうという気持ちになってくるものである。「共に生きるために」ということは自然全体との共振（私はそれを「いのちへの共振」と表現している）であり、自然のおおらかで厳しい秩序正しい美しい営みから、自分自身の生のあり方を学ぶようになることである。誰かから押し付けられる節制とか秩序とか厳しさではなく、本当に自分達が命をお互いに守り命を豊かにするように生きようと願うなら、おのずから自然がそうであるようにおおらかで厳しく、節制を重んじ、慎ましく美しく、生きていかざるを得なくなるものである。自然から学ぶこと、「いのちへの共振」ということは、「共に生きるために」ということを自分の生活の中で具現化するには、まことに大切なことであると思っている。

フードライフというカリキュラムは万能である。年齢制限も人種の制限もなく、いかなる文化背景、経験をもった者にも、新たな学びを与える。それはこの活動が、自然を師とし、学習者を謙虚にせしめるからであろう。その環境設定の中で、人間は限りなく学び合うことができる。

例えば一つの畑をのぞいてみると、五つの国から来た職業も社会的地位も年齢も違う男女が無心に除草をしている。自分自身の食べものを作るため、また仲間たちを養うために謙虚に労する。そこには何のおごりも高ぶった心もない。素のままの自分といのちとに真っ直ぐ向き合い、いのちと共振する自分と仲間がいるだけである。その瞬間私たちはどんな違いがあろうとも、「共に生きている」。この体験を通して、それぞれの人間がそれぞれの学びの経験をする。不可触民の差別カーストに生まれ育ったバングラデシュの若い女性は、「私は人間としてこれほど他の人々と平等に生きていると感じたことはなかった。この気持ちはすべての人間が味わうべきだ」と語った。また、スリランカの仏僧であった学生は、アジア学院に入学する以前は、自分の民族の仏教徒に対してのみ奉仕を行っていたが、卒業後は対立する

アジア学院のフードライフ活動の様子。

民族のコミュニティにも積極的に入り、二つの民族に対して分け隔てなく奉仕を行う「奇特な」僧侶として知られている。彼の活動の基盤にも、アジア学院のフードライフで培った「共に生きる」人間同士の経験が生きていることが見て取れる。またアジア学院に来るまで、食糧生産は産業、作物はすべて換金商品としてしか見ることができなかったというカメルーンのNGOワーカーは、アジア学院のフードライフを経験して、食べものが人間にとって物質的にも精神的にも根源的なものであることを悟り、自分たちで自分たちの食べる食べものを作り、さらに分かち合うことで何にも代えがたい喜びと満足感が得られることを知ったと言っている。そしてその喜びと満足感こそが「生活」の質を決め、持続可能な人間社会の基盤となるものだと理解した、とも語った。

アジア学院でもう一つ強調している概念は「内発的な発展」である。「内発的な発展」とは、端的に言えば「自ら気付いて目覚め、行動するようになる」ことだと私たちは考えている。先に挙げた「アジア学院の使命」の中にあるように、農村地域の開発では「農村の人々が地域で自分たちの持っている資源や能力を共通の目的のために分かち合い、活用する最善の方法を見出してゆく」努力が、地域の人々の創意工夫により自発的に行われなければならない。このためには地域の人々が自分たちの文化、歴史、価値観を再認識し、誇りと自信に目覚めることを契機とした内発的発展が必要である。

例えばキリスト教の司祭の職にあるスリランカの卒業生は、アジア学院に来る前までは、多くの指導者がそうであるように、すべての問題を自分で抱え、悩み、答えを出し解決しなければならないと思っていたという。しかしそのようなやり方では誰もついて来てはくれなかった。その司祭がアジア学院で内発的な農村開発の進め方を学んだ。そして卒業後にまずしたことは、住民のニーズと住民一人ひとりの能力の調査であった。調査に基づいてニーズに対して何か貢献できそうな人材を探し、その人に働きかけ、イニシアティブを持たせると、住民たちは驚くべき能力を発揮し、村が活気づいたという。例えば学校を作ってほしいという要望があった。それに対しては、教育を受けているのに失業中の若者たちに働きかけ教会で学習教室を開講させた。すると今度は母親たちから、そこで学ぶ子どもたちに温かい昼食を食べさせたいという要望が出た。そこで母親たちのイニシアティブを尊重しながら働きかけた結果、母親たち自身が当番制で昼食作りを行うプログラムが始まった。さらにこの給食プログラムに賛同して、率先してそのために作物を栽培しようという農家が現れ、村内での給食の材料供給が可能になったという。今では学校を運営する教会が材料を公正な値段で農家から買い取る制度もでき、村全体にとって利益のある一大教育プログラムが出来上がったという。

アジア学院の多文化共生の環境は「内発的な発展」の気づきには非常に効果的である。多文化共生の中で学生はいくつものカルチャーショックを乗り越え、自分と自分の社会・文化の再認識を繰り返すことを余儀なくされる。すると学生の中で内発的思想が生まれ、入学時には想像もできなかった自分たちの農村地域の夢の姿（ビジョン）が、九ヶ月の研修終了時には非常に具体的に描かれるようになるのである。

4 真の学校

アジア学院の実生活を通して行われる学びは、コミュニティを基盤にした学びである。アジア学院は通常の「学校」と違い教える者／学ぶ者の区別があまり無く、皆が学び、皆が成長することを重んじる。学校とは本来、年齢に関係なく真に学びたい者が集い、体験し議論し教え合い、時には旅を経てその経験を分かち合う場であった。そこに時間割や年限はなく、学ぶこと自体が目的であった。だが、現代の学校は本来の形を離れ、所定の年限の授業・実習を大規模に行い、卒業を目標とする形式的なものになっている。学ぶ気はなくても履歴書目当てに進学している者もいる。こうした中、アジア学院は、「学校」の原点に立ち、小規模で自由度が高く、国籍や年齢を問わず学びたい者が集い、体験し議論し教え合い、世界各地の経験を分かち合える場となることを目指している。

私たち日本人や欧米人がアジア・アフリカの草の根の農村リーダーたちから学ぶことは非常に多い。例えば私たち日本人に比べ、彼／彼女らは、乏しさの中にあっても互いに分かち合う、乏しさの中にある者同士だからこそ分かち合うという価値観を自然に備えている。限られた資源を分かち合う以外にすべての人々が公平に平和に生きていく方法はない地球において、彼/彼女らから私たちはもっと謙虚に学ばなければならない。一方、全くの無償で高度な専門知識や能力を惜しみなく提供するためにわざわざやって来る日本人や欧米人のボランティア精神から、農村リーダーたちが学ぶことも多い。私たちは共に学び合い、高め合うことが必要なのである。

おわりに——共に生きるために

これらアジア学院のすべての活動の精神的よりどころとなっているのはキリスト教信仰である。私たちは刻々と変化する世界の中にあっても、漂流することなく、神の大いなる導きのうちにあって、「正しいこと」「大切なもの」を聞き分け、判断したいと願っている。例えば、前述の有機農法によるアジア学院のフードライフの形は創立時からあったものではない。当時有機農業はまだその名も実態もよく知られていなかったが、職員たちが話し合いを重ねた結果、「共に生きるために」というアジア学院の礎となった聖書の中心テーマの実現に無くてはならないものという判断に至り導入されたのである。しかしこれはキリスト教を信仰しない者を受け入れないということではない。繰り返すが、私たちが目指すのは「調和的な多様化」に向かう共に生きる社会の実現であり、実際にアジア学院の中にはイスラム教徒も仏教徒もヒンズー教徒も何の神も信仰しない者もいる。「共に生きるために」というアジア学院のモットーを実現するために、私たちはあらゆる宗教の信仰者を受け入れ、それぞれの信仰を尊重し、共に生活を営むのである。

●参考文献

高見敏弘『共に生きるために』アジア学院、一九九二年。
矢谷慈國・山本博史編『「食」の人間学』ナカニシヤ出版、二〇〇二年。

事例3

住民の手で持続可能な地域づくりを

埼玉県小川町の生ごみ資源化事業

（特活）小川町風土活用センター副代表理事　**高橋優子**

はじめに

埼玉県小川町（比企郡）では、NPOと住民と自治体が協働して、一般家庭から出る生ごみを、燃やすことなくバイオガス技術を用いて資源化する実証実験を二〇〇一年六月より継続的に行っている。バイオガス技術から生まれるものは良質な液体肥料（液肥）とメタンガスである。それらはやがて食糧とエネルギーに変わる。いわば、食糧とエネルギーの自給・再生を軸とした有機農業を基盤とする持続可能な循環型社会の構想である。この実証実験の発端は、小川町が「小川町環境基本計画」策定にあたり、町民から広く意見を問うために策定委員を一般公募したことに始まる。筆者はこれに応募し、集まった他の四〇名の方々とともに、一年半あまりの間、延べ一〇〇回を超える会議を開き、討議を行った。その過程で「生ごみを燃やすなんてもったいない」という提案が出された。すでに小川町の有機農家では各農場から出る野菜くずや蓄糞などをバイオガス技術を使って再生活用していたため、この提案が具体化する十分な素地があったといえる。この実証実験の開始に伴い、それまで有志による任意団体として活動していた「小川町自然エネルギー研究会」（一九九六年発足）を、NPO「小川町風土活用センター（通称：NPOふうど）」として法人化した。そして、バイオガス技術による独自の実証プラントで実験を続けた結果、経済性においても、産出される生ごみ発酵消化液（液肥）の量と質においても、良好な成績を収めた。そこで次の段階として、実験成果を踏まえた新しい発酵槽の建設が計画された。この計画は農家や行政だけでは担いきれないので、生ごみを出す住民や関心を寄せる個人が参加して作り上げ、見守っていく仕組みを採用した。つまりこの新発酵槽建設は、通常なら農家が農地に営農のために作る施設を、市民みんなが地域の環境や食糧自給を考え、智恵や労力のみならずお金でも支援しようとする新しい試みである。着工までにはたくさんの壁があったが、ここではそれを市民がどのように解決し、またそれを通してどのような未来を作ろうとしているのかについて紹介したい。

1 小川町の自然が生み出すもの

小川町は、埼玉県中部、秩父地方の外側に位置する面積六〇・四五平方キロメートル、人口三万五〇〇〇人あまりの町で、周囲を緑豊かな外秩父の山々に囲まれ、市街地の中央を槻川が流れる自然豊かな里山である。また歴史を誇る小川和紙や小川絹をはじめ、建具、酒造などの伝統産業で古くから栄えた町である。歴史を秘めてたたずむ史跡や往時の面影をとどめる町並みなど、その風情から、いつしか「武蔵の小京都」と呼ばれるようになった。

小川町ではこの豊かな自然を生かして昔から農林業が盛んであり、一九七〇年代からは金子美登《よしのり》氏を中心として有機農業が始まり、この分野においては日本での草分け的存在である。そして今では、有機農業と自然エネルギーの町としてつとに知られるほどになっている。有機農業では農薬も化学肥料も使わないので、自然環境に影響される部分が大きい。そのため昨今の温暖化等による気候変動は、自然環境とともにある有機農業にとって抜き差しならない問題である。今の農業はたくさんのエネルギー（石油）を使うものとなっているが、そのことが環境に負荷をかけているのであり、この状態を変えないかぎり自分で自分の首を絞めるようなことになってしまうし、有機農業を行う意味もなくなってしまうだろう。そのような観点から小川町の有機農家では、一九九〇年代からエネルギーの生産も視野に入れ、自然エネルギーを活用した環境に負荷をかけない持続可能な循環型農業を目指してきた。その自然エネルギー技術の中の一つにバイオガス技術があり、一九九二年に日本で初めてのバイオガス施設が建設されたのが小川町なのである。

2　生ごみ資源化事業の概要

前述のように、一九九九年小川町では「小川町環境基本計画」を策定することになり、策定委員が一般公募され、四一名の委員から成る「小川町環境基本計画策定町民協議会」が設置された。委員はみな手弁当で、夜七時からの会議を延べ一〇〇回以上行ってきた。四一名の委員は、環境問題に関心の高い小川町の中でも、それぞれ様々な自然保護活動を実践している人や環境の変化を肌で感じている農家の方々であった。これだけの数の各々一家言ある人たちが一堂に会して話をするのだから、最初はどうやってまとめていけばよいのか途方に暮れた、と自治体の担当職員は述懐している。また注目すべきは委員の顔ぶれである。というのもその過半数が地域外からの移入者なのだ。環境とは、あまりに身近すぎて、内にある者には見え難く評価しにくいものである。したがって今回のように、第三者的視点を持つことのできる移住者の発言は重要な意味を持っていた。彼／彼女らの忌憚のない意見が地元住民の目覚めを促し、「自分たちの環境は自分たちで考えなければいけない」という気運が高まったのである。

さて、協議会では話し合いの末、①まちづくりは住民が主人公、②「くらしの仕組みの見えるまち」にする、③ライフスタイルの変革による里山文化の復興を図る、④豊かな自然の中で子どもを育む、⑤環境は「共有財産」である、⑥生業のベースを環境に置く社会にする、⑦地域での自給・循環と地域間の交流を大切にする、という基本理念のもと、四つの分科会に別れて討議を進めた。その中で、ある委員から「生ごみを燃やすなんて、もったいない」という意見が出された。日本では、ある年齢以上の人々は戦争という経験を背負って物資の無い時代を生き抜いてきたため、「物を使い切る」という感覚を持つ人が多い。かつて野菜などは葉も端っこもすべて使い、残飯は肥料にするという暮らしがあった。さらに小川町では先に述べたように、一部の有機農家の間ですでにバイオガス技術を用いて、農場から出る野菜くずや牛糞を液肥やバイオガスとして有効活用してきたという背景があった。

町は焼却施設の老朽化と増え続けるごみへの対策に苦慮し、農家は安定した有機肥料供給を望み、住民は「生ごみを燃やすなんてもったいない」と感じている。こうした三者それぞれの出発点を踏まえて、協議会の討議は続けられた。その中で、バイオガス技術に詳しい委員を中心に、「農場の野菜くずで出来るのだから、家庭の台所から出る生ごみ・野菜くずでも出来るのではないか」というアイディアが出され、町内の団地の一四世帯から生ごみを集めて資源化する実証実験が始まった。この実験を始めるにあたっては、①経済性に優れた小・中規模の分散・収集資源化システムを作る、②地域の経験や技術・資源を生かした低コストの「地場産」施設を作る、③町民が意欲を持って分別を継続できる仕組みを作る、という三点を方針とした。こうして町民有志が集まり、二〇〇一年五月のゴールデンウィークの間に、委員の一人の所有する小川町下里の有機農場の片隅に、簡便なバイオガスプラントが作られたのである。その後実証実験は順調に進み、参加世帯も今では一〇〇世帯に達している。小川町に住みながら農地という生産手段を持たず、消費者に徹さざるを得ない団地住まいの私にとって、生ごみから食糧とエネルギーを生むという発想は非常に新鮮で魅力的であった。

参加世帯からの生ごみ収集から液肥・バイオガス製造までの工程は次の通りである。町から各家庭に二重底の小さなバケツが配られ、住民は台所で分別した野菜くずや残飯などをそれに溜める。これを週二回の可燃ごみ収集日に、集積所に置かれた五〇リットルの大きなペール缶に入れる。このペール缶を町がトラックで収集し、発酵槽まで運搬する（現在、収集は民間に委託されている）。発酵槽に集められた生ごみは農家やＮＰＯふうどの会員によって発酵槽に投入され、三〇日後にはメタン菌などの微生物によって分解されて液肥とメタンガスになる。液肥は農家で良質な有機肥料として使われ、米や野菜が生産される。つまり、農作物を住民が食べて生ごみが出る→その生ごみが液肥とメタンガスに再生される→それによって作物が出来、また生ごみが出る…というように、住民―プラント―農家の間に、無駄なものを出さない「作物→生ごみ→液肥」の循環が創られたのである（次頁図参照）。

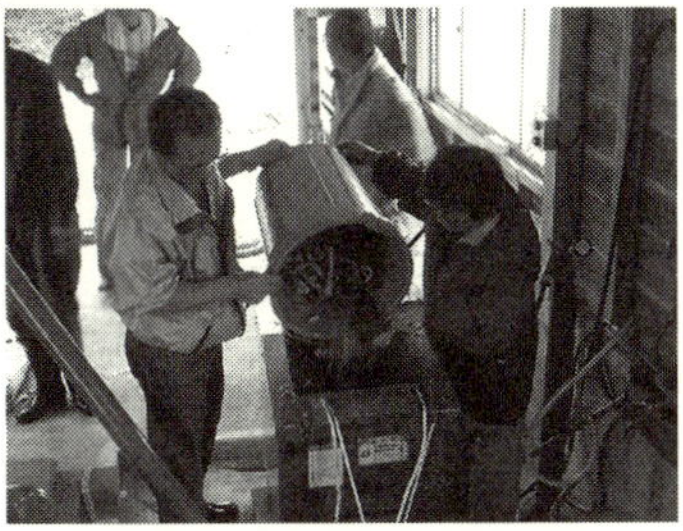
生ごみ投入試験・講習会の様子。

生ごみ資源化実証実験での資源の流れ

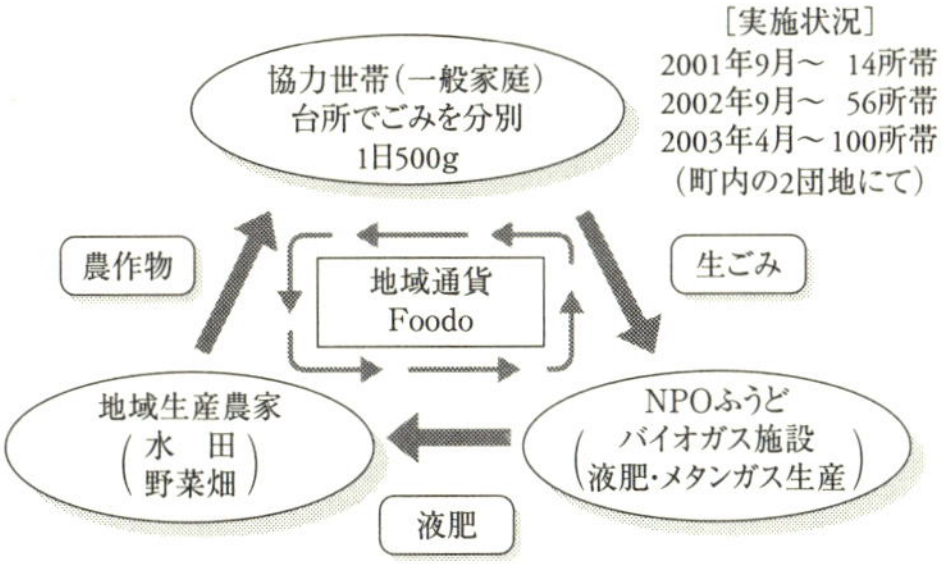

3 生ごみ資源化事業が町にもたらしたもの

上の図は生ごみの循環の流れを示したものであるが、この中で農家から住民に農作物が渡っていることに注目して頂きたい。目下、小川町では家庭から出る生ごみは可燃ごみとして焼却処理している。生ごみを焼却した場合と焼却せず資源化した場合の処理経費を比べてみると、手作り生ごみ発酵槽建設費の安さから、後者の方が低い経費となっている。両者の差益は、住民・NPO・行政の協働から生み出された価値であると考えることが出来る。一方、この生ごみ資源化事業の要は、住民がいかにきちんと生ごみを分別するかにかかっていると言っても過言ではない。一家庭が一年間に排出する生ごみの量は一五〇キロぐらいである。そこで私たちはこの差益価値を住民に還元したいと考え、町に差益を原資として拠出してもらい「生ごみクーポン券」という地域通貨を発行している。現在参加世帯に年間三〇〇〇円相当分のクーポン券を渡し、年二回（夏と一一月二三日の小川町農業祭）野菜交換会を開き、クーポン券と野菜を交換して頂いている。

参加住民の方々は、交換会で野菜を直に農家から手渡される。手のひらにずしりと響く野菜の重みに、みな一様に驚きと戸惑いと喜びの入り交じった表情を見せる。自らが台所から出した野菜くずが再び、野菜となって還ってくることが、受け取った野菜の重みによって心の琴線に触れるのであろうか。私も、初めてクーポン券で野菜を手にした時の驚きと感激を今でも忘れることができない。「循環」という言葉の意味が胸にストンと落ちてきた瞬間だった。いま日本社会でも「循環型社会を作ろう」と

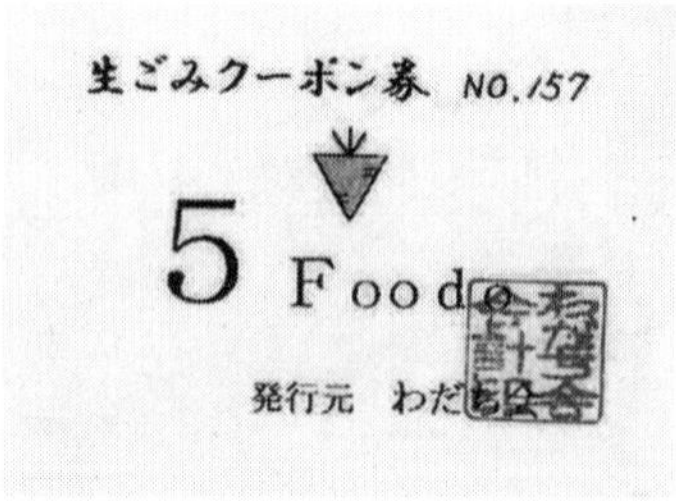

生ごみクーポン券。

いうスローガンを随所で聞くが、どれほどの人がこの言葉の意味を実感しているだろうか。小川町の野菜の新鮮さや美味しさ、重さは、この言葉を強く実感させてくれた。

また交換会に参加した子どもたちからも、驚きと感動と感謝の作文が寄せられている。NPOふうどでは地元小学校に出かけて「生ごみ環境出前講座」を行い、子どもたちに自分たちの住んでいる地域の活動を伝えた。子どもたちは、生ごみから食料とエネルギーが生まれ、生ごみが資源に、地域の宝物になる事実を感嘆とともに受け入れてくれた。私たちは、こうした子どもたちの体感・実感が将来必ず生きてくることを信じて疑わない。

野菜交換会に野菜を提供して下さっているのは、小川町農業後継者の会「わだち会」である。小川町の農家は野菜交換会で地元の消費者に出会い、「生ごみクーポン券」という地域通貨を通して、自分たちの作った野菜を食べてくれる人に直接野菜を手渡すわけである。現在の流通システムにおいては、地域生産者と地域消費者が直接顔を合わせる機会など滅多にあるものではない。野菜を受け取った住民も、新鮮さや美味しさ、食の安全・安心、生産者の顔が見える関係の心地よさに、出る言葉は「ありがとうございます」という感謝の言葉である。農家も食べてくれる消費者に出会い、このように感謝されるということが仕事をする上の大きな励みとなり、かつ収入の確保にもつながり、いまや交換会活動は営農のモチベーションになりつつある。地域において互いに顔の見える関係を築くことは、衰退しつつある地域の活性化につながることであろう。

日々の暮らしから出る生ごみは、人が生きている限りどこでも毎日発生するものであるから、それを資源に変えるようにきちんと分別することはなかなか難しい。毎日のこととなるとついつい億劫になりがちであるが、地域通貨と野菜交換会が、「生ごみがまた野菜になる」、つまり「生ごみは資源である」という意識改革につながり、持続の原動力となっている。野菜交換会の後では生ごみの量が増えるという記録もあって、生ごみが資源として意識されつつあることを物語っている。しかし言うまでもなく、私たちは決して生ごみを増やしてほしいと願っているわけではない。むしろ減らすべきものと考えているが、否応なく出るごみを燃やして環境に負荷をかけるのでなく、できるだけ有効活用したいというのが活動の目的である。

今回の場合、地域ＮＰＯが地域資源（人や物など）を生かした形でバイオガス施設を作ることで、建設費も抑えることができ、また地域内に技術を保持できることからランニングコストも安くなった。ＮＰＯと住民と自治体が協働することにより、経済性を確保した上での生ごみ焼却からの転換＝資源化への道筋が出来たことになる。今、日本全国でもバイオマス（太陽光、水力、風力、森林、有機廃棄物など生物由来の資源）利用の様々な試みが実施されているが、そのほとんどが経済性が成り立たず行き詰まっているという現実がある。小川町の実例は、規模は小さいながらもキラリと輝く明けの明星にも似た存在になると確信している。

また、バイオガス施設で産出される液肥については、埼玉農林総合研究センターと協働で行われた実験でその有用性が証明されている。さらに液肥の使い方についての研究も進んでいるが、その研究成果には目を見張るものがあり、近隣地域の農家に対する説得力を発揮するものとなるであろう。

4　「持続可能な循環型社会」実現に向けての学び

バイオガス施設実証実験の成功を受けて、小川町の農家や住民の間で、次のステップとしてこれまでの問題点の改善を踏まえた新しいプラント建設へのモチベーションが高まった。小川町の行政担当者も私たちの成果を評価し、行政独自の新たなプランを提示した。そして住民・ＮＰＯ・行政の思いが一致し、新発酵槽建設プロジェクトが二〇〇三年秋にスタートすることになった。ところが「平成の市町村大合併」の影響と自治体の財政難が相まって、行政側はプロジェクトを断念することになってしまった。しかし、ＮＰＯふうどが開催したシンポジウムにおいて、住民サイドから「行政側にお金がないのであれば、市民がお金を出し合ってはどうか」との提案が出された。思いもかけない提案であったが、それまでの成果を考えれば一考の価値があると思いを新たにした。この宝を生かす活動は、そうした思いを共有する自分たちの手で実現したい、「自分たちのことは自分たちでやろう」という思いを高揚させていった。

不思議な符合を感じるが、住民からの提案を受けた二日後、ミュージシャンの坂本龍一氏らが主宰する市民バンク「ap bank」が立ち上がった。この「ap bank」もNPOふうどや小川町の試みと同じく市民の自発的な団体で、環境活動団体に資金を融資して活動を支援していこうという趣旨で設立された「市民のための共益バンク」である（融資資金は当面、坂本氏をはじめ「ap bank」に関わるメンバーからの資金のみを原資としている）。私たちの新発酵槽プロジェクトとほぼ時を同じくする「ap bank」の発足を知って、大量生産・大量消費の経済システムの破綻とそこから生じる環境問題への危機感の高揚、持続可能な循環型社会を目指す大きなうねりを感じた。また著名なアーティストが率先して「持続可能な循環型社会」への取り組みを始めたということは、同様の志を持つ団体として本当に心強いものがある。

私たちは新発酵槽建設にあたり、プロジェクトに必要な資金を八〇〇万円と見込み、うち四〇〇万円については「ap bank」から利息一パーセントで融資を受けた。そして一〇〇万円をドゥ・コープ生協からの助成金、残りの三〇〇万円を市民出資ファンドで賄うという仕組みを採用した。この市民出資ファンドの趣旨は、農家や行政だけでは担いきれないこの生ごみ資源化事業を、生ごみを出す住民や関心を寄せる個人の力で作り上げ、見守っていくという点にある。この仕組みは、行政のみに頼ることなく市民自身の手で作り出す新しい公共事業の形＝「市民発の公共事業」を提示しているように思う。そして、

●ap bank　2003年，小林武史，櫻井和寿の２名に，「Artists' Power」の発起人でもある坂本龍一氏を加えた３名が自己責任のもとで拠出したお金をもとにして，「可能性ある新しい未来をつくろうとしている環境プロジェクトに融資を行う」という目的で設立されたのがap bankです。ap bankは，普通のバンクではありません。自然エネルギー，省エネルギーなど環境に関するさまざまなプロジェクトに融資をする非営利組織です。

ap bankは，大きな事業体ではなく，ふつうに生活する人にできる，「小さな事業」を対象にした融資を中心に考えています。自然エネルギーは「地域分散型エネルギー」と呼ばれるように，「地域ごとに生まれる」性質があります。環境を改善していくのにも，各地の特性に合ったいろいろなアイディアがあると思うのです。各地の人々の行う小さな試みを支援することで，「自分たちの力で社会を変えていける」と思う人が増えて，新しい未来が生まれていくことを私たちは期待します。（ap bankウェブサイトより）

この市民出資ファンドのスキームが様々な地域に広がれば、地域ごとの変形を生み出し、将来の持続可能な循環型社会を作るうえで大きなうねりを生み出すことを市民自身が確信していくはずである。

そして、この市民出資ファンドの仕組みの設計は、二〇～三〇代の若者たちの手で行われた。都市に働き、働くことの意義に不安を覚え、自分の足元の土台を確固たるものにしたいと願う青年たちは、「未来への扉」を自分たちで責任をもって創り上げたいという思いを持っている。彼ら／彼女らのこうした思いを私たち大人が真剣に受け止め、確かな未来への扉の鍵を渡さねばならないと感じている。これもいわば大人たちの学びの一つであった。

市民出資ファンドの募集の結果は予想を大きく上回り、一〇五人二三六口、合計四七二万円の資金が集まった。出資者は地域内だけでなく、市民出資ファンドのウェブサイトを見てわざわざ神奈川県や東京都から出資説明会に来て下さった方、サイトからオンライン上で出資をしてくれた愛知県の方や外国在住の方などもいた。小川町の生ごみ資源化事業は開始当初から注目を浴びていたが、特に都市部に住む人たちにとっては強い印象を与えるものだったようだ。都市在住の人々にとってもごみや環境の問題は切実であり、しかも都市部では地域共同体が機能していないことが多く、だからこそ住民自身の手で解決策を見出していく小川町の試みに多くを学びたいという意思を感じた。次なる歩みとしてはそこからさらに発展して、都市部の人々の思いを小川町の住民がしっかりと受け止め、都市と農村が協働していく方向性を探ることも新たな学びとなるはずである。

市民出資ファンド，ap bank 融資などによって建設された新発酵槽。

市民出資ファンドで集められた資金と各種補助金や借入金などを元に、発酵槽の建設が開始された。建設は基本的に地元業者に依頼し、資材も地元のものを使い、資金集めから建設まで文字通り「みなの協力で作る」という当初の目的を達成することができた。このプロセスおよびその後の施工・稼働状況はＮＰＯふうどのブログで公開している（http://foodo.seesaa.net/）。ブログには大勢の市民が自らの手で土台のコンクリートを打つ姿などの写真も掲載されており、人々の思いがひしひしと伝わってくる。

5 生ごみ資源化事業が想定する新たな社会像

小川町の生ごみ資源化事業が地域に及ぼした影響は、農業だけにとどまらない。例えば液肥を使って作られたお米が地元の酒蔵で日本酒に、小麦が地元のパン屋でパンに、大豆が地元の豆腐屋で豆腐に、といった具合に、バイオガス施設で産出される液肥を使った農産物が地域の商店と結びつくことで、農業だけでなく地域経済全体にも「循環」が生まれ始めている。

小川町が二〇〇二年に策定した「小川町新エネルギービジョン」の中では、生ごみ資源化事業において、町内に中規模（一〇〇〇世帯用）三基、小規模（三〇〇世帯用）八基のバイオガス施設を建設し、全町域の生ごみを資源化するプランが提示されていた。小川町の年間生ごみ量は一六〇〇トンであるが、これがすべて資源化されれば三〇〇〇万円相当が地域通貨の原資となる計算である。地域通貨「生ごみクーポン券」は今は野菜交換のみに使われているが、将来地域内における様々な財やサービスの交換に使うことができるようになれば、町内でお金が循環するようになり、地域全体が豊かになるだろう。それによって住民同士の顔の見える関係がより強化され、生ごみを通して住民自身が地域の多くの課題に気づき、環境や福祉などの問題を自ら考えるきっかけが生まれるであろう。さらに、新発酵漕で産出される大量の液肥を適正に農家に配布したり、生産される農産物の新たな流通システムを構築するなど、事業を取り巻く全体の仕組みづくりへと深化していくことで、地域資源を生かしてまちを豊かにしていく方策を学ぶことが可能となる。それによって住民が主人公のまちづくり・暮らしづくりが実現されていくのである。

またバイオガス技術は、メタンガスというエネルギーをも生み出している。石油の有限性や地球温暖化問題を考慮すれば、技術的にはいまだ研究段階とはいえ、メタンガスが将来の有望なエネルギー源となることは間違いないであろう。小川町だけではなく、日本各地のまちづくり・地域づくりにおいて、生ごみ資源化事業によるエネルギー自給を軸に、市民自らが「脱石油」を学び、真に「持続可能な循環型社会」の構築に向けて動き出すのも遠い未来のことではないと確信している。こうした動きをできるだけ持続的なものにするためにも、各主体や各地域が情報を公開し、公的研究機関との協働関係なども構築されることを願ってやまない。

私たちは資本主義社会に生きており、お金という存在を無視しては生きていけない。しかし、私たちが将来に備えて蓄えた財は、私たち自身の暮らしを真に豊かにし幸福へと導いているであろうか。答えは否である。例えば金融機関に預けたお金はアメリカの国債に化け、それがアメリカの軍事費となりイラクで爆弾に使われているかもしれない。このように金融マネーとは、いったん預けてしまえばどこで何に使われているかを正確に把握することが難しいが、市民が自らの意思で、自分たちの幸福へと繋がる方向にお金を使えるような仕組みを創り出すことができればどうであろうか。小川町の市民出資ファンドや「ａｐ　ｂａｎｋ」のような共益バンクは、「お金に意思を及ぼす」ことへの市民の気づきが出発点となっている。「持続可能な循環型社会」を市民の手で構築するためには、このようなお金の流れの変革も重要となるであろう。

おわりに

この六年間、台所の生ごみ分別を通して、様々なことを学んだ。環境のこと、地域のこと、農業問題、食糧問題、エネルギー問題、経済問題、石油問題、ひいては平和問題など、ちっぽけな台所からの生ごみによって考えさせられることは広範囲にわたっていた。また、知識ばかりでなく、日本国内や世界各地からの見学者に出会えたことは、私の人生の中で大きな刺激となり、また財産となった。海外からの見学者の話は、私たちがいかに恵まれた環境にあるかを気付かせてくれ、人が自然に生かされていることを痛感した。また同じ志を持つ人々に出会える大きな喜びも頂くことができた。特に、志ある若者たちと出会えたことが、自分の残りの人生をより意義あるものへと導いてくれたことは感謝に耐えない。この若者たちに未来への扉の鍵をしっかりと手渡したいと考えている。

バイオマスは地域に広く薄く存在している。これらは自然と人間が風土を生かして蓄えた富といえる。地域で有用なバイオマス資源を見つけ出し、それらを使い捨てず、使い切らず、できるだけ燃やさずに、複数の用途を探してゆくことがまず必要である。私たちは小川町の生ごみ資源化事業によって、資源を評価し見出せる力と活用できる技術を地域が持つことが、持続可能な循環型社会を作るうえで最も重要な要素となることを知った。

地域住民が主体となって、地域資源を生かし、知恵や労力や資金を出し合い、自らの手で資源化事業を運営する時、地域は真の意味で市民のものとなる。今後も私たちは人と人とのつながりから生まれる智恵を学び、この小川町から未来への扉を開いてゆきたいと考えている。そして小川町での事例が様々な困難に苦しむ人々や地域に伝わり、持続可能な社会に向けたいわば福音となることを願っている。

コラム　暮らしづくりも開発教育　食編

「取り戻す」ための生き方

富山での自給の暮らしを通して

加藤京子　農業

富山県南部に位置する中山間地に、自給の暮らしを志して移り住んで四年になる。

私がここで目指しているのは、できる限り衣食住を人任せにせず、自分でできる部分は自分でやる、という生活だ。大量消費・大量廃棄の生活様式が世界の国々の不均衡の上に成り立っていることを思うとき、わずかでもその不均衡に荷担しない力でありたいと思ったからだ。また環境への負荷を減らす努力を、日々の暮らしの中で積み重ねることができる。ただし、自分でやるということは「生活すること」そのものに多くの時間を必要とする。そのことに優先順位を高く置いておかないと、なかなか実践は難しい。一方で、智恵を使い、技術が身につき、その経験がまた次の「できること」につながっていくという楽しさがある。

田んぼと畑では、自分が一年食べる分のほかにわずかだが販売用のお米と野菜を作っている。私のように自給を基本とした小さな農業を行うときにお手本となるのは、おじいちゃんおばあちゃん世代の方々だ。山から切ってきた竹を資材として使い、田んぼから出る藁や籾はすべて田畑に返して肥やしとする。余分に採れた野菜は漬物にし、畑が雪に埋もれる冬に備えて大根・里芋・白菜・ごぼうなどをそれぞれの方法で納屋に貯蔵する。私が田んぼに足踏み脱穀機などを持ち出そうものなら、「昔はこれをこぐのが子どもの仕事だったんだ」と嬉々として手本を示してくれる。とても文章では残せないような小さな作業の段取り、身体の使い方、道具の使い方が、この年代の方々の身体には当たり前に染みついている。それらが生み出す美しい仕事は、一緒に作業しながら見て学び身体で覚えるのが一番だ。

2006年10月，稲刈りの作業を行う筆者。

智恵に満ち、多くのモノは必要とせず、季節季節に応じて進められる仕事の連なり――。農業や農村が持つ価値・役割は、本来このように暮らしとは切り離せないところに、そして現代の経済的な物差しとは一線を画したところにこそあるのではないかと感じている。

例えば田んぼの用水の維持管理。この辺りでは、雪が消える四月になると、毎週末各農家から人が出て用水の掃除と周囲の草刈りをする。その準備の後に水門を開けて初めて、用水に水が流れ、田んぼに水を入れられるようになるのだ。水門を開ける作業に同行させてもらった時、流れ始める水を追いながら、この仕事のありがたさと同時に、昔農閑期の冬に山にトンネルを掘って隣村から水を引いてきた、先人の仕事への感謝の思いも自然に湧いてきた。そして、田んぼの畔草刈り。これは夏の間の主要な仕事となる。以前は気にも留めなかったが、畔草がきれいに刈り上げられた状態こそが、人の手が入った里山の風景を生み出している。草に覆われている景色とは明らかに異なるのだ。

農業は、単に「食糧を生産する」産業ではない。生産するだけでなく、その周辺の仕事や生活すべてを通して、自然も景観も技術も生活の智恵も文化も維持してきた営みの全体が農業なのだと思う。

「新米百姓」として農村の暮らしを少しずつ知る中で、それは「取り戻す」ための生き方、と表現するのが一番ふさわしいような気が最近している。人としての能力を取り戻す、喜びや充足感を取り戻す、人と人・仕事と仕事との、感謝に満ちた対等な関係を取り戻す（身近なところから国を越えたところまで）、人間として他の生き物と共に地球の上に生きる、そのふさわしい立ち位置のようなものを取り戻す――。そんなことを思っては、また目の前の作物に向かう日々である。

第3章

環 境 と 開 発

1992年にリオデジャネイロで開催された「国連環境開発会議（地球サミット）」では，環境保全の理念として「持続可能な開発」が謳われ，その実現のための行動計画として「アジェンダ21」が採択された。このリオでの成果を実効あるものにするためには，「環境保全」のレベルの認識に留まるのではなく，根本的な「開発についての議論」こそが必要である。そこに住む人にとっても生態系にとっても，何が「良い」開発なのかをきちんと話し合うことから，「持続可能な開発」の実現可能性がみえてくる。

（写真：ハグレー公園［ニュージーランド，クライストチャーチ市］は市の中心部に近く，165ヘクタールほどの広さがあり，植物園，博物館，学校，アート・センターが隣接する。1855年に地方政府が「恒久的に民衆の公園とする」と決定して今日に至るが，2007年には公聴会が開かれ，その将来像を描くための動きが始まった。2005年11月／撮影：岩崎裕保）

総論

環境と開発、そして開発教育

帝塚山学院大学文学部教員
（特活）開発教育協会副代表理事
岩﨑裕保

はじめに――「環境と開発」から「持続可能な開発」へ

一九九二年にリオデジャネイロで開催された「国連環境開発会議（地球サミット）」では、環境保全の理念として「持続可能な開発」が謳われ、その実現のための行動計画として「アジェンダ21」が採択された。このリオでの成果を実効あるものにするためには、「環境保全」のレベルの認識に留まるのではなく、根本的な「開発についての議論」こそが必要であり、「開発教育の重要性の認知」が待たれる。環境・経済・社会を統合的に捉えて問題解決の道を探るための「市民の主体的な参加」も「開発教育」と同心円である。

1 問題は人間だ

白人のチーフが　今
わしらのもとに言葉を送ってよこし
わしらのこの土地を買いたい　と申し出た
もし土地を売ってくれるのなら　↘
↙喜んでわしらに楽な暮らしをさせてあげてもよい　と
わしらの　土地を　買うだって？
白人は　なにを買うつもりなのか　と
わが一族の者たちは　聞くだろう

わしらには　およそ理解できない
どうすれば　空気を　売ったり買ったりできるのか?
大地のぬくもりは　売ったり買ったりできるものなのか?
わしらには　想像することさえむずかしい
この甘い空気も
湧きあがる泉も
もともとわしらのものではないのだとしたら
どうやって　それを　買うというのか
この空間にあるなにもかも一切すべてが
わしの一族の者たちの考えと思いのなかでは
どこまでも神聖なものとされている
幹のなかをのぼってくる樹液は
わしらレッドマン*に
遠い記憶をよみがえらせる
わしらは　地球の一部なのだ
そして地球は　わしらの一部でもある
よい香りの花は　わしらの姉妹であり
鹿や馬や偉大なる鷲は　わしらの兄弟である
すべてが　ひとつのものとして　繋がっている
それが　わしらの一族であり
わしらの部族であり
わしらの土地なのだ

白人は夜になるとあらわれては
必要なものを持ち去ってしまう
地球は　彼らにとって
母親でもなければ　兄弟でもなく
ただの敵にすぎない
どうにも　わしらには　理解できない
わしらが　この土地を
売らなくてはならないのだとしたら
あなた方だって　知らなくてはならない
この空気が　わしらにとって
どれほどの価値があるものなのかを
この空気が息となって伝わり
地上の一切の生命を　今日まで保ってきていることを
すべてのものが　ひとつに結ばれている
すべてのものは　つながっている
地球に起こることは
そのまま地球の子供たちの身の上にも起こる
人間が生命という網を編んでいるのではなく
彼もまた　その一本の糸にすぎない
人が　その網にたいしてすることは
とりもなおさず　自分自身に向かって
していることなのだ（1）

＊　赤い人＝北米インディアンのこと（引用者）

一八五四年、米国第一四代大統領ピアスが土地買収を申し出た時、「インディアンの首長シアトル」はこんな演説に土地への思いを託した。それからおよそ一〇〇年、米国の作家ポール・シアーズは一九六〇年代に「各種資源の開発・収奪が、将来の供給力を脅かしている」と"WHERE THERE IS LIFE"(2)で書かなければならなかった。そして「生態系の破壊が、資源の枯渇によるばかりではなく、土壌と水の経済を調節しているかの偉大な自然の輪廻の中断によっても起こりうる」とシアトルと同様の主旨を繰り返している。空気や水の汚染は「われわれの高度に発達した科学技術と激増する人口とのなせるわざであり」、廃棄物処理の課題は「これまでの自然界に存在しなかったような各種化学物質の大量な使用」によるとした上で、「過去のもろもろの過ちをもとに返し、人間と環境とのあいだの合理的で、満足がゆき、かつ永続性ある関係を確立するのは、たいそう物いりな仕事である」と指摘し、「ヒトが、一部をなすというだけでなく、責任あるはたらき手であるような、そういう健康な国土すなわち生態系をつくり出すようにと、挑戦されている」と問題提起をしている。また一九六〇年代は、ジェームズ・ラブロック（英国の科学者）が「自己統制システム」論（後に「ガイア理論」と名付けられた）を発表し、地球を一つの生命圏として捉えるよう提案した——これはシアトルの主張と通ずる——時であり、バックミンスター・フラー（米国の思想家・建築家）が「宇宙船地球号」という世界観を示し、ケネス・ボールディング（米国の経済学者）がこれと経済とを結びつけた時でもある。皮肉なことに、この時代に先進諸国は「大量生産・大量消費・大量廃棄」に雪崩れ込んでいった。

2 リオからヨハネスへ——課題は引き継がれたか

この地上の人びとが世界中で毎朝「さあ、今日も地球を破壊してやるぞ」と思いながら目覚め、その日の活動をしているわけではないのに、無自覚のうちに破壊活動にも参加をしてしまっている——生産活動だと思っていることが破壊活動になっている。私たちはほんとうにそれに気づかないでいるのか、それともこの問題を解きほぐさないで先送りしていて大丈夫だと考えているのだろうか。一九九二年リオデジャネイロでの地球サミットで、当時一二歳の少女だったセヴァン・カリス＝スズキ(3)は「どうやって直すのかわからないものを、こわしつづけるのはもうやめてください(4)」と訴えた。続けて、「親たちはよく『だいじょうぶ。すべてうまくいくよ』といって子どもたちをなぐさめるものです。あるいは、『できるだけのことはしているから』とか、『この世は終わりじゃあるまいし』とか。（中略）あなたたちはいつも私たちを愛しているといいます。しかし、いわせてください。もしそのことばがほんとうなら、どうか、ほんとうだということを行動でしめしてください」と締めくくった。この感性を鋭いと褒め称えることは彼女に応えたことにはならない。なぜなら彼女は行動を求めているのだから。

スズキはリオにおけるスピーチの中で、自分は「選挙で負けたり、株で損をしたりする」立場にはいない、「あなたたちは政府とか企業とか団体とかの代表でしょう。あるいは、報道関係者か政治家かも知れない」「なぜあなたたちが今こうした会議に出席しているのか、どうか忘れないでください」「みなさんはこうした会議で、私たち（子ども）がどんな世界に育ち生きていくのかを決めているのです」と権力者に向かって「世代間」の課題を突きつけた。また、「私がここに立って話をしているのは…世界中の飢えに苦しむ子どもたちのためです」「物を浪費しつづける北の国々は、南の国々と富をわかちあおうとはしません」「どこに生れついたかによって、こんなにも人生がちがってしまう」「もし戦争のために使われているお金をぜんぶ、貧しさと環境問題を解決するために使えば、この地球は素晴らしい星になるでしょう」と「世代内」の課題についても、議論を展開してみせた。そして「学校で、いや、幼稚園でさえ、あなたたち大人は私たち子どもに、世のなかでどうふるまうかを教えてくれます。たとえば、争いをしないこと、話し合いで解決すること、他人を尊重すること、ちらかしたら自分でかたづけること、ほかの生き物をむやみに傷つけないこと、わかちあうこと、そしてよくばらないこと。ならばなぜ、あなたたちは、私たちにするなということをしているんですか」と教育のあり方についても疑問を投げかけた。

シアトルが哲学を示し、シアーズが原因を指摘し課題を提起しているにもかかわらず、スズキは先送りしないでくれ、と言わなければならなかった。ブルントラント委員会（一九頁参照）は一九八七年に「持続可能な開発（Sustainable Development)」を提唱した。そしてリオの会議では「アジェンダ21」と、それを受けての地域ごとの「ローカル・アジェンダ」策定が提案され、各国・各自治体はそれなりの取り組みをしたものの、ヨハネスブルグの「持続可能な開発に関する世界首脳会議」（二〇〇二年）で提案されたESD（Education for Sustainable Development：持続可能な開発のための教育）に「アジェンダ21」と「ローカル・アジェンダ」を結びつけて効果的な活動を続けているという情報は多くはない。ESDとは何か新たな事を始めなければならないという印象が否めず、継続的な取り組みが構築できないまま、「ESDとは環境だ」という認識も広がりつつあるが、「温暖化防止（気候変動枠組み）条約」「生物多様性条約」などのリオでの成果を実効あるものにするためには、根本的な「開発」についての議論――誰のための開発、誰が行う開発、何のための開発、そして良い開発・悪い開発など――が深められることが不可欠であり、それが進められれば、「開発教育」がESD実践の核にあることがより広く認知されることになるであろう（本書序論2も参照）。

3 国際社会の到達点――ESD考

この三〇年ほどの間に環境と開発に係わる国際会議では、さまざまな提案がされてきた。「アジェンダ21：持続可能な開発のための行動計画」は、「教育は持続可能な開発を推進し、環境と開発の問題に対処する市民の能力を高めるうえで重要である。…教育は、また持続可能な開発と調和した『環境及び道徳上の意識』、『価値観や態度』、『技術や行動』を成し遂げ、かつ意思決定に際しての効果的な市民の参加を得るうえで重要となる」ことを謳ったうえで、一九九〇年にタイのジョムティエンで開催された「万人のための教育（Education for All）に関する世界会議」で提唱された基礎教育への全員参加を確保するよう具体的な努力目標を掲げた。そして環境と開発に関する意識啓発の必要性を訴え、環境と開発という概念の統合を促進するよう、教育の再編成を求め、そのための行動や実施手段についても触れている。

一九九七年にギリシアのテサロニキで行われた「環境と社会に関する国際会議」で採択された「テサロニキ宣言」では、「アジェンダ21」「ローカル・アジェンダ」が必ずしも充分には検討されていないことを指摘する一方で、「世界人権会議」「国際人口開発会議」「世界社会開発サミット」「世界女性会議」「国連人間居住会議」などでは積極的な課題提起や取り組みが始まっていることを評価している。そして貧困やジェンダーの他、人口・健康・食糧・民主主義・人権・平和も環境と同様に持続可能性の教育の再構築の対象とされるべきであり、また文化的多様性と伝統的知識の尊重にも言及している。加えて、学習過程やパートナーシップ、参加の平等そして政府・地方政府・学者・企業・消費者・NGO・メディアなどの間での継続的な対話を求めている。

同じ年に、ドイツのハンブルクにおける「ユネスコ第五回国際成人教育会議」では「成人教育に関するハンブルク宣言」が採択され、そこでは「人間中心の開発ならびに参加型の社会のみが持続可能かつ公正な開発をもたらしうる」としたうえで、「成人教育は…市民性の帰結であると同時に社会生活への完全な参加の条件である。それは生態学的に持続可能な開発を育み、民主主義と公正、ジェンダー平等、科学的社会的経済的な開発を促進し、暴力紛争が対話と正義に基づいた平和の文化に転換された世界を創るための強力な概念である」と説いている。教育のさまざまなアクターにおける過程・方法・目標を示すだけでなく、「すべての人びと、特に最も立場の弱い人びと――たとえば被差別集団や先住民族――の教育権を保障し、全体的な政策の枠組みを立案するという役割を政府は引き続き担っている」と指摘をし、「障害者に対して配慮すると同時に、文化・言語・ジェンダー・経済の多様性に配慮した教育施策と法令を各加盟国が採択するようにユネスコが奨励することを私たちは勧告する」と教育における政府の役割の重要性を訴えている。

そして今、「リオ・プラス・テン（リオから一〇年）」のヨハネスブルグの会議から、もうすでに五年が経った。そこでは、途上国が「持続可能な開発」から取り残されていることが課題であり、その解決なしには環境破壊の進行も止められない、すなわち「貧困の克服」こそが緊急課題として認識され、「パートナーシップ」――たとえば南北間の、そして国連と市民社会の――、政府と「ステークホルダー（当事者――女性、青年・子ども、先住民族、労組、農民、地方政府、科学者・技術者、ＮＧＯ、企業など）」同士の対話、そして「ミレニアム開発目標（Millennium Development Goals：ＭＤＧｓ）」[5]がキーワードとして挙げられた。しかし、「多国籍企業が南アフリカにしてきたことを何とかしてほしい」「私たち自身の向上のための努力は惜しまない、あなたたちも私たちの教会に来てください」[6]というヨハネスブルグの地元住民の声に耳は傾けられないまま会議は進んだ。たぶん、教会は苦悩を分かち合い、希望を語り合う場所なのであろう。しかしそこへ行って、「声を届けられない人」と話し合い分かち合うという、本来あるべき「持続可能な開発」のあり方は隅に追いやられたままで会議は終わった。「持続可能な開発」は「環境保全」とか「自然体験学習」では収まりきらない「社会の作り方＝開発のあり方」を問い、その答を出していく作業である。「安全で清潔な水がほしい」「適正な価格で生産物を売りたい」「クリーンで再生可能なエネルギーを使いたい」「爆撃はもう止めてほしい」「公正な選挙に基づく政治を望む」などなど、さまざまな形態・レベルの開発が求められている。ひとつの開発モデルがあるのではなく、それぞれが必要とする開発がある、という認識は一般化しつつある。

4　日本での取り組み――ビジョンを持って

かくして、ＥＳＤにおいては「環境教育」だけではなく、参加型社会における人間中心の開発の目的と方法という市民社会のトータルなあり方の問い直しが求められている。その前例は、実は、日本における「公害問題」の取り組みにすでに見て取れる。公害は技術の問題だという捉え方もあるが、日本社会がこの課題に取り組むことができたのは地域住民が動いたからであるということも見逃せない。東京・大阪などいくつかの工業地帯の首長選挙がその顕著な例で、いわゆる保守知事から革新知事へというそれまでになかった住民運動が、政府レベルよりも厳しい各自治体の公害への取り組みを可能にしたのである。[7]本書を貫くテーマもここにある。すなわち、地域住民の主体的な取り組みである。

本章では三つの事例を取り上げた。事例1で外川は、早稲田大学のゼミと岩手県田野畑村の協働を紹介している。学生たちは泊り込みでの森づくりや農漁業などの手伝いを通して、それまでのフォーマル教育では経験したことのない「インシデンタルな学び（カリキュラム化されていない偶然の学び）」に浸ることになる。それを積み重ねる中から、村人になる卒業生まで現れた。一方村民たちにも「インシデンタルな学び」があり、外来者である学生との対等な人間関係を築いていくことが、より広い世界との交流に繋がっていった。早稲田大学の学生と共に米国のアーラム大学の学生が参加したこともバネになっている。

事例2で大島は、観光客や旅行社のニーズを満たすという「外からの開発」に基づいた沖縄の観光の現状に対して、住民主体の「内からの開発」が地域づくりになるという発想を観光に導いている。大島のこれまでの国頭村での活動によれば、「思い」や「声」を持っている住民はいるはずなので、その潜在的な存在にいかにタイミングよくスイッチを入れる手助けができるかがポイントとなり、これがうまくいけば、量から質への転換を迫ることができるチャンスになる。マーシャル・マクルーハンが言ったように「方法はメッセージを持つ」ので、意識化を目指す学びの方法や過程は地域のあり方から離れるわけにはいかない。まさに、住民の、住民による、住民のための開発という民主主義の学校が実践できる場として、地域がある。また一方で、二〇〇五年の「島サミット」以降、「島嶼は観光を産業に」という雰囲気が出来上がりつつあるなか、世界各地の少なからぬ島嶼が軍事基地と化してしまっている現在、「平和」であってこそ観光も可能であること、また居住者数の何倍もの観光客が訪れるようになることで生み出される社会的な問題は避けて通れないことなど、当たり前のことに気づく感性は取り戻したい。

田中が座長を務めた福井県今立町の「結《ゆ》い村《むら》基本構想」策定研究会の提案は、一〇〇〇年前から続く和紙の里の一〇〇〇年後を見据えよう、その土台となる森林文化から学んでいこう、というものである（事例3）。このプロジェクトは公募により町民主体で行われたことが特徴的である。身の回りの事象を客体として認識したところから人間は自然界の生き物としての感覚が鈍り始め、自分の足元さえ定かではないものにしてしまった。田中はそれを取り戻す場を作ろうと模索しているようである。自ら鍬で耕し、種を蒔く、そうすると芽が出、花が咲き、実るという生命の神秘に触れられる。土に働きかけているのだが、その力は自分に戻ってくる、自分を耕すのである。そしてその作業は、「二〇〇〇年未来をめざす」ビジョンと繋がっている。

外川の事例は外とのつながりに、大島は住民が変容する学びのあり方に、そして田中は足元で探し見つけることにそれぞれ重点が置かれている。しかし三者に共通していることは、開発・発展の主体は地域の地元住民であるという指摘である。そして、あせらずじっくり、それぞれの地域のペースで、という時間の流れに対する姿勢も共通している。

では、ゆっくり時間をかけてコトを進めていけばそれでいいのかと言うと、そういうわけではない。最近では、限界集落がいよいよ終末期に入ったかの感が否めなくなっているが、それは補助金を出してまで植えさせた杉や檜が成長しきらない段階で、木材を自由化して木材産業を崩壊させ、さらに開発という名の下に山を削り、トンネルを掘って道路を通して人口移動を加速させてきた、行き当たりばったりの政策とそれに追随してきた市民のつけが、はっきりとした形であらわになってきたということであろう。時間の経過の中で見失ってはならないものもある。それはビジョン（目指すべき社会像）であり、そのビジョンを実現させる政策であり、それを可能にする市民の姿勢である。

5　市民参加と地方自治体——地域からの民主化

本章で取り上げる日本社会における事例に加えて、ここではニュージーランドにおける実践を紹介する。これは、社会におけるシステム作りという観点から、興味深いものである。ニュージーランドは一九九一年に資源管理法（Resource Management Act：RMA）を制定し、資源に関する管理権限を基本的に地方自治体に与えた(8)。土地・水・大気・土壌・鉱物・エネルギー・すべての形態の動植物を包括的に管理することから、景観の保護や水資源などへの人びとのアクセスの保障、そして先住民族マオリの文化・伝統と自然との関係の尊重、歴史遺産の保護までを求めている点で、RMAは単に自然資源を管理するための法律ではないというだけでなく、リオにおける「NGO条約[9]」を先取りしていることが見て取れる。政府はRMA実施に係わって監督・モニタリング・ガイドライン作成などの側面的支援を行うのであるが、政策・計画策定及びその実行に係わる権限は地方自治体にある。関係者（省庁や利害が及ぶ人など）の意見聴取によって策定・提案された計画は、住民の意見によって修正が行われた後で、計画として確定する。多くの自治体では計画案の段階から住民参加が導入されている。この地方分権による自然資源管理においては、現実には地方によって政策の格差が生じるという問題が起きているが、日本のようにまず計画ありきで、計画策定過程への住民参加もあまり認められていない状況とは大きな差がある[10]。

「ニュージーランドにおもしろいプロジェクトがある」と教えられて、筆者が二〇〇五年一一月に訪れたのは、オークランド市郊外のワイタケレ市で行われている、Earthsong Eco-Neighbourhood[11]という共同住宅プロジェクトであった。このプロジェクトはパーマカルチャー＝エコビレッジ運動[12]や「アジェンダ21」に連動しており、ワイタケレ市が進める「エコシティ」のビジョンに合致している。ワイタケレ市は「アジェンダ21」に基づいてローカル・アジェンダに取り組んだニュージーランドの数少ない自治体の一つであり、その実績が今日の市のありようを作っている。ワイタケレ市では、RMAに基づいて議会に委員会が設置され課題ごとに検討を行って政策展開をしており、Earthsongは社会的にも環境的にも持続可能なコミュニティ作りのモデル事業となっている。パーマカルチャーに基づいた、環境にも社会にも経済にも配慮した持続可能な住まいを実現しようとするEarthsongの各家庭の家計費は、一般家庭に比べて二〇年間でおよそ一五〇万円（年間七〜八万円）ほど安くなるという。ちなみにニュージーランド人の平均年収は四〇〇万円程度である。

こうした共同住宅プロジェクトは三〇年ほど前にデンマークで始まり、ヨーロッパから北アメリカに、そしてオーストラリアにも広がっている。「過程を参加型に」「近隣設計は意図的に」「個人住宅だが共用設備を充実させる」「住民による管理」「住民は対等」「家計はそれぞれ独自」といった原則で共同住宅プロジェクトは展開されてきた。環境を守れとか、環境について学ぼうといった具体性のないスローガンではなく、環境への負荷をいかに小さくしていけるかという実践の積み重ねがここにある。政府はそれを可能にする基本的なシステム作りを担い、プランを作りそれを実現させていくのは住民である。こういったビジョンや経験を共有する市民が地域通貨やコーポラティブ組合といった新しい地域経済を支える主体となっていく。

地方分権化とは、一人ひとりの市民やNGOなどの市民組織が地方自治体と協働していく社会を創っていくことである。デンマークでは、利用者が政策の決定・実施過程に直接参加することを「ユーザー・デモクラシー」と呼んでいるが、それは単に観念ではなく制度である。[13]アマルティア・センが、飢饉が起こるのは専制国家であって、多様性と地方分権化が進んでいる民主国家では回避できてきたと指摘しているが、[14]権力が集中せず、すべての人々の基本的な欲求が満たされるような社会が民主的なのである。すなわち、参加と民主主義が開発を善きものにしていくのであり、その意味で、生きた民主主義のための「政治的教養」――改定前の「教育基本法第八条」の「政治教育」はこのことを指している――は、読み書きや計算と同様に重要である。

6 開発教育――公正と多様性

「包む・封をする」を意味する英語envelopの反対語がdevelopである。地域の自然やそこに暮らす人びとの中にある可能性を引き出し、技能や技術によって資源を活かし、交わりや教育によって人びとの能力を伸ばして、その地域を良くすることが開発である。外からの力によってではなく、内から自力で係わっていく（＝参加する）ことで社会を創っていく、そのための力をつけることが教育に期待されており、それが開発教育のエッセンス――多くの文化があり、人びとが依存しあう世界で、責任ある生き方をするのに不可欠な知識・技能・態度を身につけること――である。テサロニキでもハンブルクでもそのことが議論され、環境と開発を教育で繋いでいくことが提案されたのであるから、ESDもその延長線上にある。この継続性を見失わないためにも、リオの地球サミットで取り組まれた「NGO条約」に掲げられたライフスタイルへの提案「消費とライフスタイル（六つのR）」を再確認し、実行に移していくことには意味がある。

一、　価値の再評価（Revalue）
二、　社会システムの再構築（Restructure）
三、　再配分（Redistribute）
四、　削減（Reduce）
五、　再利用（Reuse）
六、　リサイクル（Recycle）

これは、自然と地球の係わりを認識することであり、「地域から地球へ」[15]という道筋を考える際に避けて通ることはできない。環境は、価値を見出すことで意味を持つ。こうした認識の国際的な到達点が、「人間開発」や「持続可能な開発」であり、その考え方の普及や実践が教育に期待されているからこそ、ＥＳＤはある。また、持続的開発のための基本的パラダイムとして、「３Ｅ価値」として論じられてきた「経済 Economy」「環境 Ecology」「公正 Equity」[16]に加えて「多様性」が必要であり、そのバランスの取り方が課題で、「経済」も「環境」も、「相互作用を生み出す対等な関係」（公正）が「多様なつながり」（多様性）のもとに築かれた社会においてでなければ永続性をもちえないという古沢広祐の指摘[17]は重要である。

「環境問題」は気持ちや心構えだけで解決できるものではない。自然の営みの範囲を超えないような生活を送るシステムを、今日意識的に再構築していかなければならない。私たちは自然の摂理の中で社会を構成して暮らすしかない、他に選択の余地はない――まさに「宇宙船地球号」が私たちの生きる場なのである。私たちがしなければならないこと、そしてできることは、「環境への負荷を減ずるためのシステム構築に向けた市民社会作り」に集約できる。環境への負荷を減ずることは世代間の課題に取り組むことであり、市民社会作りは世代内の課題に取り組むことである。そこでは、こんな状況だからこれくらいのことしか出来ないであろうというような現状追認ではなく、あるべき状況を設定してそこへの道筋を実践していくという考え方が求められる[18]。

開発教育の出発点とも言える貧困問題を解決していくに当たって、もう一つの視座を提示する意味から、世界にある「違い」に着目しておく。さまざまな「違い」が世界にはあるが、「あっていい違い」と「あってはいけない違い」というふうに考えてみると、前者は言語・文化・宗教・個性・身体的な差・価値などの多様性であり、後者は保健・衛生・栄養・医療・教育など基本的生存や普遍的人権に係わることである。多様性が人の暮らしを可能にし豊かなものにしている一方で、生存や人権を脅かすような状況が存在する。この課題に取り組むことが、責任ある市民が社会を作り替えていくということにほかならない。

それぞれの社会に文脈（文化）があって、それを無視することはできないことは外川・大島・田中の事例からも読み取れる。これを象徴的に物語るものとして、アメリカの先住民族「六部族連合（イロコイ族連合）」からバージニア植民地宛の手紙（一七七四年）を引用しておく。

挨拶を送ります！

あなた方が大学で教えられるたぐいの知識は高く評価していますし、わが国の若者がいっしょに教育される場合、あなた方の出費が大変なものになることも承知しております。それ故、われわれのためになることと考えた上でのご提案であると得心いたし、心から感謝いたします。しかし、賢明なる皆さまには、国が異なれば物事に対する概念も異なるものだとお分かりいただけましょう。また、この種の教育についてたまたまわれわれとあなた方の考えが同じでないからといって、気を悪くなさることはないでしょう。われわれは以前にもこうした経験がありました。幾人かの若者が北部の大学で正規の教育を受け、あなた方の学問をすべて教わりました。しかしここへ戻ってきたとき、彼らは足の遅いインディアンとなり、森で生活するためのあらゆる手段にうとく、寒さにも飢えにも耐えられず、小屋を立て、鹿を捕らえ、敵を殺す方法が分からず、われわれの言葉を十分に話すこともできず、それ故彼らは狩人にも戦士にも指導者にも適さない、つまり全く何の役にも立たなくなったのです。しかしながら、あなた方の親切な申し出を辞退したからといって、有難く思っていないわけではありません。このことについてわれわれが感謝している気持ちを表すために、バージニアの名士方のご子息一二人をわれわれのもとに寄こしてくだされば、教育に留意し、われわれの知識をすべて教え、彼らを一人前の男にしてさしあげます。(19)

おわりに――「環境と開発」は「生き方そのもの」

何が開発なのかということは、まさにその土地の住民が決定するのだ、ということがこの手紙から読み取れる。植民地主義的な開発を押し通すことに対してやんわり「ノー」を伝え、そのうえで双方向的な関係作りを提案するという「対話」的な姿勢がある。「開発」の価値は「文脈(=文化)」に縁《よ》る、すなわち内発的な開発であってこそ意味がある。良い社会とは、対話があり、開発についていろいろな考え方を反映できる柔軟性のある意思決定を可能とする社会のことである。それは今、地方自治体における市民参加という形で実現しつつある。

現代社会の課題は、二〇世紀型の「大量生産・大量消費・大量廃棄」というライフスタイルをいかに克服していけるかというところにある。このままでは、人間は自己と他人という存在になり、そして調和からは程遠く、疎外と無用化と分裂の道を歩むことになる、といった指摘はすでになされてきた。(20)市場経済はコストの外部化――コストを労働者、消費者、共同体、自治体、自然環境に払わせる――で、利益を内部化すなわち利潤を増やしてきた。限界を超えなければ復元力を発揮する自然に汚染や廃棄物を押し付け、労働者としての保障が十分でない契約雇用者の数を増やすことで保健医療費などの社会保障を家族に押し付け続ければ、自然や市民は衰え、持続性は失われていく。「環境と開発」とは、「どう生きるのか」「どのような社会を創るのか」、すなわち「生き方そのもの」であるからこそ、開発教育のエッセンスが重要な意味を持つことになる。

●注

(1) 北山耕平訳『どうやって空気を売るというのか?』新宿書房、一九九四年より抄録。

（2）日本語版は柳田為正訳『エコロジー入門』講談社新書、一九七二年。

（3）セヴァン・カリス＝スズキは、一九七九年生まれ、カナダ在住の日系四世。幼少時に両親と訪れたアマゾンへの旅がきっかけで、九歳のときにＥＣＯ（Environmental Children Organization）という環境学習グループを立ち上げる。一九九二年の地球サミットで「自分たちの将来が決められる会議」が開かれることを知り、「子どもこそがその会議に参加すべき」と自分たちで費用を貯め、サミット会場へ赴いた。ＮＧＯブースでのねばり強いアピール活動が実を結び、サミット最終日、セヴァンは「子ども代表」としてスピーチすることになった。

（4）セヴァン・カリス＝スズキ／ナマケモノ倶楽部編・訳『あなたが世界を変える日』学陽書房、二〇〇三年。

（5）http://www.mofa.go.jp/mofaj/gaiko/oda/doukou/mdgs.html　及び http://www.mofa.go.jp/mofaj/gaiko/oda/doukou/mdgs/handbook.html を参照。

（6）ヨハネスブルグ・サミットのＮＧＯサイトからの言葉及び、南アフリカのソウェトで筆者たちのグループが接触した人たちの言葉。

（7）しかしながら、公害問題は終わってはいない。たとえば、西淀川公害裁判を経て設立された「財団法人公害地域再生センター（あおぞら財団）」ホームページ（http://www.aozora.or.jp/index.html）を参照。

（8）畠山武道・柿澤宏昭編著『生物多様性保全と環境政策——先進国の政策と事例に学ぶ』北海道大学出版会、二〇〇六年に詳しい。

（9）リオ地球サミットの後、三〇ほどの市民組織で構成された「国際ＮＧＯフォーラム（ＩＮＧＯＦ）」が、「今回の地球サミットは、より公平な、より持続可能な将来への軌道に世界を乗せるためにこの一〇年間において最も重要な出来事となるはずであったのに、各国政府は期待された決定をしなかった」として、市民の立場から三四の代替条約を作成した。これが「ＮＧＯ条約」である（条項数は、同年一〇月にミシガン大学で開催された「リオ後の市民の対応」をテーマにした国際ＮＧＯ会議で四六に拡充された）。

（10）たとえば、地域住民等の意見を反映することを目指した「淀川水系流域委員会」が「計画中のダムはすべて中止するのが妥当」という提案をしているにもかかわらず、国土交通省はそれぞれのダムに二〇〇七年度概算要求を盛り込み、委員会活動は休止に追い込まれた。

（11）http://www.earthsong.org.nz/ を参照。

(12)パーマカルチャーはpermanent(永久の)とagriculture(農業)そしてculture(文化)を合わせた造語で、人間にとっての恒久的で持続可能な環境を作り出すためのデザイン体系。エコビレッジは、環境負荷を低く抑え、人と人のつながりを保ち、地域の伝統や文化を守り、お互いが支えあう社会作りを求めるコミュニティ。

(13)朝野・生田・西・原田・福島『デンマークのユーザー・デモクラシー——福祉・環境・まちづくりからみる地方分権社会』新評論、二〇〇五年に詳しい。

(14)アマルティア・セン/大石りら訳『貧困の克服——アジア発展の鍵は何か』集英社新書、二〇〇二年。

(15)理念的には国家の利益や国境という壁を乗り越え、「地球市民」が課題を受け止め解決に向けて動き出すということだが、国家システムが機能不全を起こし始めている今日、地域同士のネットワークの方が現実的な協働を可能にすると言える。

(16)結果平等のことで、equalityとは異なる。

(17)古沢広祐『地球文明ビジョン——「環境」が語る脱成長社会』NHKブックス、一九九五年。

(18)内橋克人『共生の大地——新しい経済がはじまる』岩波新書、一九九五年に詳しい。

(19)ジャック・ラング編/荊田元司訳『手紙の中のアメリカ:二〇〇年史の舞台裏』社会思想社教養文庫、一九八六年。

(20)ローマ・クラブは、資源や汚染のフローが持続可能性の限界を超えていることを指摘し(『成長の限界』ダイヤモンド社、一九七二年)、成長を生み出すシステム自体の構造変革以外には破局の回避方法はないとしている(『限界を超えて』ダイヤモンド社、一九九二年)。

事例1

「思惟の森」の活動に見る地域づくりと学び

早稲田大学平山郁夫記念ボランティアセンター
外川　隆

はじめに――田野畑村と「思惟の森」と私

岩手県の沿岸北部に位置する田野畑村には、四〇年以上前から早稲田大学と村とが共に育てている「思惟の森」という森林があり、交流・学びの場となっている。今では、森林ボランティアの活動団体数が国内で一八〇〇を超え、市民参加の森づくりが全国各地で行われているが、なぜ、農学部も林学科も無い早稲田大学が森をもち、村民と学生との協働による森づくりを継続しているのであろうか。

この森は、「森を創り、森に学び、森をして文化を語らしめよう」という早稲田大学の「思惟の森構想」と、「村づくりは人づくり、人づくりは教育から」という田野畑村の「教育立村構想」とが一九六六年に出会ったことから始まったのである。

田野畑村において森づくりを中心とした活動をしている「思惟の森の会」は大学の公認サークルである。私は、大学生時代のサークル活動から、大学職員になってからも含めると、「思惟の森の会」と田野畑村に四半世紀にわたってかかわり続けている。田野畑村と「思惟の森」は、私にとって第二の故郷であり、そこで出会いつながっている人々は私にとって宝である。

田野畑村で多くのことを学んだ私は、「農山村は第二のキャンパス」であるとの持論を持つに至った。以下に、

「思惟の森」の活動とその実践の場所である田野畑村の地域づくりと学びを紹介する。

1 田野畑村の教育立村

(1)田野畑村の風土

田野畑村は岩手県の北東に位置し、三陸海岸に面している。三方を山稜に囲まれて、山地と高原、高原に続く海岸段丘の広い台地からできている。急峻で高低差一二〇メートルにも及ぶ深い谷で刻まれているために交通は非常に不便で、かつては「陸の孤島」と呼ばれていた。夏には海から「やませ」が吹いて冷害による飢饉がおきたり、津波の被害にあうなどの厳しい自然条件が特徴である。一方で厳しいが故に美しい海岸美は、特A級の観光資源として高い評価を得ている。

歴史的には、特に、江戸時代末期に起きた日本初の内発的デモクラシーと称される「三閉伊《さんへい》一揆」の指導者を輩出したことは村民にとって現在も誇りであり、後世に伝えたい歴史遺産として一九九八年の村勢要覧に紹介されている。また、鹿踊りや神楽などの伝統芸能や文化財が保存され、若い世代に引き継がれている。

岩手県田野畑村に位置する「思惟の森」。

(2)教育立村構想の原点

早野仙平氏は、一九六五年、三六歳の若さで村長に就任し、それ以来一九九七年までの三二年間にわたり村長をつとめた。就任当時、村民一人当たりの所得が国の平均の半額以下という経済状況にもかかわらず、「教育の振興」を政策の第一に挙げている。この根底には、就任二年目の一九六七年三月村議会において次の通り述べている信念があった。

「経済開発が形の上での開発であるのに対し、精神開発は文字通り内質開発に他ならないからであります。従って常に私は『開発は人に始まって人に終る』ことであると固く信じて居ります。」

高度成長期を迎えた当時にあって、田野畑村は貧困・僻地・チベットなどと呼ばれ、村自体が周囲から孤立しているだけでなく、いくつかの集落に分離し、集落中心主義が根強く残り、過疎問題に直面していた。村の幹部は村を出たいと言い、村民は田野畑村出身であることを言えないほど、村に対して誇りを持てない者も多かった。そのような状況のなかで、長期的な視点に立ち、持続的な地域社会を創造していくためには、人づくりが必要不可欠であるとの早野氏の気づきと思いから、教育立村の構想はスタートしたのであった。

(3) 教育立村

教育立村構想の柱は、地域コミュニティの形成（中学校の統合）、都市との交流、国際交流の三つであった。以下、各々について見てみよう。

中学校は、深い谷の分断による集落の散在に伴い、一つの本校と五分校に分かれていた。生徒たちが自分自身を集落の一員としてではなく、田野畑村の一員として「村民意識」を自覚的に持ちながら勉強するために、教育立村政策の初期の核として六校を統合した。統合中学校は一九七四年四月に開校し、「村民の交流センター」としても機能した。例えば、山間地域の生徒と海岸地域の生徒が寄宿舎で同室となることによって生徒同士が初めて出会い友達になるばかりか、双方の親が山菜やわかめを交換するなどのやりとりをとおして地域間交流・相互理解が進展し、村としての一体感を徐々に醸成することとなった。

田野畑村と都市との交流は、早稲田大学との交流（一九六〇～）、日本体育大学との交流（一九七七～）、懐かし村民制度（一九八四～）、体験修学旅行受入（一九八四～）、埼玉県川本町との友好町村関係（一九九七～）などがある。

田野畑村の国際交流活動としては、米国アーラム大学生の「思惟の森」参加（一九七三～）、外国人招聘講師（一九七七～）、米国教育文化研修派遣（中学生と教師を派遣：一九七八～）などがある。

日本政府が学校に若い外国人を招致して教鞭をとってもらうための広域対象の外国青年招致事業（Japan Exchange and Teaching Program：JETプログラム）を開始したのは、一九八六年である。田野畑村はすでにその九年前の一九七七年から外国人講師を招聘している。この岩手県内でも最初の先進的な事業は、早稲田大学と提携関係にあった米国アーラム大学が、一九七三年から大学生を「思惟の森」に参加させたことがきっかけである。「思惟の森」に参加した留学生は、村民と交流する機会を多くもった。この数週間の滞在による効果に自信を得て、村は二年の任期で定住する招聘講師として招き、中学校や社会教育の場で活きた英語を教え、アメリカの文化に触れる機会を設けている。

これらの教育立村政策をとおして、陸の孤島などというイメージを反映して失われていた自信が、村の風土に根ざした田野畑出身であることの自尊心にとってかわられていった。

2　思惟の森

(1)「思惟の森構想」の原点

一九六〇年、小田泰市氏（当時、早稲田大学商学部専任講師）は、指導する人文地理学のゼミ生の出身地である田野畑村を訪れた。翌年、フェーン現象による三陸大火の山火事によって荒廃した山林の惨状をみて、その復興をゼミ生とともに手伝うようになった。

その後、東京においては大学紛争の嵐が吹き荒れ、教職員と学生は敵対しあい信頼関係を失い、氷室のようなキャンパスになっていった。そのような時代状況のなか、小田氏は「南北問題」について、講義録によると例えば次のように講義していた。

「激動する世紀の中で、世界が揺れている。紛争は断絶と孤独と疎外から生まれている。美しい心情の貧困である。厳しい掟を忘れた心情の欠如である。世界は連帯で生きている。気儘と独りよがりは、許されてはならないのである。地球に生きる人間として、地球は生命共同体である。」

小田氏のまなざしは、現代の地球的課題に通じるものであり、世界の南北問題にも向けられていた。だからこそ、小田氏はゼミ生たちと田野畑村を毎年訪ねた。そして山林の復興だけではなく、国内のいわば南北問題だけでなく、海のわかめ採り、あるいは農家や牧場の手伝いを行うようになった。ここに「思惟の森構想」の原点がある。

(2)「思惟の森構想」と「教育立村構想」との出会い

一九六六年、小田氏の「思惟の森構想」と早野氏の「教育立村構想」との出会いについて、小田氏は著書『森の合言葉』(K&Kプレス、一九九九年)に以下のように記している。

「村勢要覧をいただいて先を急ごうとすると『丁度いい。村長さんが代わられておりますので』と部屋の中に招かれた。手持ち無沙汰の私は、大学紛争で世間を騒がせてと前置きして、『もし、こうした大自然の中で、人の恋しくなる村に来て、春の植樹に、夏の草刈りなどしながら、同じ釜の飯をつついて、教師も学生も村の人も一緒に過ごすことが出来たら――。村にも学生にも大学にも、新たな夢でありましょうに』と続けて、『自然教育の場の展開を、想い返して考える思惟の森構想である』と訴えてみた。沈黙の一瞬があって『思惟の森構想とは、いい言葉だ。村がもっている思考村構想(教育立村構想)と願いが一つであるのが面白い。学生が泊る家ぐらいの土地も用材もある。村と合作でやりましょう。この機会にいい場所を選んでおいて下さい』との言葉であった。夏の昼下がり初対面の早野仙平村長さんと交わした、わずか一時間たらずの対話であった。」

上記の早野氏(当時三七歳)と小田氏(当時五八歳)との出会いは、早野氏が村長に就任した翌年であった。この出会いをきっかけに、田野畑村と早稲田大学の「合作」による「思惟の森」は始まったのである。

また、小田氏は、この土地に関するエピソードについても次のように述べている。

「私が村有地だと思った山が、実は二四人の村の方の共有地だったのです。先祖伝来の土地を私たちのために提供して下さった。そこにはこんな話があります。共有地の所有者が村長から、『どうか森林教育のために、早稲田大学にあなたがたの共有地を無償で譲ってくれませんか』ともちかけられた時、二四人の中には、『大学はお金が無い訳でもないだろう。ただでやるより、少しはお金でも貰ったらどうだろうか』という申し出がありました。しかし、『何を馬鹿なことを言うか。ああして若い人たちが毎年、手弁当でまるで乞食のようになって働いてくれている。私たちの子や孫たちがじっくり傍らでその姿を見ているのだ。こうした僻地にやって来て、「ありがとうございました」という挨拶をし、「父さん、母さん」と呼びかけてくれる若い人たちのほとばしる愛情に泣かされないのか』との発言があり、全てが決まりました。『お金を取って土地を早稲田大学に差し上げたなら、あの部落の人たちはお金に困って土地を手離したんだと言われる。そうではなく、人間と人間、裸と裸の人間が、絆と縁の縁結びとして、ただで使っていただくのだ』。こうして話がまとまったのです。」

このようにして土地を借りることができ、大学はそこに青鹿寮《あおじし》を建設したのである。

(3)「思惟の森」における学び

早稲田大学「思惟の森の会」は、「思惟の森構想」に基づき一九六七年、夏合宿を行った。翌一九六八年、「思惟の森の会」は正式に発足。現在は、春夏秋の年三回、①約二〇ヘクタールの森づくり（植林・下草刈り・枝打ち・間伐等）、②村民との交流・研究宿泊（農業・漁業・酪農業のお手伝い等）、③青鹿寮での共同生活、を内容とする合宿を行っている。一九七三年から米国アーラム大学の学生が夏または秋合宿に参加してきた。

私は、大学一年生の一九八二年に「思惟の森の会」の春合宿に初めて参加した。上野駅発の夜行急行に乗り、列車とバスを乗り継いで一日がかりで田野畑村にようやく着いた。新潟県の市街地に育った者にとって、田野畑村の自然の中で木を植えることは初めての新鮮な体験であった。夏には、炎天下に全身の毛穴から汗をふきだしながら、大鎌をふるって自分の背丈ほどの草を刈り進んだ。ふり返ると、そこには道ができており、自分たちが救った幼い苗木が陽をあびていた。春夏秋冬と田野畑村に通い続け、山里の四季の移り変わりとともに、自分が植えた木の生長を助けるために仲間とともに汗を流すことは、厳しいながらも楽しいものだった。

「思惟の森の会」においては、「卒業はあっても卒会はない」と言われている。森は短くても五〇年以上かけて育てていく必要がある。森の生命をバトンのように先輩から後輩へ受け継いでいく、いわば世代を超えた連帯感でつながっているのである。卒業後もOBは、田野畑村と「思惟の森」を特別な場所として大切に思い、かかわり続けている。

一方、厳しい自然の中、大地に根ざして農業や酪農業に工夫しながら取り組む村民の真剣な生き方を現場で身をもって感じることができた。例えば、都会から移り住み、裸一貫で森を切り開いて「山地酪農」を実践している吉塚公雄氏からは、夢をあきらめない姿勢を教わった。私のように影響を受けた学生は多く、OBの中にはここでの体験が高じて、酪農家になった者もいる。

「思惟の森」では、お世話になっている村の方々を「父さん、母さん」と呼ばせていただく習わしがある。例えば村役場職員として長年にわたり早野氏を支え、一方で小田氏を田野畑訪問の初期から支援してきた畠山正一・峯子夫妻とは私も自然と「父さん、母さん」と呼べる関係が続いている。

このように村民は、学ばせていただくという謙虚な心構えと熱心さにふれ、学生を自分の子ども同然に扱い、人間的な関係を築いていっているのである。村民と学生とのつながりについて、私は村で唯一の寺の住職である岩見百丈氏から「早稲田の学生との交流によって、村民は大学生に対して『同じ人間同士なんだ』と気づき、学の有る無しが人との付き合いを変えないと理解した」と聞き、共感した。

森づくりの作業風景。

3 地域づくりと「思惟の森」とのかかわり

(1)窓としての「思惟の森」

米国アーラム大学教授で早稲田大学との交流をきっかけとして田野畑村を訪れ社会調査を行ったジャクソン・ベイリー氏によれば、「思惟の森」は村に新たな思考様式をもたらし、東京や米国から来た人びととの定期的な接触を可能にし、世界に通ずる扉を開けてくれるもの＝「窓」であった。そして小田氏の仕事は、田野畑を孤立から解放する条件を整えることに役立ったのである。

具体例として、早野氏が「田野畑の黎明」と例えている、一九六九年の青鹿寮上棟式へのカナダ大使らの列席がある。当時、約五五〇〇人の人口だった村において約一〇〇〇人の村民が参加し、外国の大使、県知事、早稲田大学総長などが出席して祝辞を述べ、外部からの取材・報道があったことは、村にとって初めての出来事であった。このことによって、田野畑村に対する外部評価が高まり村民の自信回復になっただけでなく、盛岡—田野畑間の道路整備が実現し、外部との交流の促進につながった。

他にも「思惟の森」の窓から田野畑へもたらされたものがある。例えば、ベイリー教授や留学生との交流をきっかけとして、他地域に先駆けて国際教育事業を展開したことである。また、教育立村のシンボルである統合中学校の校舎等の設計を早稲田大学教授に依頼し、それが日本建築学会賞を受けたことや、都市との交流（日本体育大学、体験修学旅行受入など）を継続するきっかけを持てたことなども挙げられる。

これらのことから、「思惟の森」は教育立村による村づくりの一助になったことがうかがえる。

東京や米国に向けた窓としての思惟の森

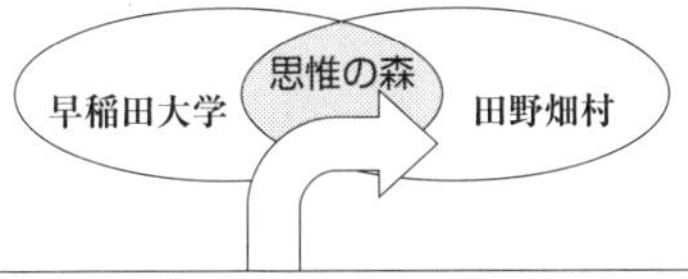

1968年	千田県知事・阿部早大総長等来村
1969年	カナダ大使・千田県知事・阿部早大総長等来村
1971年	インド大使代理・千田県知事・村井早大総長来村
1973年～	米国アーラム大学との交流（1977年～外国人招聘講師）
1977年～	日本体育大学との交流
1984年～	体験修学旅行受入

(2) 授業の実施と地域の課題へのかかわり

大学職員であり、「思惟の森の会」ＯＢでもある私が企画・コーディネートして、二〇〇四年の夏から、授業「農山村体験実習——農林業問題入門」を始めた。「思惟の森の会」の学生はリーダーとして授業を運営し、主にOBが実習の指導をしている。

授業は、思惟の森における森づくり体験を中心に、農業・略農業・漁業体験などを大学と村とが共同して実施している。早野氏から村長を引き継いで三期目の上杌《かみつくえ》莞治村長による講座はこの授業の一つの目玉となっている。二〇〇六年には、村長が役場職員から集約した村政の課題について学生たちに提示があった。学生は後期の授業においてその課題解決案を作成し、成果を村にフィードバックした。

これまで四〇年間の大学と村との交流史において、村から課題について提案を求められたのは今回が初めてである。授業という形態であるからこその新たな一歩である。この課題の中には、交流人口の増加策もあった。学生は、もとより田野畑村に定住している者ではなく、交流人口としての役割・視点を求められていることを確認することができた。このことは、今後の地域づくりに対して学生がどのように関わっていくことができるのかについてのヒントとなった。

おわりに——《交流の森》から《共育の森》へ

田野畑村をはじめ農山村へ学生とともに学びに行くと、学生の目の色が変わっていくことがわかる。自分自身が多様な人びとや自然に生かされている存在であることに気づき、現在の自分の立ち位置を確認することができるからだと思う。農山村は「第二のキャンパス」として教育的機能を自ずから持っているのだ。

「思惟の森」の活動をとおして村民と学生は交流を深めてきた。畠山氏によれば、村の外から来る人のことを信頼できると思えば、内の者よりも外の人を大事にする気質が村にはあるとのことだ。その気質を土台として、村民と学生がお互いに信頼と尊敬を育みながら、《交流の森》として「思惟の森」が続いている。今後は、森という生命を共に育みながら村民と学生がお互いに成長できる《共育の森》を目標としていきたい。そこでは、「自然と人間」「自然と文化」「都会と地方」「人と人」といったつながりを、紡ぎ直して、絆としていくことができるであろう。

森とともに人が生き生きとする絆を共に育む森づくり・人づくりをめざして、これからも取り組んでいきたい。そして、自分の原点である田野畑村と「思惟の森」に少しでも恩返しができればと願っている。

事例2

持続可能なツーリズムをめざす地域づくりと学び

沖縄県国頭村の取り組みから

大島順子
（特活）国頭ツーリズム協会顧問

はじめに――学びの出発点

このところ国内では観光立国を目指した政府主導の動きが活発化している。経済や人々の雇用、地域の活性化に大きな影響を及ぼす観光業が、日本においても二一世紀を先導する産業であると認識され始め、全国各地ではそれに伴う観光地づくりや観光振興のあり方の検討が盛んに行われている。観光は旅行業、宿泊業、輸送業、飲食業、土産品業など極めて裾野の広い社会全体に関わる産業を巻き込んでいる。そして、訪問地域の自然や歴史、文化や風景などの地域資源を活用する営みであることから、昨今では特に、日本各地の過疎化に悩む中山間地域や農村の地域活性化の手段として、観光開発に大きな期待が寄せられている。しかしながら、持続可能な地域づくりの視点からの観光開発は、「観光客のため」の観光地づくりであってはいけない。その地域に住む人々が地域にある様々な資源に気づき、その特性を理解し、そこで確認される潜在的な地域の問題を住民が主体となって解決しようとする営みと連動するものでなくてはならない。その営みのプロセスの中で、住民は自分たちの地域の魅力を再発見し磨きをかけ、自分の住む場所への自信と誇りを築いていくものである。従来の観光では、観光客のわがままな要求をなんとかして受け入れ、いい思いをさせることに終始する傾向があったが、持続可能な地域づくりの視点からの観光開発において、観光地の住民と観光客との関係は、対等であることが前提となる。受け入れ側の地域住民と観光客の間の相互の対等な関係の中での交流が、観光という社会現象を形づくり、地域が元気になっていくものだと私は考えている。

本稿では、筆者が地域づくりにおけるコーディネーターとして、地域住民の参加を主体とした学習方法の習得やコミュニケーション能力の育成、合意形成を促す技術を伝える学習支援者の立場で関わっている沖縄県国頭村《くにがみそん》において、持続可能な地域資源の活用をツーリズムという形にして地域づくりに取り組んでいる事例を紹介する。ここでは、主に三つの視点から書き進めていく。一点目は、沖縄における観光振興という現象と、その社会的背景の主因となる外発的な開発をめぐる問題をふりかえることである。亜熱帯の自然環境を最大の魅力として、復帰後の沖縄における観光開発は、様々な問題が混在したまま推し進められている。二点目は、沖縄の過疎地域における住民による地域の学びの場がどのようにして生まれ、創り上げられてきたのかを紹介する。それは、学習する組織としての変容を明らかにすることでもある。そして最後に、持続可能なツーリズムをめざす地域づくりと学びのあり方について述べる。

1　地域の問題解決を探る沖縄の人たち

私が住む人口五七〇〇人ほどの国頭村は、沖縄島北部のやんばる（山原）と呼ばれる地域に位置している。亜熱帯気候が育んだ豊かな森とサンゴの海に囲まれたこの村では、ひとたび森の中に入ると都会人が羨むほど貴重な生き物たちに出会う機会が驚くほどたくさんある。そして、自然の恵みに立脚した暮らしと深く関わり継承されてきた固有の伝統行事が、後継者の問題を抱えながらも今の生活の中にきちんと受け継がれている。正月にしても、新暦元旦を皮切りに、旧暦元旦、旧暦一六日と三回あり、その度特別な料理を用意する。「沖縄の人は、祝い事が好きなわけよ」と、私に説明するオバァの様子がなんとも微笑ましい。

やんばる地域の中核を占める国頭村は、米軍の北部訓練場として使用されている一帯を含め、温暖な島嶼地域特有の多種多様な動植物の生息があり、多くの固有種が存在するなど生態学的にきわめて貴重な亜熱帯林の自然環境が残されている。一九九七年末には米軍安波《あは》訓練場の共同使用が解除され、その整備や利活用のあり方が検討されている中、沖縄における施設及び区域に関する特別行動委員会合意（一九九五年。the Special Action Committee on facilities and areas in Okinawa：ＳＡＣＯ）により、北部訓練場の過半が返還されることが決定され、国立公園としての指定を含む様々な利活用が検討されている。そして、豊かな自然を有するやんばるに位置する国頭村では、固有な自然やそこに生息する生物のみならず、その自然に支えられ培われてきた歴史や文化を観光資源として適切に利活用する取り組みへの模索が始まっている、と言えば聞こえがいいが、これは地域が抱える問題解決へのプロセスに他ならない。つまり、過疎化・高齢化・若年人口の流失・建設業と第三次産業の比重増加といった、全国各地の小さな農山村地域が共通して抱える問題の解決を探る道のりなのである。３Ｋ（公共事業、基地、観光）を主な収入源とする沖縄県においては、観光についても本土資本重視の体質は変わらず、観光客が来ても地元にお金が落ちない状況は一向に変わらない。ここにも沖縄の観光業の抱える本質的な問題である外部依存の土壌がある。

地域の問題解決に向け、地域の自立発展を促すその主体はそこに住む人々である。具体的な活動を展開していくための能力開発や人づくりの大半は、住民が地域の様々な資源＝観光資源になり得るものを磨き上げて、持続可能なツーリズムを創り上げていく学びのプロセスで占められている。そこでは、単に観光資源となる自然環境を守るだけでなく、その自然と結びついてきた生活や歴史、伝統、文化など地域の資源に付加価値を見出し、地域に心豊かな新しい活力をもたらす重要な要素としていくことが期待されている。

2　地域では、気づいている人が動き出す

近年やんばるでは、沖縄観光の新たなメニューとして「エコツーリズム」が展開され始めた。エコツーリズムは本来、観光の舞台となる地域の住民が主体的に関わる中で、地域の観光資源を保全しながら、地域に根づいた観光

による地域開発や経済活動の推進につながる展開をもって成立するものである。しかしながら、「観光立県」を宣言する沖縄県は、残念ながら観光客数を増やすことばかりに目が向き、観光資源の保全や利活用の見直しに対する真剣さ、肝心の県民や地域住民、役場の観光に対する意識や位置づけはいまだ低いといわざるをえない。

そのような中、地域への入り方に気を配ることもなく外からやってきて、便利さばかりを追求し、自分たちに都合良く気ままにふるまう観光客に迎合するような観光のあり方を危惧する国頭村民の数人が立ち上がった。地域では、問題に「正面から向き合うことを避ける人」や「気づいてはいるが誰かに話したことがない人」が多勢であり、「数少ない気づいている人」が、堅実な小さな動きから大きなうねりをつくり出す出発点となる。そのような地域の担い手たちの存在を、私は国頭村での活動を通して確信した。

「うちの地域には人材がいない」とか「あの地域には人材がいない」という声をよく聞くが、たしかに素晴らしい担い手はそう簡単に見つからないかも知れない。しかしながら、担い手は特別な人である必要はない。誰もが、自分の住んでいる地域に思いや声を持っているはずであり、大切なのは、潜在的にその人が持っている能力や役割を引き出し、行動に結実するよう促すことだと思う。また、「やってみたい」「動けるぞ」というスイッチが入る瞬間や機会というものは、人それぞれ違うものであり、そのタイミングとの出会いに長い時間がかかるかも知れないが、慌てることは地域づくりに似合わない。ましてや地域づくりは、「何ヵ年計画」といった時限プロジェクトでもない。私の国頭村での地域への関わりは、そんな当たり前のことに気づく発見の連続だ。

3　地域づくりにおける参加型学習のあり方

二〇〇〇年当時、オーストラリアで地域における環境教育を学んでいた私は、以前より面識があった一人の担い手から声を掛けられ、国頭村における地域づくりの専門家としての取り組みを始めた。担い手と相談しながら、まず「気づき始めている人」が「気づいて行動できる人」になるための学びの場として人材育成講座を立ち上げた。

国頭村での参加型学習の模様。（上）楽しみ，悩みながら地域づくりを考える。（下）見慣れているはずの村内をじっくりとフィールドワークしてみると，今まで見えなかったことが問題として見えてくる。

地域の人々自身のエンパワーメントのために、①地域の歴史・文化・自然環境を持続的に利活用する方法について正しく理解し、お互いが共通認識を持つ、②地域の問題を解決していくため、行政と協働する能力を身につける、③調査研究活動の意義・方法・成果の活かし方を身につける、④コミュニケーション能力を身につける、という目的で、月四回・半年間の講座を開講した。受講者は、これから村を担っていく住民一〇名程である。

講座[1]では、「地元学」に基づく当事者意識づくりの方法やブレーンストーミング、フォトランゲージ、ネイチャーゲーム、国際開発協力分野のPLA（参加型学習行動法。本書序論2の注18参照）の手法やワークシートによるふりかえり等を取り入れ、受講者の主体的な学びの場を毎回じっくり作り上げていった。マクルーハン（Herbert Marshall McLuhan）が「方法はメッセージをもつ」と言ったように、自らが感じ、考え、それを率直に伝え合うことのできる雰囲気の中での学びのプロセスは、地域づくりに行動を起こす人づくりの核となる。テーマにそって自分の考えを持つということ、それを伝え合い、学びあうことの意義は大きい。そして、「講座＝講師の話を聴くこと」という固定観念のカラを打ち破る参加型学習という学習者中心の学び方が地域づくりに欠かせない要素であることを私は疑わない。

しかしながら、小さな村での参加型学習は、あまり非日常的なものであってはならない。当たり前の日常生活の中から地域の人々の言葉でテーマが抽出され、そのニュアンスを大切に咀嚼しながら、じんわりと、かつ学びのエッセンスが的確に伝わるようにする配慮が必要だと痛感している。型にはまった参加型学習は、お飾り然とした展開になり意味がないし、無理にまとめようとすれば進行役の自己満足に過ぎないものになってしまう。そういう意味で、私にとっては、都会生活者が学習者である場合の展開の仕方とは違う方法を模索する必要があり、それは教育者としての力量が問われることにもつながり、身が引き締まる思いで私自身が学んでいくプロセスでもあった。

この講座は、毎年主となるテーマに変化をつけながら継続しているが、開講以来貫かれていることは、自分が学んでいることは何なのか、なぜそれが必要なのか、その目的達成のどの段階に自分がいるのかなど、自分の学びのポジションと自分自身の変容に気づくためのふりかえりの作業である。具体的には、講座で自分がどのような態度で関わっているのかを文章化し、参加者同士で共有する。はじめの頃は、気持ちを文字にしたり表現することに馴れていないので面倒くさがる人もいたが、じっくり丁寧に我慢強く続けたことで、現在では初期の受講者が講座を企画し運営できるようにまでなってきている。このことは、学習支援者としての私の役割も変わっていくことを意味している。開発教育や「持続可能な開発のための教育（ＥＳＤ）」の活動における学習支援者の役割は、学習者の学びの達成度やペースに応じて変化するものであり、その関わり方においても適材適所の見極めが必要であろう。

4 国頭ツーリズム協会の試み――組織の自立と活動の広がり・深まり

二〇〇二年に任意団体として活動を始めた国頭村ツーリズム協会は、二〇〇四年一二月に特定非営利活動法人国頭ツーリズム協会（http://kuta-okinawa.org/）として再スタートを切った。組織の経済的な自立と運営体制づくりは、関わる人々にとって、地域づくりへの住民参加や提言活動につながっていく意味で新たな挑戦であり、意識の変容が行動に表れるきっかけになった。すでに、これまで以上に地域資源の持続的かつ有効な利活用について村行政との協働事業に積極的に関わりを持つようになっていることも具体的な動きとして確認できる。(2)

ハミルトン（Edwin Hamilton）は、地域づくりの組織に関する成果として、「地域づくり団体のアイデンティティは組織力によって生まれ、これが住民にとっての地域の一員としての自覚を持つきっかけになり問題解決のための行動を起こすようになる」[3]と述べている。また、「住民の行動をあらゆる地域づくりの活動に向かわせるためには、組織自体が整備されていなくてはならない」と、組織自体の発展をプロセスであると同時に成果の観点と位置づけている。日本においては、NPO法人化という作業自体が、組織整備と住民の政治への戦略的参加の一つだという見方がされるが、NPOの活動そのものが参加型学習として特徴づけられるように[4]、常に学習する組織としての存在であるという点に着目したい。そして、住民の学習は、組織の発展や目標の達成へ向かうための触媒としての力をしっかりと生んでいるのである。

二〇〇二年に活動の中核に関わる人々を対象に実施したフォーカスグループ・インタビュー調査[5]では、①地域が抱える問題の見方とその解決策の探り方が整理された、②官と民の役割が見え、パートナーシップという関係づくりが見えてきた、③地域における各々の立場で、行政と住民が協議するのに必要な政略的技術が身についてきた、など多面的な成果が挙げられたことからも、組織の発展の可能性が裏づけられた。これは、自分たちが社会を変えていくことができるという、地域が変わる手ごたえを実感するプロセスの一場面である。なお、これまでの取り組みの流れは、次頁の図表にまとめてある。

5　小さな村からの発信

国頭ツーリズム協会では、二〇〇六年三月から、国際協力機構（JICA）のプログラムで日本各地の大学院に留学している開発途上国からの研修員を対象に、「地域資源の持続的な利活用と地域づくり」というセミナーを企画し運営実施している。このセミナーは、自然環境と生活文化の適正な保全が観光資源を持続的なものにし、それによって地域の活性化がどのように導き出されるのか、またその際に気をつけなくてはならないことは何なのかを、やんばる地域の町村の事例をもとに共に学びあう場を提供するものとして位置づけている。このセミナー実施のプ

沖縄県国頭村における持続可能な地域づくりに向けた学びのプロセス

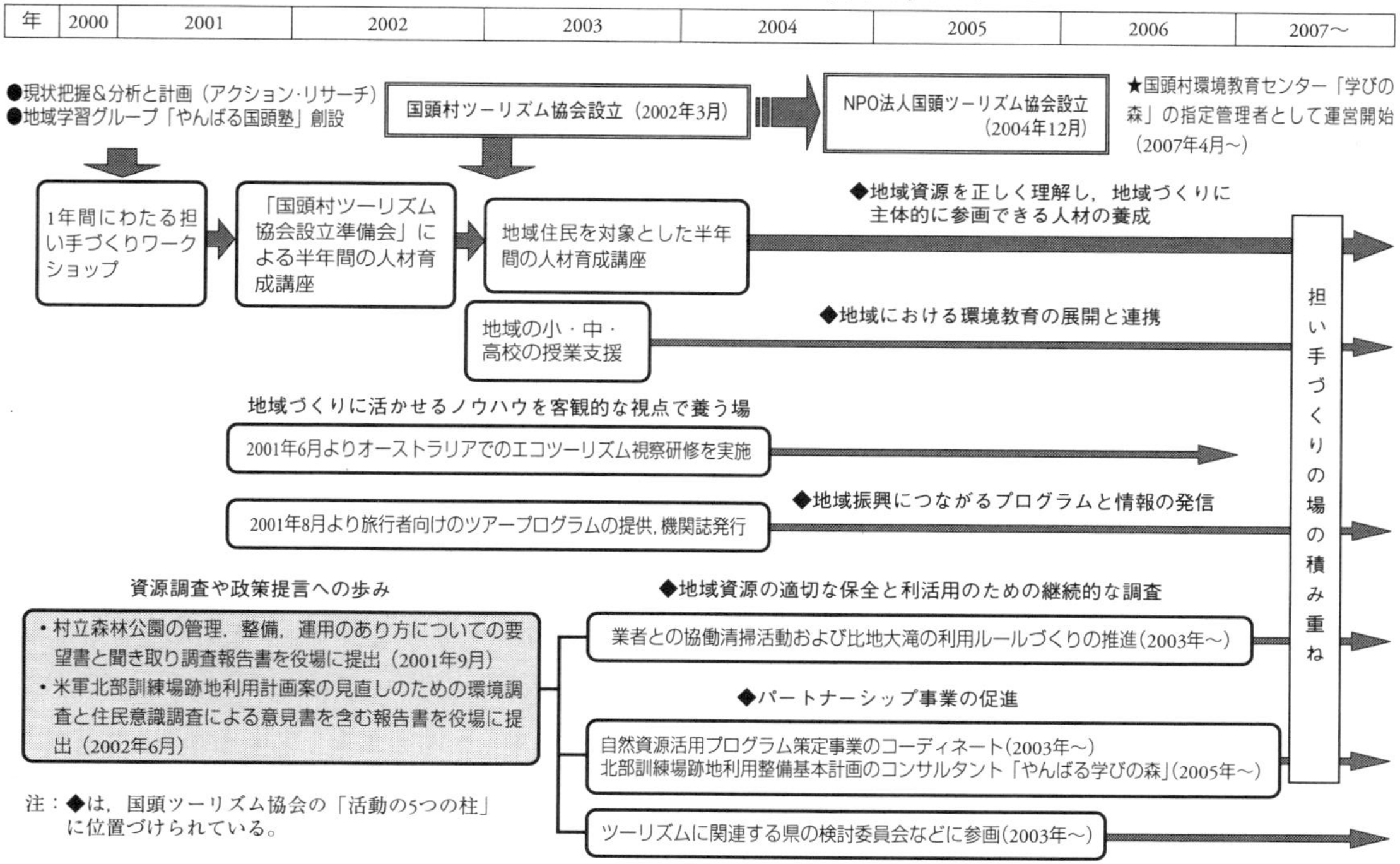
年
2000
2001
2002
2003
2004
2005
2006
2007～
●現状把握&分析と計画（アクション・リサーチ）
●地域学習グループ「やんばる国頭塾」創設
国頭村ツーリズム協会設立（2002年3月）
NPO法人国頭ツーリズム協会設立（2004年12月）
★国頭村環境教育センター「学びの森」の指定管理者として運営開始（2007年4月～）
1年間にわたる担い手づくりワークショップ
「国頭村ツーリズム協会設立準備会」による半年間の人材育成講座
地域住民を対象とした半年間の人材育成講座
◆地域資源を正しく理解し，地域づくりに主体的に参画できる人材の養成
地域の小・中・高校の授業支援
◆地域における環境教育の展開と連携
地域づくりに活かせるノウハウを客観的な視点で養う場
2001年6月よりオーストラリアでのエコツーリズム視察研修を実施
2001年8月より旅行者向けのツアープログラムの提供，機関誌発行
◆地域振興につながるプログラムと情報の発信
資源調査や政策提言への歩み
・村立森林公園の管理，整備，運用のあり方についての要望書と聞き取り調査報告書を役場に提出（2001年9月）
・米軍北部訓練場跡地利用計画案の見直しのための環境調査と住民意識調査による意見書を含む報告書を役場に提出（2002年6月）
◆地域資源の適切な保全と利活用のための継続的な調査
業者との協働清掃活動および比地大滝の利用ルールづくりの推進(2003年～)
◆パートナーシップ事業の促進
自然資源活用プログラム策定事業のコーディネート(2003年～)
北部訓練場跡地利用整備基本計画のコンサルタント「やんばる学びの森」(2005年～)
ツーリズムに関連する県の検討委員会などに参画(2003年～)
担い手づくりの場の積み重ね

注：◆は，国頭ツーリズム協会の「活動の5つの柱」に位置づけられている。

ロセスを通して住民有志たちが学んだことは大きい。「中核グループと住民には、さまざまな活動での成功経験によって、しだいに一つの団体としての自信や一体感が生まれてくる[6]」と言われるが、今回のように、これまでの地域づくりの方向性をふりかえり確認する場でもあったことは意義深い。

6　持続可能なツーリズムをめざす地域づくりと学び

地域づくりとは、「地域に住む人びとが、自分たちの生活を支え、より人間らしく生活してゆくための共同の場を如何につくるかということである[7]」という視点にたち、自分たちの住む地域の快適さを高め、住みよい地域をつくっていくことである。これは、地域の快適性が地域住民の自信を引き出し、ひいては訪れる人々にとっての魅力になり、それがさらに地域住民にとっての誇りにつながることを意味している。

また、地域の自然環境や文化や歴史といった資源の保全と持続的利活用のためには、地元に住む人々の意思や意識が重要な決め手となる。地元の人々にとって、経済的自立を促進する観光振興の構築は、単なる村おこしではなく、長期的かつ総合的には自然環境を含む環境保全策や地域の土地利用計画などに自ら積極的に参画していくシステムづくりにつながるものである。

そういった意味において、持続可能な観光を成立させるための要件は、①地域固有の自然・文化的資源の保護と保全が図られていること、②地域経済の活性化につながること、③地域住民の主体的な参加および協力による運営であること、という三点に集約されるといえよう。

持続可能な観光の取り組みは、「観光による地域づくり」そのものであり、このような問題意識を背景として地域づくりに取り組んでいる例は、日本各地ですでに存在している。そして「地域づくりは、人づくり」とも言われるが、人づくりは学びを前提としており、そこにＥＳＤにおける教育的側面の重要性があるといえる。

おわりに——村が地域時間の中で無理なく変わっていくことを追求する学びを

「都会」と「田舎」の区別がつきにくい時代といわれるが、私はそうは思わない。田舎や過疎地域と呼ばれるところでは、人間関係がより濃密で複雑に絡みあっており、都市部のそれとは比べものにならないことを日々実感している。しかしながら、行政のあり方はしばしば金太郎飴のごとく画一的で縦割りの枠を超えることができない。このような場所は言わば社会の縮図であり、無理に急激な変化を求めることは望ましいことではないし、たとえ無理に変えたとしても生活の中に根づくことはない。地域時間の中で無理なく変わっていくこと、そして地域の一つ一つがたおやかに変動することで社会全体が変わっていくのだと思われる。このようなおだやかな流れを学びの場の本流にすることが、これからの開発教育やＥＳＤには不可欠であると考えている。

そしてそのような学びの場に関わる人々は、その地域の中核をなす人々が中心となるであろうが、ときに私のような外部の専門家などの視点を取り入れ、技術を上手く絡めていくことも求められる。また、行動が学習として評価され、新たな行動を生む、というようなアクション・リサーチ(8)の段階を意識した自発的な学習を定着させることが望ましいと考えている。

地域づくりと連動した学びの場に参画する人々をどのように発掘していくのか、地域に暮らす人々の声にしっかりと耳を傾けられる支援者をどのように育てていくのかについては、定型化された方法こそないが、そうした人々には地域時間を受容し、地域住民の言葉で共に持続可能な地域のあり方を探り、語り合って築き上げていくことができる深さが求められることだけは確かである。そして、「問題が起きている現場＝地域」が主体となる学びの場では、一人一人が学び手であり、住民自身も学習の支援者となることを前提として、地域が抱える問題は解決されていくことになるに違いない。特に、観光振興を通した地域づくりでは、その地域が抱える問題から目を逸らすことなく、できるだけ多くの人々と連携しながらの取り組みが必要となる。解決に向けた地道な積み重ねを、私自身も村の人々と共に汗をかきながら続けていきたい。

●注

（1）「地元学」は、一九九〇年頃に民俗研究家の結城登美雄氏らがはじめた、住民が主体となって地域の資源である風土や暮らし・個性を調べ、考え、その活用を促す創造的な取組み。「ブレーンストーミング Brainstorming」は、自由に意見を出し合い、あるテーマに関する多様な意見を抽出する発想支援法。「フォトランゲージ Photo language」は写真やイラスト等の資料をよく観察し、背景となっている状況への理解・共感を参加者相互で話し合う学習活動。「ネイチャーゲーム Nature game」は一九七九年、米国のナチュラリスト、ジョセフ・コーネル氏により発表された自然体験プログラム。いろいろなゲームを通して、自然の不思議や仕組みを学び、自然と自分が一体であることに気づくことを目的としている。

（2）例えば、地域住民の再調査によって、米軍基地返還地などの跡地利用として進んでいた遊戯施設計画の見直しを図り、担当の役場職員の熱い実行力と共に、全国的にも初の市町村立の環境教育センター「やんばる学びの森」（二〇〇七年七月オープン。http://atabii.jp/）が設立され、国頭ツーリズム協会を中心とした地域の住民がその運営に携わっている。また、やんばるの森を守り活かすための協働・連携による活動を行うことで持続可能な村づくりに貢献することを目的に村内の産官学が集まる「やんばる国頭の森を守り活かす連絡協議会」（二〇〇七年一〇月）が設立された。ここでは、環境保全型観光の推進や、自然再生事業、環境教育や研修事業などの産業の再生や創出を図るために必要な学習会運営など、具体的な活動が進められている。

（3）E・ハミルトン／田中雅文他訳『成人教育は社会を変える』玉川大学出版部、二〇〇三年。

（4）佐藤一子編『NPOの教育力』東京大学出版会、二〇〇四年。

（5）調査の条件に合った対象者を集め、司会者（モデレーター）の進行に沿って実施する座談会形式の定性的調査のこと。ただし、単に定型化した設問に解答するのではなく、非指示的・非構成的なインタビュー形式で実施するものである。

（6）田村明『まちづくりの発想』岩波書店、一九八七年。

（7）同前。

（8）アクション・リサーチは、実践者たちによる実践のための研究と位置づけられる「行動のための研究」であり、出来事の記述・解釈で終わるのではなく、明確な目的を持ち次への変化を求め続けていく実践的研究である。

事例3

八ッ杉千年の森から

自然の叡智に学ぶ森林学習活動

田中秀幸
越前市八ッ杉森林学習センター

はじめに

一九九六年八月、福井県の旧今立町《いまだてちょう》（二〇〇五年一〇月一日、隣の武生市と合併し現在は越前市）は標高四〇〇～五〇〇メートルの森のなかに「八ッ杉森林学習センター」（http://www.yatsusugi.jp/）を開設した。二〇年以上の歳月をかけ手入れしてきた約二〇ヘクタールの八ッ杉自然公園をあらたに「八ッ杉千年の森」と命名し、このフィールドを舞台に春、夏、秋、冬の森林空間を活かして、朝、昼、夜のさまざまな時間帯に森林の自然を教材とした体験学習活動をすすめてきた。

私は、森林学習センターの開設以来今日まで運営に携わり、また開設にいたるベースとなった「いまだて結《ゆ》い村《むら》基本構想」のための研究会座長を務めた。ここではその経験をもとに、学習センター設立の経緯と地域の人びととの思い、森林学習活動の具体例を紹介しつつ、「八ッ杉千年の森」からみるこれからの社会の姿（ありよう）と学びのあり方を描き出したい。

1　一〇〇〇年未来をめざすということ

「循環型持続可能社会」という言葉が一九九〇年代以降、さまざまな場面で言われるようになった。特に二〇世紀の化石資源（石油）に依存する急速な文明の発展が、地球温暖化という限界に衝突することになって、もうひとつの選択肢としてこの言葉が浮上してきたように思う。ところで、私たちの地域の特産物である和紙は、一五〇〇年以上も前から連綿と生産されてきた。また日本では一〇〇〇年以上も前に漉《す》かれた紙が、今も奈良の正倉院に大切に保存されている。この紛れもない事実に着目するとき、そこに大事な意味が二つあることに気づく。ひとつは、和紙の生産活動が一〇〇〇年以上も途絶えることなく持続してきたということ、もうひとつは和紙そのものが一〇〇〇年以上もの耐久性を持っているということである。何のことはない、「循環型持続可能社会」は実は私たちの先輩がずっと築いてきた社会なのだ、和紙だけでなくこの町の産業である織物も漆器も、稲作も林業もその営みの一つであり、その土台である森林文化は永続する文化なのだということに気づいた。そこから、私たちの町の産業・文化・暮らしのありかたを見つめなおし、先人の知恵に学ぶ、そしてこれからの地域のあり方を模索するという思考のプロセスが進んだ。

今立町ではこうした一〇〇〇年スケールの発想を、一九九一年秋にオープンしたいまだて芸術館の公募愛称「アートホール31」の発表をもってすでに披露していた。「31」は三一世紀、つまり一〇〇〇年未来を意味している。この芸術館の活動のなかから、一九九二年、公募による町民主体の「結い村研究会」が発足し、私が座長に就任した。研究会では二年以上かけて、一〇〇〇年未来をめざす町のあり方・方向性を「いまだて結い村基本構想」にまとめ、一九九四年秋に町に提出した。このユニークな取り組みにより、今立町は毎日新聞第一回地方自治大賞奨励賞を受賞することになった（一九九五年二月）。

「いまだて結い村基本構想」はＡ４判四二ページ、地元特産越前和紙に印刷された冊子にまとめられ公表された。

この中には個人名は一人として出されていない。これは、研究会メンバー一四名の分担執筆ではあるが、その内容はお互いの領域にも踏み込み侃々諤々の議論によってたたき上げ、まとめあげたという自負と、この町の伝統産業に携わる職人の、仕事は名前でなく中身で勝負するものという気概からきている。

ここでその内容を詳細に紹介する余裕はないが、あえてその要諦を示すとすれば、「一〇〇〇年」とは永続させる意志・精神・決意であり、その立場で日本の民衆に伝わる協働の精神「結い」を現代的に再定義し、自然と人間が一体となるための具体的実現の場として「村」をイメージし、その姿を可能な限り明確に提示するものといえるだろうか。全体は第一部総論五章、第二部具体的提案九本から構成されている。おりしも二〇世紀から二一世紀へというミレニアム・ポイントとも重なり、また一〇〇〇年スパンの発想は今日の持続可能性についての議論にも連なるものだったが、その思想を今立という土着の場から紡ぎだした点に独自性と歴史的必然性があったのかもしれない。

森の濃い空気の中で子どもも大人も遊ぶ。

2　「千年の森づくり」という実践的思考へ

「結い村研究会」のメンバーは、「基本構想」を提出したあともその具体化をめざし、さらに自主的に学習活動を続けていった。以前からメンバーを含め町内の特に若いひとたちの要望として、合宿できる施設がほしいという声があり、町ではこの要望にこたえるために検討を重ねていた。同時期に林野庁の補助金による林業者研修施設の建設が具体化し、研究会メンバーもこの計画を知り、担当課から意見を求められた際、林業者に限らず幅広く利用できる施設にしてほしいと提言し、これが採用された。施設スタッフは全国から公募されることになった。私も「基本構想」を具体化するチャンスと思い、仲間の応援、勤務先の理解も得てこれに応募し、めでたく採用となった。こうして一九九六年八月、「八ッ杉千年の森」（八ッ杉自然公園）の敷地内に三棟の施設が完成し、「八ッ杉森林学習センター」がオープンした。さまざまな職歴のスタッフが集まり、森林学習センターという全国にあまり例のない施設の活動が始まった。

その後「平成の市町村大合併」により、二〇〇五年一〇月一日、今立町と武生市が合併し新たに越前市が誕生し、八ッ杉森林学習センターも「越前市八ッ杉森林学習センター」として再スタートした。センターではオープン当初から「森林の体験学習」「自然と共生するための研究・指導・活動」「木工加工の研究」等を主なテーマとして、またあわせて森林のレクリエーション的利用も含め、宿泊・食事体験を組み合わせた幅広い施設利用を提供している。「八ッ杉千年の森」の四季を活かした自然体験学習・環境学習の実践により、年々幅広い層の人々の利用があり、リピーターも少しずつ増えている。

また、「未来への森、創造の森、いやしの森」をコンセプトにした「千年の森づくり」に向けた実践的な学習プログラムも多彩に展開している。「千年の森環境プロジェクト」では、生命の存立基盤としての水、土、エネルギーの各分野をテーマに、森林空間ならではのユニークな実験プログラムを提案してきた。特にエネルギーについては「永続的かつクリーンな生命圏内炭素循環システムの構築」をコンセプトに、日本における森林バイオマス（生物由来の資源）の先駆的活用事例である木炭自動車の復元を行い（一九九八年）、自然エネルギーのなかでのバイオマスエネルギーの位置づけと重要性を提案・アピールした。さらに、世界や国内の先進事例を学ぶセミナーを連続開催し、セミナーの中で「木を燃やすことはいけないことなのでは？」といった素朴な疑問にもこたえていった。これらは微力ながらも、政府さえ「バイオマス・ニッポン総合戦略」を閣議決定するまでにいたる今日の日本社会の広範な理解への礎石となったと自負している。このようにセンターの研究テーマは多岐にわたるが、これらはすべて「いまだて結い村基本構想」の第一部第五章「結い村づくりのステップ」のソフトプランニング、ハードプランニングの理論にもとづいて提案・具体化した実験プログラムである。

3 自然災害からの学び

近年、地球温暖化による気候変動が年々激しくなり、さらに局地的な異常気象も国内外で頻発するようになった。二〇〇四年七月一八日の福井豪雨、二〇〇五年一二月の福井豪雪は、ここ「八ッ杉千年の森」にも大きなダメージを与えた。福井豪雨では大量の雨が濁流となって森林内を一気に駆け抜け、土砂流出、法面崩落を引き起こした。福井豪雪では何日間も重く湿った雪がふりやまず、三メートルの積雪となり、施設全体を雪で埋めてしまった。人里から遠く離れた森林内かつ厳しい自然条件という、公共施設としては特殊な立地条件にある当森林学習センターは、こうした自然災害の際にはまずアクセスの困難をひきおこし、さらに施設の損壊、電線の切断、水道設備の損傷などライフラインにもつぎつぎと障害がおきた。

福井豪雨のあった二〇〇四年七月一八日は第三日曜日で、偶然にも学習センターの休館日であり、施設利用者への直接被害がなかったことは幸いであった。翌日、あちこちで土砂崩れが起きて不通となった道路を歩いて登り、施設の安否を確かめに行った。一見すると何の被害もなく、森の中もいくつか土砂崩れした箇所はあったものの、里の大きな被害状況に比べればまったく平穏で豪雨が嘘のようだったが、よくよく見ると敷地法面が大きく崩落し、あわや施設全体が滑り落ちる一歩手前であることをすぐに発見した。崩落したところは盛土の部分つまり人為的な手が加えられたところであった。

そしてよく見るとミズナラやイタヤカエデが立っている斜面はまったく無傷であることもすぐに分かった。ミズナラやイタヤカエデはここ「八ッ杉千年の森」の自然植生であり、巨大な落葉樹林帯を形成している主役の樹木である。横に大きく枝を伸ばすこれらの木は葉を生い茂らせて豪雨をしのぐ傘となり、また斜面に立つこれらの木は自らを支えるために、巨大な根を横に大きく地中深く伸ばしており、それが同時に森の土をがっしりと流れないように守っている。また秋に落葉した葉は腐葉土となって年々厚く堆積し、そのスポンジのような構造が雨水を大量

森林学習センターの建物を守るミズナラの樹。樹冠は傘となり，根は土をかかえている。

に蓄え、少しずつ一定の量で川に流すことによって川下の大地を潤してくれる。最初は一粒の種が芽を出し、太陽の光を浴び、雨と二酸化炭素を吸収し、新鮮な酸素を放出しながら、やがて巨大な樹木に成長し、大地をしっかりと守っているのだということをあらためて学んだ。

今日、自然災害は時期・場所を問わず、さまざまな形・規模で頻発化してきている。その現象・原因を科学的に解明することももちろん重要であるが、それと同時にそれに立ち向かう人間の力を高めていくこともまたさらに重要と思う。人間は自然の一部であり、自然界から独立した存在ではない。人間の力で自然をある程度まで改造することはできるが、それはあくまで部分的であり、一定の線を越えると必ず反動が生じる。自然のメカニズムと摂理を理解すること、地球の自然が何億年もかけて作り上げたシステムを学ぶこと、つまり自然と人間を貫く「叡智」を学ぶことが、人間をふくめた地球生命全体の存続につながることになる。

4 地域の価値を再発見する学び

「八ッ杉千年の森」は街中からは隔絶した山中にあり、最も近い集落からも五キロも離れている。こうした場所に公共施設を設置するということはきわめて稀なケースといえる。しかし、街から離れた自然豊かな場所だからこそ森林学習センターとしての存在が成り立っているともいえる。

ここには特に名所旧跡があるわけでもなく、特別な景勝地があるわけでもなく、ごくありふれた雑木林が広がる自然公園があるだけである。ここに多くの人に魅力を感じて訪れてもらうためには、まずスタッフ自身がこの森の魅力を学び発見し、その感動をたくさんの人に体験してもらえるようなプログラムをつくることから始めなければならなかった。春のカタクリの大群生、夏の森の昆虫たちの世界、秋の紅葉の美しさ、冬の雪の森の静謐さなど、ひとたび新しい視点をもって森の中に入っていくとそこには驚くべきドラマティックな世界が広がっていることが年々分かってきた。センターの森林体験プログラムづくりの基本は、森の魅力の再発見と感動の共有にある。感動の共有の輪を広げていくことが、施設利用者を増やすことにつながり、自然や森林を守り大切にしていく心を育てることにつながっていくと考えている。

ないものねだりではなく、あるものを探し、見つけていくこと、その発見へのプロセスも含めて、潜在的な価値を再認識していくことが学びの輪を広げることに発展していくのではないかと思う。最近の「地元学」の提唱に共通する手法を、ここ「八ッ杉千年の森」ではすでに一〇年前から模索してきたといえる。この考え方を生かし、最近では国からの交付金を活用して地域資源・文化の調査活用事業を地域NPOと協働して展開し、古民家再生や地産地消、グリーンツーリズムの活動などを行っている。公的施設が直接地域住民のニーズにこたえるだけでなく、地域の資源を地域の人たちと一緒に発見し、潜在的な協働力を高めていく中で、施設活用をより普及発展させ、地域間のパートナーシップを強めていくこともこれから重要になってくると思う。地域の価値の認識は、地域内の豊かな相互関係の構築の中でこそ高まっていくはずである。

5 《直耕》から見える学び

森林志向、「田舎暮らし」ブームなど、近年人々の心と体が人工的な世界から自然への回帰に強く向けられるようになってきている。J＝J・ルソーの「自然に帰れ」やH・D・ソローの『森の生活』などすでに一八世紀から自然回帰の思想は提起されていたが、私は同じく一八世紀の日本の思想家、安藤昌益（一七〇三～六二）の『自然真営道』およびその《直耕》（農業労働への従事）の考え方に強く魅かれる。

現代日本の閉塞感、とくに若者の未来への希望の喪失感は、あふれるほどのモノや情報の海のなかでますます深まっているように思えてならない。不登校や「引きこもり」「ニート」「フリーター」さらには若者の自殺の増加など、現代の若者たちの現象は社会とのミスマッチングというよりも現代社会における生の意味の喪失、学び成長していく先にあるはずの未来への絶望が根底にあるように思えてならない。

そのようななかでもセンターでの活動を通して、土の手ざわりや自然のものの確かな感触に素朴な感動を得、もう一度自分のペースでゆっくりと、誰かにせっつかれることもなく手探りで自分なりの暮らし・生き方の形を作っていきたいと願う多くの若者にさまざまな場面で出会うようになった。貧しくてもいい、お金よりも社会的ステータスよりももっと大事なものがあると彼ら／彼女らは気づき始めている。大人が作った複雑なしくみ・レールに乗ることへの拒否感を抱き、その先にあるものの不毛さ、無意味さを感じ始めている。

そうした若者たちを見ていると、《直耕》の直接的意味、すなわち自ら鍬をもち土を耕すこと、種を蒔いて芽が出、花が咲き、実るという生命の自然の神秘にふれること、その豊かさと充実感をもう一度学びの基本にすえることが今とても大事になっていると思えてならない。

米作り、野菜作り、森作り、その土台にある土・大地との関係の結びなおしの中で、自分の足元が少しずつ見えてくる。自然という空間と成長する時間のなかで自分の存在も確かなものとしてつかまえられるようになってくる。《直耕》は客体としての土起こしだけでなく、その反作用としての自分という自然への気づき、つまり汗をかく、手が痛くなる、土のにおいをかぐ、疲れるといった肉体の反作用からさまざまな感覚を呼び覚ますことにつながっていく。快適・便利な文明社会は逆に人間の原初的感覚を鈍らせてしまった。だからこそ今、自分自身の肉体的自然を明確に認識しなおすことが必要だと思う。便利さが曇らせてしまった世界を認識する目も、汗を流してその汗をぬぐうことによってあらためてクリアになるだろう。と同時にぼんやりしたものだった自分という存在も、確かな形につかまえられるようになる。もちろんそのプロセスはひとそれぞれに多様で複雑で時間もかかるであろうが、学びと成長の土台に絶対必要な過程だと思う。自分の人生のさまざまな状況の中で、自分だけの生き方の物語の中で、学ぶことの意味を自ら掴み取ったとき、それは大きな力になる。

誤解を恐れずにいえば、学校というハコのなかに子どもたちを詰め込み、複雑化・多岐化したカリキュラムのなかで教科書の細切れ的知識を一方的に伝授し、知識と記憶力を判定し差別化していく現代の教育システムの発想はいまや時代錯誤になっているのではないか。子どもたちはそれを拒否し始め、その息苦しさを今、さまざまな形で訴えている。

適切な自然体験学習は、人工物に囲まれた生活で壊れてしまった心と体の調和をとりもどす力を持っている。子どもたちや若者たちの豊かな自然の学びを支えるために、今後は都市、地方自治体、NPO、大学等が分野をこえて連携し、共同のプログラムを作り出していくことが求められる。特に「学ぶ」ことが本務である若い学生がその柔軟な発想や機動力・発信力を生かして、斬新な提案をしてくれることに期待したい。

おわりに——森林空間のもつ力をさらに深く

「八ッ杉森林学習センター」も森林空間を活かした学習施設としてすでに一〇年を経過した。「地球環境の生命維持装置は森林にある、千年の森づくりとともに人類の未来はある」という設立以来のコンセプトは不動である。その具体的実践は絶えず時代状況と対峙しながら豊かにしていかなければならない。自然はただ見るだけでも感動するが、さらにもうひとつ踏み込んで、自らの心と体を自然のなかで解放していくという体験学習の必要性を強く感じている。

子どもたちが森にやってきたとき、はじめはボーッとしているのが、森の中の濃い空気にふれてすぐに目がキラキラと輝きはじめ、やがて甲高い声が森中に響き渡るようになる。子どもたちの本来持っている野性的・原初的感覚が森の中で呼び覚まされるのであろうか。この光景を見るたびに、森の持つ不思議な力を感じざるを得ない。

第4章

地域からの経済再生

経済のグローバル化により生じている諸問題，すなわち格差の拡大や環境破壊などは，地域経済にまで影響を及ぼしている。低迷する地域経済を再生する道は，地域住民が中心となり地域の資本，人材，資源，風土を利用して展開される「内発的地域経済」に見出すことができる。本章では，持続可能な林業やスロービジネス，フェアトレードなどの事例を通して，地域における新たなビジネスのあり方を模索する。そして，地域に学びと行動の場を見出し，「抵抗と創造」を地域から始めることの意義について考える。（写真：東京・府中市のカフェスローの中庭で月に一度開かれる「アースデイ・マーケット」の様子。本章事例2参照）

総論

地域からの経済再生と開発教育

経済のグローバル化を超えて

佐渡友　哲
日本大学法学部教員

はじめに

今日、各国政府がとる貿易や金融の自由化、規制緩和、民営化など、いわゆる新自由主義的政策により、経済のグローバル化の大波は先進国と途上国とを問わず世界の隅々にまで及ぶようになった。こうした経済のグローバル化には多くの問題点があることを世界に最初に示したのは、一九九九年一一月〜一二月に米国シアトルで開催された世界貿易機関（WTO）閣僚会議の周辺で起きた出来事であったように思う。会議場を取り囲んだ七〇〇以上のNGOを中心とした約五万人の市民がとった行動は、もとより統率がとれたものではなかった。一部のデモ参加者が「暴徒化」してコーヒーチェーン店のスターバックスを襲う報道写真が世界を駆け巡ったため、過激な事件としてだけ記憶されてしまった感がある。だが、彼ら／彼女らの主張には、「WTOは、グローバル経済から取り残された人々のことを考えよ」、「WTOは、多国籍企業が熱帯雨林を破壊し、エビ漁でウミガメが殺されることを助長している」、「WTOは、米国のスニーカーメーカーがアジアの労働者を搾取することに手を貸している」など、具体的で切実なものが目立った（*Newsweek*, 1999.12.15）。

経済のグローバル化の大波は私たちの地域にまで及ぶようになった。シアトルでNGOが指摘した格差、環境、資源、食料、労働などの諸問題は私たちと無関係ではない。私たちの生活レベルでも、輸入増加による食料自給率の低下、企業競争によるリストラ、開発による環境破壊など、生活に密着した諸問題が顕在化している。また、大都市と地方の経済的格差や地域経済の低迷が指摘されている。その中で多く見られるようになった地域における経済再生への取り組みには、地域の外から流入する資本、ノウハウ、資源などが刺激となって展開される「外発的地域経済」と、地域住民が中心となり地域の資本、人材、資源、風土を利用して展開される「内発的地域経済」との二つの方法がある。「外発的」なものとしては、企業誘致などによる地域経済の再生、あるいはグローバル経済を取り込んだ地域活性化（例えば地域の農産物や工業製品の輸出など）が挙げられる。また、「内発的」な動きとしては、地域ブランドや地産地消の確立、スローフードや地域通貨の運動などが挙げられる。

本稿は、こうした地域の動きを踏まえ、グローバル経済と世界の実態を「内発的地域経済」の視点から捉え直し、これからの地域社会のあるべき理念を検討しながら、それへ向けた学びと開発教育のあり方を模索するものである。

1 経済のグローバル化と地域

(1)経済のグローバル化は何をもたらすのか

前述した一九九九年のＷＴＯ閣僚会議以来、経済のグローバル化について様々な議論が登場することになった。いわく「経済のグローバル化は世界の人々を等しく豊かにするのか？」、「経済のグローバル化は勝者と敗者をもたらすのか？」、「経済のグローバル化によって多国籍企業が世界の主人公になるのか？」、「経済のグローバル化はアメリカ化を促進するのか？」などなど。経済のグローバル化は市場の自由競争を促進し、結果的に勝者と敗者を明確にして、弱者が敗者となって取り残されていくことではないかという懸念がある。弱者とは、アジア、アフリカ、ラテンアメリカの貧困国、競争に勝てない企業、そして経済の低迷が続く無防備な地域などか。世界銀行は、グローバル化の進展について次のような見解を示している。

――グローバル化は勝者と敗者を作り出す。これは国家間でも国内でもいえることである。国家間で見ると、今のところグローバル化は不平等度を低めている。約三〇億人が「新グローバル化（new globalizing）」発展途上国に住んでいる。このグループの中の極度の貧困者（一日一ドル未満で生活する人々）の数は、一九九三～九八年までの間に一億二〇〇〇万人減少した。グローバルな統合が貧困を削減する可能性は、中国、インド、ウガンダ、ベトナムの事例にはっきりと現れている。しかし総数約二〇億人の貧困者を抱える多くの貧しい国は、グローバル化の進行から取り残されて周縁化しつつある。これらの多くはアフリカ、旧ソビエト連邦（FSU）にある。これらの国の輸出品目は、通常、一部の一次産品に限られている。したがって、これらの国にとっては、製造業製品やサービスの国際市場へ参入することによって、輸出品目の多様化を図ることが肝要である。[1]

つまり世界銀行は、輸出品目の多様化を図りグローバル経済に参加することにより、約二〇億人が住む貧困国も豊かになれる、という見解である。また、それができない理由として、第一に、不適切な政策、貧弱なインフラ、制度の欠陥、劣悪なガバナンスなどがあること、第二に、地理的あるいは気候的に恵まれないということ、第三に、不適切な政策を採用した一時的な局面の結果として、工業化の機会を永久に逸してしまったこと、などを挙げている。基本的に、すべての国が経済のグローバル化に参加することによって、つまり国際市場に参入することによって、世界が等しく経済的に豊かになる、という立場にたっているといえる。

(2)グローバル経済の中の「地域」

周知のように、日本の食料自給率は三九％（二〇〇六年）に落ち込んでおり、今後さらに低下すると予想されている。他の先進国、フランス一三〇％、米国一一九％、ドイツ九一％、英国七四％（いずれも二〇〇二年）などに比べ極端に低い。これらの国々では、四〇年前と比較してそれぞれ自給率は上昇しているが、日本は七九％から三九％へと半減しているのである。これは、食料安全保障の観点からも大いに憂慮すべき問題ではあるが、農林水産省の自給率アップのキャンペーンにもかかわらず好転していない。食料自給率低下の問題は、私たちの食生活のあり方の問題であるとともに、生活の場である地域における「抵抗」のあり方の問題でもある。

図1　グローバル経済の中の「地域」

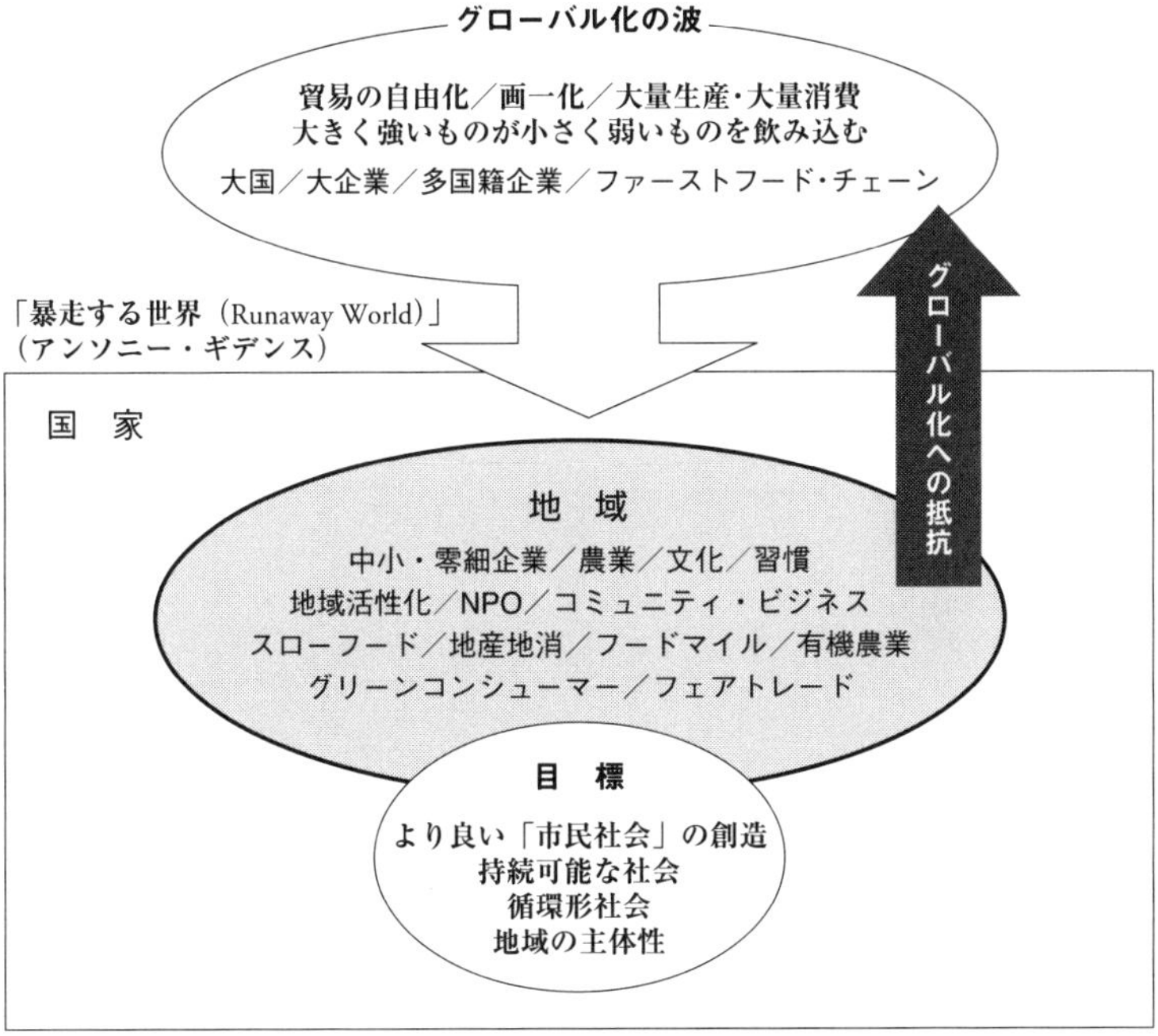

出所：筆者作成

グローバル化の進展により、地域で生活する私たちも、物質的豊かさと飽食の時代に生きることになった。世界人口の一・九％の日本人が、全世界のマグロ漁獲高の四分の一を消費している。これは、漁船と装備のハイテク化や冷凍技術の革新、貿易の自由化などによってもたらされるグローバル化の成せる業である。その一方でグローバル化は、画一的な味のファーストフード店の普及、農薬漬けの野菜や遺伝子組換穀物類の大量輸入をもたらした。いまや簡単には制御できなくなったこうしたグローバル化の潮流を、アンソニー・ギデンズは「暴走する世界（Runaway World）」と呼んだが、これに抵抗するのは国家ではなく地域ではないのか。新自由主義政策の下では、国家は「暴走する世界」を阻止する力を持ち得ないからである。

図1はグローバル化の大波を受ける地域の抵抗の姿を表したものである。次節で取り上げる地域での様々な活動は、こうした

潮流に対する主体的な〝抵抗運動〟と捉えることもできる。地域では実際、無農薬野菜を定期購入する主婦のグループ、有機無農薬米の宅配業者などのほか、「地元で取れるいいものを地元で食べよう」をキャッチフレーズに地産地消を推進する団体や、スローフードを提唱するグループの活動も話題となってきた。筑紫哲也は、スローフードは明らかにこの「食のグローバル化」への異議申し立てであり、別の選択肢の提示である、と述べている(2)。また、産地・製造日表示の「偽装」が報道されるようになってからは、行政も農産物のトレーサビリティ（生産流通経路追跡可能性）システムの確立に力を入れるようになってきた。食や農についてのこれらの活動は、必ずしも一人ひとりが世界の潮流を意識したことで始められたものではないが、私たちの食生活が世界と深く関わっていることは容易に認識できることである。

(3) 地域経済の現状

大都市と地方の経済的格差、特に地方都市の駅前商店街の「空洞化」がいわれるようになって久しい。人口が増加しない、あるいは減少している都市や町では、広域を対象とした大手の郊外型ショッピングセンターの進出などにより中心部の商店街は活気を失っている。地方の県知事や市長にとって、地域経済の活性化のために外から企業を誘致することが重要な仕事のひとつとなっているのである。最近では、グローバル経済に組み込まれた部品生産工場ばかりではなく、金融や損害保険などの各社が、契約者からの問い合わせや苦情を電話で受け付けるコールセンターを、首都圏から地方都市へシフトする動きが相次いでいる。企業側にとっては、低いインフラ整備コストで広い施設を使用できるほか、低賃金の労働力を確保できる。また電話オペレーターは一般にストレスの多さから定着度が低いが、雇用の少ない地方では定着度が比較的高いというメリットもある。一方、地方にとっては、多くの若い世代の雇用が創出され経済の活性化に役立つことから、自治体が助成制度を活用してまでコールセンターの誘致に熱心なところもある。

だが、こうした外からの企業誘致による「外発的地域経済」の活性化は、いわゆる市場経済のみの視点から考えられたものである。元々あった「地域」という共同体が、近代化とともに公共部門（自治体）と市場部門（企業）との二つに分かれてしまい、住民の共同性／協働性が弱まってしまった。市場部門については地域の外からの企業誘致に任せてしまう傾向があるのは、そのような時代の特徴に基づいたものといえる。だが、企業誘致によって住民の共同性／協働性や本来の地域の再生を実現できるのであろうか。

2　地域における経済再生への試み

(1) 内発的地域経済の理念とは何か

私たちが地域で、共同性／協働性や住民参加、文化や価値、環境への感受性を取り戻すためには、市場の論理を偏重する「外発的地域経済」ではなく、住民主体・地域主体の「内発的地域経済」を形成しなければならない。ここで、「内発的地域経済」という考え方について再確認しておこう。「内発的地域経済」の理論的背景には、一九七〇年代半ば以降、近代化論や経済発展論の分野で議論されてきた「内発的発展論（Endogenous Development）」がある。「内発的発展論」とは一般的に、産業革命以後の西欧型単一発展モデルに対抗するものとして、発展途上国の文化・価値や資源を活かし自然環境と調和した内部からの発展をめざす思想であると理解されている。そして今日では、「南」の自立だけでなく「北」の経済優先主義的な開発のあり方への批判、さらに社会開発や国内の地域発展を考える際の概念としても使われるようになった。

地域の発展や経済的自立性について玉野井芳郎は、「内発的地域主義」という概念を用いて、それを「地域に生きる生活者たちがその自然・歴史・風土を背景に、その地域社会または地域の共同体にたいして一体感をもち、経済的自立性をふまえて、みずからの政治的・行政的自律性と文化的独自性を追求すること」[3]としている。ここでは経済的自立性とともに地域の文化・風土の独自性も強調されている。また宮本憲一は、地域の「内発的発展」の特徴を三つ挙げている。要約すると、①外部の企業や中央政府・都道府県の補助金に依存しないこと。外来の資本や補助金を導入する場合は、地元の経済がある程度発展してそれと必然的な関係ができた時であること、②地域内需要に重点を置き、全国市場や海外市場の開拓を最初からめざさないこと、③地域内産業連関を生み出すようにし、経済のみでなく、文化、教育、医療、福祉なども連関したコミュニティづくりとなっていること、である。(4) これらの論述からも「内発的地域経済」の原則が浮かび上がってくる。「内発的地域経済」の理念を考える場合、重要なことは次のような点になろう。

一．外発的発展に依存することなく、地域内需要を重視し、外部への市場開拓を最初から求めないこと。

二．地域の抱えている問題を解決し住民のニーズに応えうるコミュニティ・ビジネスを開拓し、同時に住民が参加できる地域循環型経済をめざすこと。

三．その場合、地域の文化、価値、自然環境などを破壊することなく、住民の生活と経済が一体となった共同性／協働性を作り出すこと。

(2) 内発的地域経済への試み

地域経済の再生と活性化のためには、その基礎となる地域の再生が必要となる。地域の再生とは、住民のアイデンティティを高めて共同／協働の精神をよみがえらせ、住民主体の参加型・問題解決型の地域基盤を作り出すことによって実現する。そして、こうした基盤の上に地域経済を描く時、当然、「外発的地域経済」ではなく「内発的地域経済」に注目することになる。すでに日本の各地にみられる、草の根の起業、地域ビジネス、地域おこし、地域ブランド、地域通貨などの事例は、「内発的地域経済」の試みと考えてよい。その実例をいくつか検証してみたい。

まず最初に、地域住民が中心となり地域の資源や人材を活用している地域ビジネスの事例を取り上げたい。人口二〇〇〇人の徳島県上勝町《かみかつ》では、高齢の主婦たちが始めた「つまものビジネス」が高収入をあげている。料理や和菓子を飾る「つまもの」＝葉（南天、もみじ、松葉など）を地域から集め、京都を中心に他府県に卸す「葉っぱビジネス」である。このビジネスは、上勝町の農協職員が出張先の京都の料亭でひらめいたアイディアをもとに、役場と農協が仲介して、高齢者が空いた時間を使って無料の葉を集めるという気軽にできるビジネスとして発展したものである。

岐阜県郡上《ぐじょう》市の農業婦人たちが経営する株式会社明宝レディースのトマトケチャップは、いまや全国的にその名を知られるようになった。このビジネスは、もともと人口二〇〇〇人の明宝村の主婦たちが、一九六一年に生活環境や食生活の改善を目的に立ち上げた一一人の親睦団体から始まった。その後、トマトの栽培をはじめ試行錯誤しながら独特の手作りトマトケチャップを製造・販売するようになった。当初は地元の「道の駅」などで販売していたが、一九九二年に資本金一〇〇〇万円の株式会社を設立してから、テレビや雑誌に取り上げられるようになると、ネット販売で全国から注文が来るようになり、首都圏の大手スーパーマーケットでも販売されるようになった。

「市町村合併をしない宣言」を発表した人口七〇〇〇人の福島県矢祭《やまつり》町では、商店会が納税や買い物に使えるスタンプ券を発行して、商店街の活性化を実現している。住民が商店会の五七店で買い物をしたときに受け取るスタンプ券をためて、それを商工会で小切手にして銀行で現金化することにより、税金、水道料金、保育園料などにも利用できるという制度である。このスタンプ券は一種の地域通貨である(5)。住民は地元の商店街を利用することにメリットを感じ、商店街も利益を増やすというわけである。

最後に、地域の商品・サービスや資源と地名を組み合わせて「地域団体商標」(地域ブランド)として活用することも地域おこしにふさわしい。これまで地域ブランドの特許庁への商標登録は、「夕張メロン」のような全国的な知名度が必要とされていたため数件しか認められなかった。だが、二〇〇六年四月の改正商標法の施行により、複数の都道府県で知られていれば登録できるようになった(6)。

(3)コミュニティ・ビジネスの意義

前項で「内発的地域経済」の事例としていくつかの地域ビジネスを紹介したが、これらの中には地域外の市場開

図2　期待されるコミュニティ・ビジネスの効果

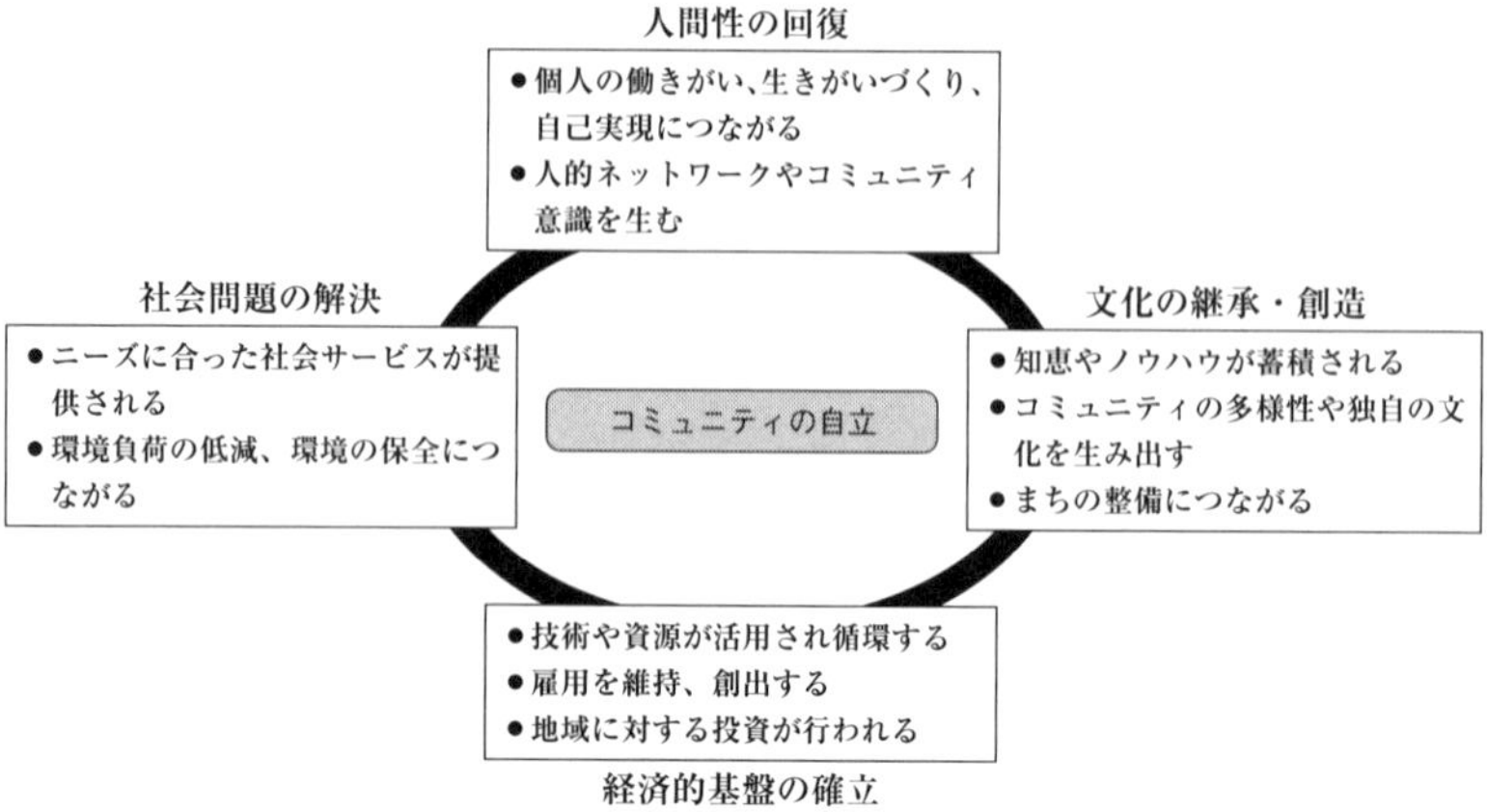
人間性の回復
●個人の働きがい、生きがいづくり、自己実現につながる
●人的ネットワークやコミュニティ意識を生む
社会問題の解決
●ニーズに合った社会サービスが提供される
●環境負荷の低減、環境の保全につながる
コミュニティの自立
文化の継承・創造
●知恵やノウハウが蓄積される
●コミュニティの多様性や独自の文化を生み出す
●まちの整備につながる
●技術や資源が活用され循環する
●雇用を維持、創出する
●地域に対する投資が行われる
経済的基盤の確立

出所：細内信孝『コミュニティ・ビジネス』中央大学出版部、1999年、56頁

拓をめざしているものもある。しかし最初から外部への市場開拓を求めて市場の論理だけを重視するのではなく、地域の課題を解決し、地域住民の参加を促して地域づくりに貢献しようとするビジネスもある。このようなビジネスを、ここではコミュニティ・ビジネス（CB）と呼ぶことにする。

CBとは、ただ単に地域住民が中心となって企業を起こしモノやサービスを提供することではない。細内信孝は、図2にあるように、CBが地域に与える効果として四つのことを期待する。すなわち第一に人間性の回復、第二に地域社会の問題解決、第三に文化の継承・創造、第四に経済基盤の確立、である。CBは一九八〇年代にサッチャー政権下の英国で注目された。大都市周辺や地方都市での高失業率やコミュニティの崩壊を背景に、地域住民らが自らの手で問題解決を図ろうとビジネスを立ち上げたのである。日本では一九九八年のいわゆるNPO法（特定非営利活動促進法）の成立以降、全国の都道府県で市民グループがNPO法人の申請をしはじめてから、行政の後押しもあり注目されるようになったようである。[7]

CBの活動分野について細内は、福祉、環境、情報、観光・交流、食品加工、まちづくり、商店街の活性化、伝統工芸、安全、金融の一〇分野を策定して啓蒙活動を展開しているが、[8]実際にCBにおいては、少子高齢化、福祉、環境、商店街振興、再就職支

図3　コミュニティ・ビジネスの位置づけ

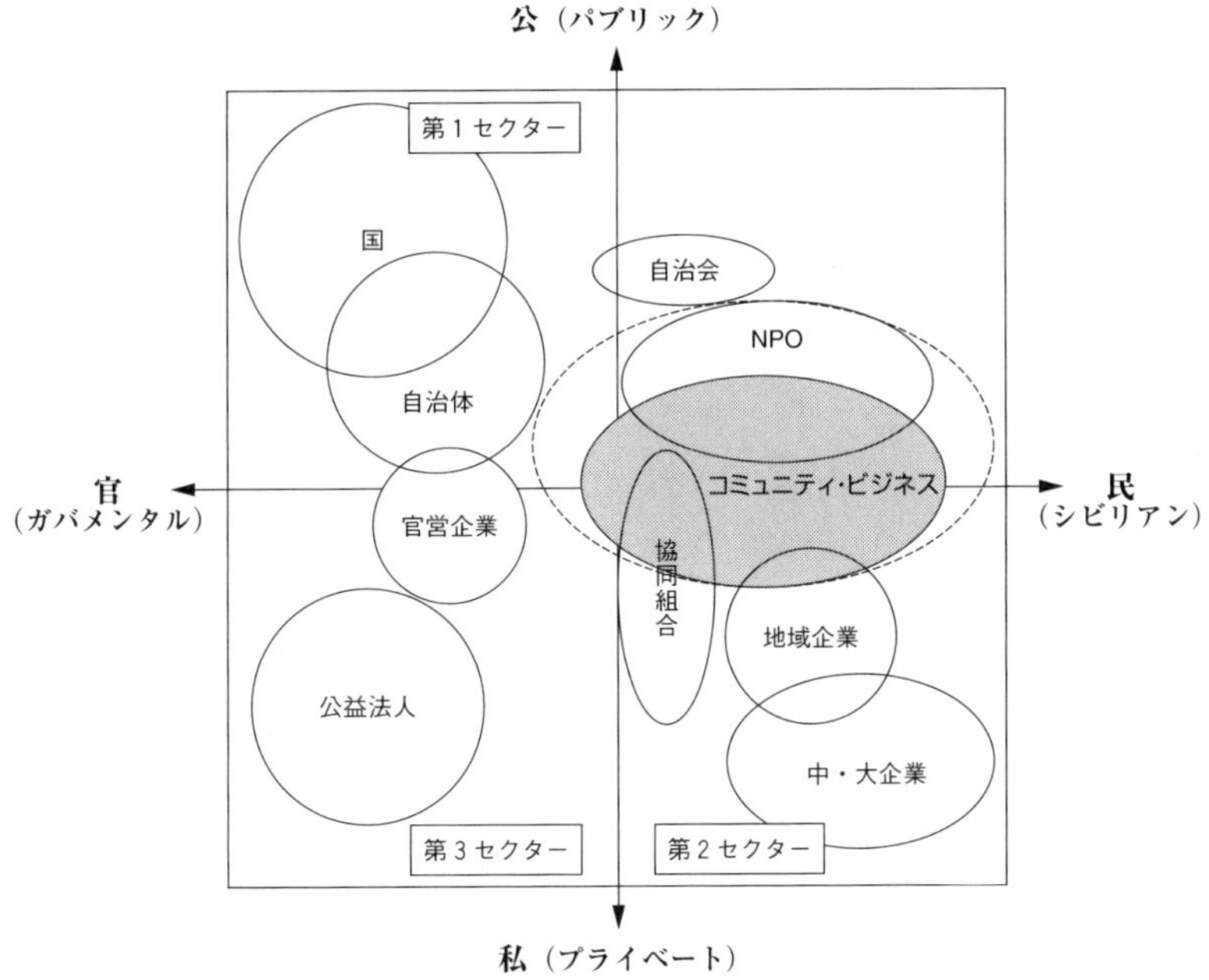

出所：藤江俊彦『コミュニティ・ビジネス戦略』第一法規出版、2002年、10頁

援など日本社会が抱える課題に対応した活動が多い。具体的には、例えば独居高齢者への給食サービス、託児サービス、空き商店街の再利用などで、自治体も助成金を出したり、起業のための講習会なども開催する。図3が示しているように、CBはNPO（非営利組織）とは違い、公益性と営利性の二つのセクターにまたがっている。地域住民が中心となって参加し、地域の課題を解決しながら利益も上げなければならない。しかし実際には、地域の課題やニーズをどのようにビジネスに結びつけるのかというノウハウを身につけた専門家が不足している。ビジネスを始めたが利益が出ず専任スタッフが雇えなかったり、助成金を受け取って始めたものの運転資金に消えてしまい後が続かなかった事例も多い。

前項の事例では、奇しくも農業婦人たちのビジネスが目立った。今のところ農産物を利用した「道の駅」での農業婦人のビジネスや介護・福祉の分野での活動が有利のようである。CBの成功の地域特性をみると、都市型CB

では介護・保育系、レストラン、空き店舗活用、ＩＴ系などサービス部門が成功し、郊外型ＣＢでは地域ブランド、農業をはじめとする一次産業ものづくりなど、生産部門と観光系が成功する傾向がある。(9)

3　内発的地域経済と開発教育

(1)学びの場としての地域

これまで「内発的地域経済」という視点からいくつかの地域ビジネスを紹介してきた。その中でも特に、コミュニティ・ビジネスには、地域社会の問題解決や地域文化の継承・創造などの明確な目的意識に基づいた、地域そのものの再生に貢献する活動が見られる。そして、地域の再生に住民が参加するためには、地域の課題や文化・資源についての「学びの場」が必要となる。本章の二つの事例とコラムは、「学びの場」をビジネスと結びつけたケースであるといえる。

森林からの間伐材などを学校や役所など公共建築物の建材として使用したり、道路の丸太ガードレールや公園のベンチなどに利用して、地域ならではの景観がつくられる。外材より高価かもしれないが、行政が地域の木材を積極的に取り入れることにより地域循環型で内発的な地域経済が実現できる。**事例1**は、林業に支えられた和歌山県南部の地域活性化がテーマとなっている。地元の人々は、森林という地域の資源／遺産を、林業という経済的活動や環境保全という意識改革、教育活動に役立てたいと考えた。しかし現実には、安価な外材の大量輸入、新建材の普及などにより林業そのものが構造的な低迷期に入っており、産業の衰退だけではなく森林の荒廃まで招いてしまっている。このような状況下で著者は、経済的な自立ができない木材生産としての林業ではなく、森林の多元的な価値に注目しようとする。そして生徒や地域の人々を対象とした「林業体験」のプログラム作成に取り組んでゆく。

地域において、食の安全や環境問題を訴えることはできてもそれをビジネスと結びつけることは難しい。だが**事**

例2は、東京・府中市に六年前にオープンした「カフェスロー」というコミュニティ・ビジネスを成功させている経営者が執筆したものである。このお店は「ナマケモノ倶楽部」という環境文化運動から生まれ、その運動の拠点の一つにもなっている。「ナマケモノ倶楽部」という名称は、会員がみな「怠け者」ということではなく、南米に生息するナマケモノが「地球に優しい生き方をしている実践者」であるという認識から、そのライフスタイルを目標としたことに由来している。そのキーワードは「スロー」にあるようだ。この倶楽部の設立者の一人である辻信一によると、「遅い」「ゆっくり」を意味するスローということばに、「エコロジカル（生態系に配慮した）」とか「サスティナブル（持続可能な）」といった意味をこめている。そして「スロー・エコノミー」「スロー・テクノロジー」「スロー・フード」などを連想させ、常識とは異なるオルタナティブな（もうひとつの）発想を引き出そうとしている。もうひとつの経済、もうひとつの技術、もうひとつの食生活などのあり方に向けての意識改革である。[10]

「カフェスロー」はビジネスであると同時に、学びと体験の場でもあるといえる。

コラムは、実際に英国のヨーク市を訪問し、フェアトレードの活動組織を訪ねて話を聞き、フェアトレード商品にも触れてきた体験に基づいて書かれている。フェアトレード（Fair Trade＝公正貿易）とは、途上国で生産された商品を公正な価格で輸入販売することにより、生産者の自立を支援する活動のことであり、不公正な貿易構造を変革する運動にもなっている。この運動は、英国のオックスファム（Oxfam）などのＮＧＯが一九六〇年代に、途上国で生産された商品を販売するようになったことに始まるといわれている。地産地消ができないコーヒー、カカオ、バナナ、サトウキビなどについては、公正な貿易で途上国の生産者の自立に協力しよう、というのがこれからの地域のライフスタイルになるのかもしれない。地域にいてもフェアトレード運動を通して南北問題や地球環境問題の実態を学び、それらの解決に向けて寄与することができるのである。

(2) 地域における開発教育

開発教育協会（ＤＥＡＲ）によれば、開発教育とは、「共に生きることができる公正な地球社会づくりに参加することをねらいとした教育活動」である。開発教育がこれまで重視してきた参加や行動については、国際的な援助・協力活動や生活様式の転換などが挙げられるが、自らの地域づくりや地域の再生への参加という視点は十分ではなかった[11]。しかし、これまで述べてきた多くの地域の事例や問題整理の中で、開発教育の視点からの地域づくりや地域再生のあり方が少しずつ浮かび上がってきたように思う。

まず第一に、開発教育の視点から考える地域とは、①住民が主体的に参加し、学ぶ場、②抵抗し創造する場、③「地域から世界へ」「世界から地域へ」という双方向への文化や価値の対話の場、であるということができる。第二に、開発教育の視点から考える地域づくり／地域再生への基本的姿勢は、①地域の課題に取り組み、参加型で共同性を実現する、②地域の文化・価値・資源・環境などを破壊することなく持続可能な地域をめざす、ということになる。

第三に、開発教育の視点から考える地域経済の再生への活動については、下記の四つにまとめることができるだろう。

一．内発的発展論に基づく「内発的地域経済」を実現するために、外発的発展に依存することなく地域内需要を重視して、地域外への市場開拓をはじめから求めないこと。
二．経済のグローバル化に対抗し地域の自立と生活の質を守ること。
三．地域の抱えている問題を解決し住民の要求に応えうるコミュニティ・ビジネスを創造し、同時に住民が参加できる地域循環型経済をめざすこと。
四．住民の生活と経済活動が一体となった共同性／協働性を作り出すこと。

そして、開発教育の視点から考える地域については、次の二つの思想がヒントになると思うので取り上げておきたい。ひとつは「身土不二《しんどふじ》」の思想である。「身土不二」とは、身体（身）と環境（土）は不可分（不二）であるとする思想であり、人間は居住する風土で育まれたものを食し、やがて土に返っていくという意味である。地元で採れる良いものを地元で食べようとする「地産地消」の運動は、一〇数年前に始まった農家の女性と高齢者による農産物直売所活動が発端といわれている。

もうひとつの思想は「コモンズ」である。経済のグローバル化と民営化などの動きの中で、長い間、民族や地域住民によって共有されてきた価値、活動、資源などの遺産が、開発され市場経済の波の中に放り出されることになった。こうした共有遺産はコモンズ（Commons）と呼ばれる。ヨーロッパでは、コモンズという概念は少なくとも一五〇〇年前にさかのぼる。それは、村落共同体のすべてのメンバーが共同使用する土地と資源を指していた。その中には、動物を放牧する牧草地、河川や湖沼から得られる水、そして人々が生活を支えるために使う野原や森が生産する物すべてが含まれていた(12)。このようにコモンズは、私たちの生活にとって、国家の枠組みや市場経済よりはるかに基本的なものといえよう。こうした理念は、地域の視点から開発教育を考える場合の基本的視座となるだろう。

おわりに

開発教育には常に「学び」と「行動」という側面がある。私たちは南北問題や環境問題をグローバルな観点から学ぶと同時に、地域の視点からグローバル化の大波を観測している。地域の視点がしっかりと確立していればいるほど、「行動」が起こしやすく、やがてその「行動」は「運動」となる。地域の視点でものを考えると、そこには必ず「抵抗と創造」という「行動」がはじまる。「外発的地域経済」やグローバリゼーションへの抵抗は、運動として展開されるようになる。

一九八六年にイタリア北部・トリノ近郊の小さな村ブラ（Bra）でジャーナリストらによってスローフード運動がはじめられたきっかけは、ローマのスペイン広場に米国資本のハンバーガーチェーンが開店したことであった。効率を追求する「ファストフード」に対抗し、伝統的で安全な食材や食文化を守ろうとするスローフード運動は、スローフード協会の設立とともに世界に広がり、現在、日本を含む世界一〇四カ国に約八万人の会員がいるという。

昼食時間を長く取るイタリア人にとってはスローフードが当然のことかもしれないし、アメリカ化やグローバル化を簡単に受け入れない風土があるのかもしれない。そういえば筆者が二〇〇六年に北イタリアの諸都市を訪問した時、各都市に米国系ハンバーガー店がひとつはあったと記憶しているが、お客はほとんど外国人観光客だった。またコンビニがひとつもなかったことが印象的であった。スローフード運動は世界に広がったが、その活動は地域に根ざしている。スローフード運動は「抵抗と創造」のよい事例かもしれない。

開発教育はこれまで、グローバルな視点の中から地域を考えてきたが、これからは地域の視点からも学び、観測し、行動しなければならないだろう。そして、地域社会のあり方や行動する際の理念も明確にしなくてはならないだろう。これからの開発教育は「地域づくりに参加することをねらいとした教育活動」という視点が加わることになるであろう。地域の問題を主体的に学び、課題に取り組み、外発的なものに抵抗し、独自の文化・価値・資源・環境を大切にし、住民の生活と経済が一体となった共同性／協働性を作り出すこと、などを理念として、私たちは「学び」と「行動」の場と機会を見つけ出さなくてはならない。これが、地域を視点としたこれからの開発教育のあり方であると思う。

英語のlocalは、「現場」、「生活の場」を意味するラテン語を語源としたことばである。私たちは生活の場／地域と世界が隣り合わせの時代に生きている。今、私たちに与えられた課題は、地域の文化や価値、食と農、資源や環境、そして経済の再生を考えながら、地産地消、スローフード、フェアトレードなどの運動を束ねる方法を見つけ出すことかもしれない。

●注

（1）*Globalization, Growth, and Poverty: Building an Inclusive World Economy*, The International Bank for Reconstruction and Development/The World Bank, Springer, 2002. 世界銀行編／新井敬夫訳『グローバリゼーションと経済開発——世界銀行による政策研

究レポート』シュプリンガー・フェアラーク東京、二〇〇四年、一一八頁。
（2）筑紫哲也『スローライフ――緩急自在のすすめ』岩波文庫、二〇〇六年、一九頁。
（3）玉野井芳郎「地域主義と自治体『憲法』――沖縄からの問題提起」（『世界』一九七九年一一月号、一六六頁）。
（4）宮本憲一『現代の都市と農村』日本放送出版協会、一九八二年、二四三―二四四頁。守友裕一『内発的発展の道――まちづくり、むらづくりの論理と展望』農山漁村文化協会、一九九一年、六三頁。
（5）地域通貨（Local Currency）は、補完通貨（Complementary Currency）のひとつである。ふつう通貨は中央銀行が発行し国単位で使われるが、補完通貨は市民の手で作り出すことができ、町内会程度の規模から世界規模まで目的に合わせて流通範囲を決めることができる。そのうち地域規模で利用されるものを地域通貨と呼んでいる。必然的に貧富格差を生む公式通貨のオルタナティブとして、また地産地消や共生経済の有力な手段として近年注目を浴びている。日本の各地域にもすでに数百の事例が見られる。英国やカナダで使われているLETS（Local Exchange Trading System）は世界で最も知られている。その他ドイツのREGIO、フランスのSEL、アルゼンチンのRGT、米国のイサカアワーなどが著名である。
（6）いわゆる地域ブランドとして、二〇〇六年四月一〇日までに「喜多方ラーメン」「魚沼産コシヒカリ」「長崎カステラ」など三二四件が出願された。そして一〇月に特許庁は登録第一弾として、「高崎だるま」「小田原かまぼこ」「下呂温泉」「長崎カステラ」など五二件を認定した。その後新しく出願されたものを見ても、地域ブランドの多くがすでに地元では産業として定着しているものである。
（7）細内氏によると、日本では一九九四年に彼がはじめて和製英語として「コミュニティ・ビジネス」という言葉を使ったそうであるが、英国での起源は、スコットランドの北西沖諸島ウェスタン・アイルズ地区で結成された「コミュニティ協同組合（Community Cooperative）」にある。この地区には人口減少に悩む農漁村が点在しており、仕事がないことだけではなくコミュニティに必要な商店や郵便局など基本的なサービスが不足していることが課題であった。そこで行政が地域住民を会員として、地域に必要なサービスを供給し雇用を創出する協同組合のプログラムを実施し、地域事業を起こしていった。また、スコットランドのCB運動を推進しているのは一九八一年設立の会社組織「コミュニティ・ビジネス・スコットランド（Community Business Scotland）」で、主な事業内容は①CBに関するセミナーやワークショップの開催、②CBへの資金貸し付け、③全国CBのネットワーク活動、などである。細内信孝『コミュニティ・ビジネス』中央大学出版部、一九九九年、七六―七八頁を参照。なお、米国でも同じ時期に、CBと同じような活動が起こり、「マイクロ・ビジネス」あるいは

「コミュニティ・ベンチャー」などと呼ばれた。したがってCB運動は、ほぼ同じ時期に各国ではじまり、偶然にも日本と英国が同じ名称となったようである。

（8）細内、前掲書、一九頁。

（9）コミュニティビジネスサポートセンター『入門　コミュニティビジネスの成功法則』PHP研究所、二〇〇六年、一七頁。

（10）辻信一『スロー・イズ・ビューティフル：遅さとしての文化』平凡社、二〇〇一年、九一一〇頁。

（11）山西優二「地域から描くこれからの開発教育」（『開発教育』第五〇号、開発教育協会、二〇〇四年八月、二一三頁）。

（12）John Cavanagh & Jerry Mander (ed.), *Alternatives to Economic Globalization : A Better World Is Possible*, A Report of the International Forum on Globalization, 2004.　ジョン・カバナ、ジェリー・マンダー編／翻訳グループ「虹」訳『ポストグローバル社会の可能性』緑風出版、二〇〇六年、二〇〇頁。

事例1

紀の国における林業の再生と持続可能な地域づくり

和歌山県熊野川町の林業体験プログラムの試み

大澤　健
熊野森林学習推進協会事務局長
和歌山大学経済学部教員

はじめに

「紀の国」とは「木の国」の意味であり、和歌山県、特に南部の熊野地方は古くからの林業地帯として知られている。私が事務局長を務める熊野森林学習推進協会は、熊野に位置する熊野川町（現新宮市）において、地元の森林組合と共同で林業体験プログラムの作成・実施を行っている。

本協会のプログラムの特徴は「本物の林業のやり方」を忠実になぞった体験になっている点と、学習体験旅行という「売れる商品」づくりを意識して開発しているという二点にある。この二つの特徴は、本プログラムが山林地帯の「新しい持続可能性」の再構築を強く意識していることによる。

私の研究テーマは和歌山県内の地域活性化である。和歌山県南部の地域経済および地域生活は林業に支えられてきた。木材生産産業としての林業の苦境は改めて述べるまでもない。この地域の中心産業である林業をいかにして再生するのかを考える過程で、林業は文字通りの地域産業として、地域の経済、生活、文化の中心として成り立っていることを強く認識することになった。

林業は確かに木材生産産業なのであるが、単に「経済」的な意味だけではなく、地域の「環境」や「地域社会」との密接な関係の上に成立する産業である。林業が盛んに行われてきた地域の森林は人間の手が入ることによって維持されている。このため、林業経営と森林の保全は表裏一体の関係にある。つまり、木が売れるから人は森を作ってきたのであり、「経済」は「環境」と一体化している。そうした人間の営みと自然との結節点に山村の生活があり、独自の生活文化が育まれてきた。林業は人間と自然との関わりの最前線にある産業なのであり、「経済」「環境」「地域社会」を結びつけ、地域全体の持続可能性成り立たせている産業なのである。それゆえ、林業それ自体が地域の「持続可能性」を体現しているのであり、そのあり方から「持続可能性」の意味を具体的に理解することができるという特性を持っている（持っていた）。

しかし、戦後の一時的な活況の後、外材の輸入解禁、新建材の普及といった状況の中で、林業は構造的な低迷期に入っている。上のような特性から、林業の不振は単に一産業の衰退を意味するものではない。それは、日本の森林の荒廃を意味し、さらには山林と結びつくことで成立してきた山間地域の生活文化の消滅にもつながることになる。

こうした現状を打開するための方策は様々に考えられるだろう。森林の公的な価値が認められている中では、公的資金の投入も視野に入れる必要があるかもしれない。しかし、その前に林業それ自体の経済性の回復が図られなければならない。というのも、林業は地域社会の中で「持続可能性」を体現してきた産業であり、まずそれを新しい形で再生することが真の意味での林業の再生となるからである。

ただし、かつての木材生産としての林業では経済的な自立性を確保できず、地域の持続可能性の再構築は極めて難しい。そこで、森林の多元的な価値が近年注目されているのだから、それを活用した回復のあり方が模索される必要がある。つまり、そうした価値を具体的な「商品」として開発して経済的な効果と結びつける方法である。

このような問題意識から、林業それ自体がもっている「持続可能性」についての貴重なメッセージを学習素材へと加工し、「林業体験プログラム」として提供することに取り組むことになった。林業体験や森林体験は近年全国的に行われており、そのやり方も目的も多様である。本協会のプログラムは、「林業そのものを体験素材にする」という点と、「確実に売れる商品を作る」という点を明確に意識している点に特徴がある。前者には、林業それ自体がもつ「持続可能な社会」へのメッセージを活かすという意味がある。後者は、「売れる商品」を開発して林業の経済的な持続性を回復させようという意図を持っている。つまり、こうした「林業体験プログラム」という商品の開発によって、地域産業としての林業の「持続可能性」を新しい形で再生させようという試みなのである。

1 林業体験プログラムの内容

(1)林業体験の中心的構成要素――「間伐」について

先に述べたように、当地での林業体験プログラムは実際の林業の仕方に従って行われる。その中でも「間伐体験」が体験の中心的な構成要素になっている。

林業の目的は木材の生産にあるので、間伐のような手入れは木材として価値のある木を育てることを目的としている。程良く年輪が入り、断面が真円に近く、色が良く、ふしのない木などが良い木材の条件となる。また、根元と先端の太さが同じに近いと製材する上では都合がよい。

林業体験プログラムを行う中学生。

こうした木が多くある森林を育てることが林業の重要な技術である。そのために林業では通常苗木を「密植」（一定面積に多くの苗木を植えること）する。光を求めて互いに競争させることで、早く、真っ直ぐに木を育てることができる。ただし、木の成長にともなって森林が混んでくると木が太らなくなる。そこで、通常は一〇年ほどの期間をおいて木を間引く必要がある。これが「間伐」である。間伐によって木は太くなり、森林の健全さも維持することができる。

ただし、単純に一定の間隔で一定の本数を間引けばよいわけではない。ここに間伐の難しさがある。木は生き物なので、樹種によっても個々の木によっても育ち方が違う。また、地形や土壌、気象条件などによっても育ち方は大きく異なる。どの木を、どれくらいの本数伐るかによって、その後の木の成長も、森の様子も変わってくる。

現在は最終的な木材を育てるのに七〇年から一〇〇年かかるので、この段階に至るまでにどのような木を育てたいかを考えながら、ねらった通りの木を育てていくのには高度な技術が必要とされる。林業者が「間伐に卒業はない」と言うとおり、間伐には林業の意義と技術と面白さが集約されている。

(2) 間伐作業の実際

林業体験プログラムでは、この間伐作業を体験してもらう際、先に述べた林業の意義や興味深さを実感してもらうために、なるべく林業そのままのやり方で体験してもらうように構成されている。

まず、二〇メートル×二五メートル（＝五〇〇平方メートル＝二〇分の一ヘクタール）の「標準地」を測量して、そこにある立木の本数を数える。次に樹齢と樹高をはかって、ねらった木材を育てるために適正な本数を割り出す。柱材にするのか、板材にするのかによって適正本数は異なるのだが、それぞれの適正本数を計算する表があり、参加者は電卓を使いながら、何本の木を伐採すべきかを計算する。

次に、どの木を伐るかを選ぶ。木材としての値打ちが低い木（になると考えられる木）をまず選ぶことになるが、周辺の木との相互影響で木の育ち方が変わるので、伐採後の空間の出来方と今後の木の成長をイメージしなければならない。例えば、木材として利用価値が低くても、他の木の成長に必要であれば残すことがある。逆に、非常に成長の早い木であっても他の木に悪影響を及ぼす場合には伐採する。

プログラムの参加者は間伐作業をすることで、木と森林の多様さと複雑さの中で営まれる林業の奥深さを実感しつつ、山の変化を想像・創造しながら林業を体験することになる。自然の仕組みを知りながら、「自然を作る」作業に参加することに、このプログラムの意義がある。

こうした林業体験プログラムは参加者から非常に好評である。正直に言えば、筆者の想像以上である。次項で述べるような学習上の工夫の成果とも言えるが、樹高二〇メートル、直径三〇センチほどの木を切り倒すときの迫力は文句なしに感動を呼ぶ。これは体験した人にしか分からないものであるが、体験した人は必ず何らかの満足を持って帰るようである。

間伐に先立って測量を行う中学生。

(3)林業体験プログラムの成り立ちと学習プログラムとしての再構成

林業を体験学習プログラムとして再構成するにあたって、学習のねらいを明確化し、その教育効果を高めることを意図した。体験学習としてこれは当然のことであると言えるが、教育効果を高めることで参加者がきちんと納得して料金を払ってくれるプログラムにしたいという点に本当の意図がある。要は「売れる」プログラム作りをしたいと考えて加工を行っている。この意図については後に述べることにして、この目的のために以下のような特徴をもった「体験学習」の内容になっている。

①総合学習に対応できる内容にする。　「主体性を引き出す教育」を意識して、そのための多くの仕組みを組み込んでいる。「問題がどこにあるのか考える→それを自分の問題として考える→その解決に主体的に関わっていく」という学習のサイクルによって、環境や社会の問題について主体的に考える姿勢を引き出すことを意図している。

また、働く現場を体験し、「自分の生き方、あり方」を学ぶこともこのプログラムの大きな意味である。プログラムのインストラクターはみな実際に山村に暮らし、林業に従事している人である。環境保護活動の関係者ではなく、実際の林業者をインストラクターやスタッフとすることがこのプログラムの大きな特徴である。森林を守り森林とともに暮らす人たちにふれることによって、参加者が自らのあり方や生き方を考えるための機会を提供することになる。

学習後のアンケートから、体験参加者が最も強い印象を受けるのはインストラクターの人柄や生き方であることが分かった。この面での効果はこちらの期待以上のものである。山を守る人々の実際の仕事とプライドや生き方に触れることは、生徒自身が自分のあり方を考える機会になるようだ。

②「感じる」ことを重視した構成。　「五感で感じる森林・林業」は最も重視している点である。そのために、「表現教育」の手法を取り入れ、森林・林業体験を「五感」で体験する工夫を盛り込んでいる。実際の木を使った様々な学習ツールを使用し、「見る（観る、視る）」「触れる」「木の香りを感じる」「森の音を聴く」といった体験を通じて生徒の「感性」を刺激していく内容になっている。

林業体験をする場合には、「知識」としてではなく「実感」として森林や林業を感じて欲しいと考えている。人は知識として獲得するものよりもはるかに多くのものを「感じる」ことができる。実際に熊野の森で林業を体験するプログラムなので、この点を特に重視している。

2　持続可能な社会に向けた取り組み

冒頭で述べたように、本プログラムは持続可能な社会づくりへの模索と提案を念頭に置いて作られている。これまで述べてきたプログラムの特徴も、すべてこの点に立脚している。つまり、「地域」を支える三つの持続性――山村の環境的な持続性、山村の経済的な持続性、林業やそれを中心に構成される山村生活文化の持続性――がこのプログラムの主要なテーマになっている。

本プログラムの二つの特徴のうち、林業そのものが体現している「持続可能な社会」についてのメッセージを伝える、という点について述べていきたい。

林業は自然の中で営まれ、そこに経済と生活を育むという点で「環境」という問題を理解する上で非常に優れた素材である。環境問題とは単に自然について学ぶことではなく、人間と自然との「関係」を考えることだと筆者は捉えている。林業は自然と人間が直接向き合う場で成り立つものであり、本協会のプログラムの核もこの両者の関係にある。林業を通じて人間と自然との「関係」をきちんと伝え、考えてもらうことで、独自の学習内容を作りだすことができるし、その質を高めることができる。

林業は言うまでもなく自然の中で営まれる産業であるが、「業」である以上、経済性を重視することで成り立つ。その意味で、素朴な自然保護とは違う。林業は緻密な計算と技術を用いる経済活動なのである。自然に生えている木をそのまま伐採する林業の場合、人間に都合の良い木を効率的に手に入れることはできないし、森林自体もいずれ破壊される。それゆえ、伐採主体の林業では山村の生活は成り立ちにくい。このような伐採林業とは異なって、「育成林業」というのは人間に有用な木を意図的・効率的に生み出すために森林を創造し、再生することで営まれてきた産業である。優れた木材を作りだすために、人間が自然を生みだし、多くの手を入れる。こうした自然と経済性のバランスの上に林業が成り立つのであり、こうした産業の存在によって山村の生活と文化が成立する。

しかし、その経済性の追求は木の成長速度や森林環境という絶対的な自然の制限のもとで行われる。いくら早く木を成長させたいと思ってもそれは不可能であるから、長い年月を待たなければならない。また、森の地形や個々の木の多様な関係性の中で、森の環境は姿を変えて行くのであり、ねらったとおりの木に育ってくれる場合ばかりでもない。自然は人間の意図を越えるほど多様であり、絶対的な存在なのである。

それゆえ、自然を無視して人間に都合の良い経済性を優先することはできない。林業は、人間の生活に役立つ木を効率的に育てるという経済効率性を追求しながらも、森林や木という自然と折り合いを付けながら、共存することなしには成立できない。自然環境の持続性と経済・生活の持続性との接点に林業は位置しているのである。

こうした人の生活と自然との関係性を参加者に適切に伝えるために、体験プログラムでは林業者の言葉の中から印象的で象徴的な言葉を取りだして、それを手がかりに具体的なイメージを作っていくことを心がけている。以下、そうした言葉を紹介したい。

●「木材は人間が自ら創り出せる唯一の資源である」　木は自然そのものであり、自然の賜《たまもの》であるが、そうであればこそ人間の生活に様々に役立つ「資源」として活用されてきた。古くから人間は木を用いることで様々なものを生みだし、それはひとつの生活文化となっている。資源としての木を効率的に再生産しようと思えば、森は人工的な森林にならざるを得ない。人間は自然に手を入れて改変することで、人間の生活に役立つものを生みだしてきた。育成林業は資源生産産業であり、この成果としてわれわれは多くの木を生活に使うことができる。

●「経済的に価値の高い山は、環境的にも価値が高い」　林業は資源を消費するのではなく、資源を創造する産業であるという特徴をもつ。この資源の創造が「森林の創造」であり、「自然の創造」でもある。良い木を作ろうと思えば、良い森林を作らなければならない。このことは、良い木材とは元気な木であることを考えれば容易に理解できると思う。そして、元気な木が多い山は環境的な機能も高い。人工の針葉樹林は環境に悪いと思われているが、そうではない。CO_2（二酸化炭素）の固定など、むしろ針葉樹林の方が優れている部分も多い。資源を作りながらより良い自然環境を作るというのが、林業の大きな存在意義である。

●「木を育てるために木を伐らなければならない」　これが先に詳述した「間伐」であるが、この逆説的な命題にこそ林業の核心がある。現地の林業者は「創造的破壊」という言葉でこれを表現している。

「森林を守ること＝木を伐らないこと」というのは一般的に理解しやすいメッセージだと思われる。林業体験の参加者にも、木を伐ることに罪悪感を感じる人がかなりいる。実際に、熱帯雨林などではこのようなことが当てはまるかもしれない。

しかし、森林を経済活動の場として理解するならば、木を伐ることによって森を育てて行かなければならない。それが森林を守ることにつながっている。間伐に関するこの命題に、自然と経済とのバランスという林業の持つ特性が集約されている。

●「森林を守ることは、森林を守っている人々の生活を守ることである」　右のことと関連して、森林を守ることは、その経済的な機能の持続性と同義であることを理解しなければならない。「どうすれば日本の森林は守れるのか」、という問いへの最も明快な回答は「木が売れること」である。売れて経済性を維持できる森林はよく手入れがなされる。先に述べたように、良い木材を育てるためには良い森林を作らなければならないのであって、木がよく売れれば良い森林が育てられる。

そして、木とともに暮らす山村の生活文化も、このような意味での経済的な持続性によって支えられる。山で生活ができなくなれば、町に出なければならない。山を離れれば、山という資源に立脚した生活スタイルは維持することができない。多くの知識と多様な生活が失われることになる。林業は、森林という自然の持続性、経済的な持続性、山村生活文化の持続性の上に成り立っているのである。

3　林業体験プログラムの意義――新しい持続可能性を求めて

さて、前節の最後に「森林を守ることは、森林を守っている人々の生活を守ることである」という言葉をあげた。これが本プログラムのもうひとつの特徴である「売れる」学習プログラムの提供という点につながっている。この意図するところは、林業それ自体の経済性の回復にある。

林業がかつての経済性を維持できなくなったことによって、日本の森林が荒廃し、山村社会が衰退していっている。こうした現状に対しては、もちろん様々な対策が取られている。森林の多様な環境的機能を強調することで森林の「公的役割」を示し、これによって補助金、交付金を森林に充てようとする動きも見られる。また、各地で盛んに行われている森林ボランティアなども、方法の一つだろう。このような考えや施策の重要性は否定できない。しかし、森林保全や過疎地対策を個別に切り離して取り上げ、個々にその対策を考えることには大きな疑問を感じざるをえない。というのも、林業が本来もっていた持続可能性というのは、自然環境と産業と地域社会という三要素の相互のつながりによって成り立っていたからである。このつながりの核になっているのは、森林という自然を生み出すことで生活が成り立つという林業の存在であり、その経済的な自立性である。

これが維持できないことが最大の問題であることは繰り返し述べてきた。プログラムの中で○×クイズとして「日本の森林面積は減っている」「日本にある木の量は減っている」という問題を参加者に出している。これらはいずれも×が正解である。高度成長期から数十年を経て、国内の森林にはやっと利用できる木材が蓄積されている。しかし、外材に押されて国産材の売れ行きはあまり良くない。つまり、海外の森林破壊について責められ、多くの外材を輸入しながら、国産材が売れないために日本の森林が放置されるという「二重の森林破壊」がもたらされる結果になっている。

本来林業は自然の中で資源を再生産することによって経済性を獲得していた。このことに立脚すれば、林業それ自体の経済性を回復する試みを新しい形で提起する必要がある。それこそが真の持続可能性の創造といえるだろう。森林の環境的な機能や多元的な価値を強調するのであれば、それをお金に換えることを考える必要があると筆者は考えている。そこで、「売れる」ことで経済効果を発生させられるようなプログラムを作ることが非常に重要な意味を持っている。森林には多様で大いなる価値があるし、林業は「持続可能な社会」というものを具体的な形で私たちに提示してくれる産業である。こうした価値をきちんと社会に伝えるならば、現代社会への貴重なメッセージと豊富な学習内容によって十分にお金を払うに値する体験学習プログラムになると思われる。そうすることで林業の経済的な持続性に一定の貢献をすることができる。林業体験を優れた学習プログラムに構成し、教育効果と満足度を充実させる意図はそこにある。

おわりに

現段階では、こうした経済効果はささやかなものである。年に一〇回程度大きな団体に参加してもらわなければ、一人分の給与を払うこともできない。林業者にとっては貴重な副収入になるかもしれないが、あくまでも副収入にすぎない。しかし、こうした努力を続けること自体が、社会に何らかのメッセージを伝えることになると筆者は信じている。「持続可能な社会」の実現とは、環境と経済と社会とをそれぞれ個別に維持して、バランスさせることではない。これら相互の結びつきを再認識し、その循環性を回復させる試みであると考えている。このプログラムを通じて、そして、プログラムを提供する試みを通じてそうしたメッセージが届けられればと望んでいる。

事例2

スロービジネスと地域通貨
カフェスローの試み

吉岡　淳
（有）カフェスロー代表

はじめに

二〇〇一年五月、環境共生型ビジネスの一つのモデルとして、東京・府中市に「カフェスロー」がオープンした。これは、環境文化運動[1]「ナマケモノ倶楽部」の活動拠点として、また多摩という地域におけるコミュニティカフェ[2]としての役割を併せ持って設立されたオーガニックカフェ[3]である。カフェスローの目的は単に営利の追求ではない。だからといってNPOなどが行う公益活動に限定されたものでもない。ビジネスの形態をとりながらも、本来NPOが目指している社会的役割を実現しようとする試みである。

まず、元々ユネスコ（国連教育科学文化機関）の活動に携わっていた筆者がなぜカフェスローの経営に転職することになったか、その経緯から述べてみたい。

大学時代のクラブ活動が縁で、私は「民間ユネスコ運動[4]」の世界に三〇年間携わってきた。私は俗に言う「七〇年安保世代」であり、同時に「団塊世代」でもある。高度経済成長の波とともに、戦後民主主義にどっぷりつかってきた世代である。市場経済の原理に無批判に乗らず、社会や世界を通して「平和の構築」に貢献するユネスコの仕事に情熱をもって取り組んできたと自負している。

ユネスコは、教育・科学・文化・マスコミュニケーションを通して世界の平和と人類の福祉に貢献することを目的に、一九四五年に設立された国連の専門機関のひとつである（本部パリ）。ユネスコ憲章には、その目的実現のためには各国政府だけではなく民間組織の役割が大事だと謳われており、早くからＮＧＯなど民間の市民社会組織との連携を重要視してきた。

私は、ユネスコの民間組織である日本ユネスコ協会連盟の事務局で働いてきた。国内はもとより世界各国のユネスコ関係団体との仕事でさまざまなところを行き来してきた。そして退職前の七年間は事務局長として管理職の仕事に忙殺されてきた。

その私に転機が訪れたのは一九九五年のユネスコ創設五〇周年のときである。ユネスコは五〇周年を機に、「平和の文化」という構想を打ち出した。国家間の平和に尽力してきたユネスコが、「地域の中で平和を育む文化を構築し、その地域と地域がつながって世界にひろがっていくことが恒久的平和を実現するために重要である」と訴えた。平和へのアプローチの新展開である。そのとき私自身は、自分が暮らしている地域社会とほとんど関係を持っていない自らのあり方に不安を抱いていた。「自分は地域のことを何も知らない。根無し草でいいのか」と。そう考えて自分が暮らす東京・府中市に関心を向けるようになり、地域の中のさまざまな課題に取り組む市民運動に参加している人々との関わりが始まった。やがて、定年までユネスコの仕事をするのはやめて、ユネスコで目指してきた世界の平和を地域から構築しなおそうと強く意識し始めた。それを機に毎年地域活動の集大成として開かれる「府中平和まつり」に積極的に関わるようになった。二〇〇〇年には、はからずも市民団体からの推薦で府中市長選の候補者になりユネスコ協会連盟を退職する。結果は落選だったが、むしろそのおかげで「平和の文化」を地域の中で構築する活動を「スロービジネス」を通して実践できることになった。

以下では、カフェスローの誕生から今日にいたる活動の軌跡を明らかにすることによって、私たちがここで目指している環境共生型ビジネスとしての「スロービジネス」が何をめざし、どのような役割を担っていこうとしているかを紹介したい。

1　それは「ナマケモノ倶楽部」という環境文化運動から生まれた

カフェスローをナマケモノ倶楽部の運動拠点として、なぜ、何のために立ち上げたのかを理解してもらうために、ナマケモノ倶楽部そのものの目的から言及していきたい。

ナマケモノ倶楽部は、文化人類学者の辻信一、フェアトレードによる有機無農薬コーヒーなどの自然食品輸入販売業を営む中村隆一、それにオーストラリア人のディープ・エコロジスト[5]にしてシンガーソングライターのアンニャ・ライトの三人が中心になって、一九九九年七月に設立された。活動分野は異なるが、三人はそれぞれの具体的実践を通して、世界の環境破壊の現状に対する強い危機感と、何とかしてその破壊を食い止めたいという信念を共有していた。そしてエクアドルに住むアンニャからの「ナマケモノが食用として売られている、何とかしなければ…」というSOSメールを契機に三人は意気投合し、「ナマケモノ倶楽部」を立ち上げることになる。いわく、ナマケモノはけっして怠け者ではなく、エネルギーの消費を抑えて生活している、つまり地球に優しい生き方をしている実践者であること、運動の担い手自身がナマケモノになることが地球の環境をよくすることにつながることを認識し、義務感や悲壮感ではなく、面白半分に愉しくやっていく運動スタイルを掲げた。

また、これまでの環境運動においては、目指す方向性とその運動を担う人々のライフスタイルが必ずしも一致していなかったことに留意し、まず運動を担っている一人ひとりが自らのライフスタイルにおいてなるべく環境に負荷を与えない生き方を選択し、それを文化として定着させる「環境文化運動」にまで深めていくことに重点をおいた。さらには倶楽部として環境共生型ビジネスの支援や会員自らがそのようなビジネスを起業することを積極的に物心両面で支援することを通して、フェアトレードなどの「スロービジネス」を広げていくことも運動の目的に加えた。

このようにユニークな目標を掲げてスタートしたナマケモノ倶楽部が注目を集めるようになったきっかけが、

「カフェスロー」の誕生である。辻、中村両氏は、種々雑多な人々が集う場であるカフェは、運動というスタイルに関心を持たない人々にも「地球に負荷をかけないライフスタイル」について理解してもらえる格好のビジネスモデルではないかと構想していた。一方で長らく民間ユネスコ運動に関わってきた私は、退職後、地域の中に「平和の文化」を構築していく場としての「カフェ」の経営を考えていた。辻氏とは友人関係にあり、ナマケモノ倶楽部の設立メンバーの一人でもあった私は、二人と意見が一致し、コミュニティカフェの機能も併せ持つカフェにすることを条件に経営者になることを引き受けた。私のねらいはカフェを都心ではなく、私が暮らしている地域の中で実現することにあった。さまざまなしがらみや利害関係も含めて地に足をつけてやっていきたいと考えたのである。もし都心に開店していれば今とはまったく異なり、狭いスペースの店になっていたかもしれない。幸い格安で建坪五〇坪・三階建ての倉庫が見つかり、学生や主婦の協力も得て、わずか三か月でほとんど手作りの「カフェスロー」をオープンさせることができた。

2 カフェスローのコンセプト

こうして生まれたカフェスローのコンセプトは下記の通りである。

①店内は自然素材を用いた内装を中心とし、非日常的な空間を演出する「スローデザイン」であること。

②有機無農薬コーヒーの普及を通じて、「南」の生産者の持続可能な地域づくりと日本の消費者の健康な食生活に寄与する「オーガニックカフェ」をめざすこと。

③環境を破壊し貧富の格差を拡大するグローバル化のかわりに、生産者と消費者、都市と農村、「南」と「北」、今の世代と未来の世代、人と他の生物たちとの間のより公正な関係を目指す「フェアトレード・ショップ」であること。

④安全で新鮮な地域の食材やリサイクルの思想を取り入れた手作りのおいしい料理をゆっくりと楽しんでもらえる

「スローフード」[6]をめざすこと。

⑤より公正でいきいきとした地域経済圏をつくり出す地域通貨（本章総論注5参照）すなわち「スローマネー」が使える店であること。

⑥環境問題、「南北」問題をはじめとするさまざまな問題に関する情報交換の場、そして音楽・映像などの表現活動の場となることをめざす「インフォカフェ」であること。

⑦切迫する環境危機とは、他ならぬ私たち自身の文化の危機であり、ライフスタイルの破綻であると捉え、自然と人との、人と人との、よりスローでエコロジカルな関係に基づく心豊かな生活文化、すなわち「ナマケモノ的ライフスタイル」を提案する場でもあること。

毎月カフェスローの中庭で開催されている「アースデイ・マーケット in カフェスロー」。多様な地域通貨も使える。

これらのコンセプトのねらいは、これまでの大量生産・大量消費・大量廃棄といった二〇世紀型価値観によって断ち切られてきた「人と自然」「人と社会」「人と人」の関係性に人々が気づき、それをつなぎなおすことにある。その行為を私たちは「スロー」と定義づけている。単にゆっくり生きるというだけではなく、もう一度暮らしの中から、環境共生的な在り方を取り戻す生き方を一人ひとりが実践していくことの大切さを、「カフェ」という場に集う人々に伝えていくことをめざしている。

3　愉しんで、なおかつ持続していくことの大切さ

既存のビジネスとは異なるカフェスローの「スロービジネス」は、そのユニークなアイディアや提案がマスメディアに取り上げられ、多くの人々の関心を呼び、若者を中心にまたたく間に広がりをみせた。その結果、広告費

をほとんど使わず比較的短期間に、集客と売上の増加を実現した。

一例を紹介する。カフェスローが提案する、ライフスタイルの変革を促す文化運動としての「ズーニー運動」は、愉しみながら続けられる新しい生活と運動のスタイルとして、多くの人々の共感を得ている。「ズーニー」という言葉は、外国語ではなく日本語の造語で、「何々せずに、何々する」という場合の「ずに」を今風にもじったものである。例えば、「自動販売機でペットボトル飲料を買わずに、水筒を持ち歩く」「割り箸を使わずに、自分のお箸を持ち歩いて使う」など、一人でも、誰にでもできる古くて新しいオルタナティブな運動なのである。水筒や箸などの「ズーニーグッズ」は、商品を売ることよりも、商品誕生にまつわる物語を語ることによって販売が促進されるものである。そしてさまざまな「ズーニーグッズ」が一種のファッションにまで昇華されることによってますます普及し、その結果、環境に負荷をかけないライフスタイルが実践されていくことにつながっていく。

もうひとつの例を挙げよう。開店から今日までの約六年間に、カフェスローには多様な人々から時代へのメッセージが届けられた。その一つは「暗闇カフェ」に集まってくれた人々の、電灯を使わない生活に対する関心である。二〇〇一年六月、欧米やオセアニアのNGOがインターネットを通じて、京都議定書離脱をはじめとする米国のエネルギー政策に反対する意思表示の一つとして、一年で最も夜の短い夏至の夜だけでも電気を使わないで過ごすことを提唱した。カフェスローはこれに賛同し、以来「暗闇カフェ」と銘打って、楽器の生演奏を聞きながら蜜蠟のロウソクの明りだけで食事を楽しんでもらうイベントを実施してきた。当初は月に一度だったものが、現在では毎週金曜日の夜に恒例化し、老若男女を問わず、多くの人々で賑わっている。さらにこの「暗闇カフェ」から「一〇〇万人のキャンドルナイト」キャンペーンが生まれ、今や全国七〇〇万人もの人々が参加するイベントに発展している。

私たちの文明社会は闇を忌み嫌うかのごとく、昼のように明るい夜を演出してきた。二四時間営業の店やコンビニ、夥しい数の自動販売機や電化製品など、眠らない生活がエネルギーの浪費に拍車をかけてきた。それが私たちの本能や五感を退化させてきた一因といっても過言ではないだろう。暗闇カフェに集まる若者にとっては、生演奏とロウソクの光が新鮮で興味深いもののようである。ひもじい思いを経験した世代にとっては、今の贅沢な社会への反省を踏まえての省エネ運動と捉えられる。いずれにしても「スロータイム」の実感を覚えることは確かである。店側としては、この体験を家庭でもやってほしいと願う。ロウソクのゆったりとした炎は、心を開かせ、コミュニケーションの促進に役立つ働きがある。暗闇カフェというイベントは、運動の範囲を超えて人々の心を捉え、広がりを見せているようだ。「省エネ運動」だけを訴えていたとすれば、果たしてどれだけの広がりが見られただろうか。スロービジネスは、このようにおよそビジネスの常識からすれば取り入れない方法も交え、そのことでかえって環境運動等に特別関心を持たない人々にも受け入れられているといえる。スロービジネスのスタイルには、来店者自身の省エネ活動やライフスタイルの見直しにまで発展する不思議なインパクトがあると確信している。

4 スロービジネスにおける地域通貨の役割

もう一つスロービジネスを進めていく上で重要な鍵は、地域通貨の活用である。カフェスローでは、地域通貨市の定期的開催や地域通貨ゲームのワークショップなどを通してその普及に努めている。また多摩地域のほとんどの地域通貨および全国規模で流通しているエコマネー五種も受け入れ、カフェ利用者が主に飲食代金の二〇％を地域通貨で支払えるようにしている。これには、食材の仕入れやアルバイトの人件費、音楽ライブでのミュージシャンのギャラの一部などに地域通貨の使用が可能だという背景がある。利益追求だけが目的ではないスロービジネスでは、食材の購入や人件費の一部に地域通貨が活用できることの意義はとくに大きい。地域通貨が循環することによって、通常のビジネスとは明らかに異なる信頼関係の輪が形成されていく。地域通貨だけで生活することを目指す若者がカフェスローでかなり長期にわたり働いてくれたり、臨時の雇用費や店に必要な備品の購入代金を一〇〇％地域通貨でまかなえたりできることには、経費節減効果以上に、公式通貨にはない人と人との信頼関係や「いのち」の尊さ、大切さを再確認させる効果がある。実際に運用してみて、持続可能性を前提とするスロービジネスにとって地域通貨の活用は欠かせないものであると実感した。六年を経たいまも売上高に占める地域通貨利用の割合は、目標とした二〇%には程遠くせいぜい五%程度であるが、にもかかわらずその効果の大きさはそれ以上に感じられるのだ。地域通貨は、人間の価値までがお金の高で計られる現代社会にあって、人間が個々の能力を取り戻すことやその可能性を引き出すことに有効なツールといえる。分かち合いといのちを大切にすることを最優先するスロービジネスを持続可能なものとしていくためにも、地域通貨の役割を増大させることがキーポイントになる。

おわりに——スロービジネスは「分かち合い」をめざす

江戸時代の学者三浦梅園《みうらばいえん》は、[7] 経済には「経世済民」と「乾没」の二つがあると言っているが、既存のビジネスは、「乾没」すなわち一人占めの経済のみになってしまっている。経済的利益を優先するあまり、結果として少数の経済的勝者と多数の経済的敗者を生む。また時としておびただしい環境汚染と破壊を伴う。これに対してスロービジネスは、「経世済民」すなわち世の中を平和にして人々を救うという本来の「経済」を目指している。今日、すべてのビジネスに占めるスロービジネスの割合はまだまだ微々たるものである。しかしながらスロービジネスが発信している情報やプレゼンスは、けっして小さいとは思わない。むしろ既存のビジネスのあり方に対して一石を投じる役割を担っている。既存のビジネスが私たちの提起した課題や呼びかけに呼応しているとうぬぼれているわけではないが、すこしずつ世の中に「スロー」という考え方が広がりつつあるように感じられる。もちろん既存のビジネスは時代の空気を敏感に受け止め、それを利潤追求のビジネスに仕立てることがじつにうまい。資本力や宣伝力ではとても彼らに太刀打ちできない。せめて地域の中にじっくり深く根を張ることによって、瞬間の暴風雨や長期の干ばつにも

カフェスローで毎週土曜夜に開かれる音楽ライブ。地域のミュージシャンたちが参加し，環境問題や平和・人権などをテーマにしたライブを行う。

なんとか耐える足腰の力をつけないと持続可能なものにはできないだろう。

スロービジネスの強みと可能性は、等身大で、世界の同じ思いを持った人々や地域とつながっていることにある。例えばエコツアーなどによって消費者が生産者の厳しい経済的現実や大切にしているコミュニティの生き方を学んだり、生産者が消費者の直面している物質文明の弊害や課題を知り、相互理解を深めているケースなどもある。スロービジネスは、既存のビジネスには作りにくい、血の通い合ったネットワークを形成できるのである。愛と平和と分かち合いをともに築くことに喜びを感じる人々同士のつながりこそがスロービジネスの強みである。物を売るという発想ではなく、いのちが尊重される平和な社会を構築しようという「物語」を共有し、分かち合うことの結果としてビジネスが成立していくこと、そしてこのプロセスを何よりも重視する人々の絆を太くしていくこと、その役割をスロービジネスや地域通貨が担っている。

カフェスローはこの六年間、紆余曲折を経ながらもなんとか持続してきた。それを支えているのは、先に掲げたコンセプトをかたくなに守り続けてきたことや、来店者に歓びと感動を感じてもらえる具体的で魅力的な提案を続けてきたことにある。そしてそれを通じて、カフェスローが目指している将来のあるべき社会の姿をまがりなりにも提示してきたと自負している。またこの六年間でカフェスローにかかわりを持った人々の中には、何かを得て他の地域にその種をまいた人たちが少なからずいた。

ビジネスの効率化や利益増大のためにフランチャイズ化するのではなく、スロービジネスのコンセプトをそれぞれの地域に合った形で作り上げ、情熱をもって根づかせていこうという人々の輪が着実に増えていることは心強い。その担い手の中には若者ばかりではなく、地域の中で営々と生きてきた年配者もいる。そのような人々のネットワークを通して、相互に学びあう関係が築かれつつある。カフェスローで定期的に実施する「半農半X」「旧暦イベント」「非電化の暮らし」といったイベントは、スローに生きてきた人々の長年の知恵とアイディアが交流する場となり、着実に若者の共感を呼び、そうした知恵の継承につながっている。そして三年前、ナマケモノ倶楽部世話人の中村隆一氏の提唱によって始められた「スロービジネススクール」には、老若男女を問わず、すでに三〇〇名を超える人々が参加し、地球に負荷を与えない商品開発とそのスロービジネスの起業に取り組んでいる。すでに非電化除湿器、非常用の携帯ラジオ電灯やマイ箸、インターネットテレビ局などが商品化・実用化している。

こうした「平和の文化」が、「環境文化」が、地域の中に根づいていき、そうした地域と地域の絆が結ばれていくことによって、社会が、世界が着実に変化を遂げていく展望を持ちながら日々仕事にのぞんでいる。少なくとも、カフェスローの周りではその確信が広がりつつある。それは、けっして私たちのスロービジネスを優越的なものとみなしているからではない。むしろ経営的には不安な毎日であるにもかかわらず、何とかなるという何の根拠もない確信がふつふつと湧き上がってくる。悲壮感ではなく、なぜか楽天的な心境に包まれている。カフェスロー五周年を機に店舗を拡張した際、地域通貨の仲間から生まれた天然酵母のパン工房と「自然育児友の会」という子育ちNPOが新たな入居者として加わった。カフェスローの延べ床面積は二三〇坪になった。ナマケモノ倶楽部などのNPOやメディア批評系出版社の共同事務所、ヨガやベリーダンスのワークショップやギャラリー、そして天然酵母パン工房にオーガニックカフェと、自然と人の心身に良いものを提供する営みが集合している。人と自然、人と社会、人と人の望ましい関係性を生み出すスロービジネスとNPOの有機体が、カフェスローから新しい時代の生き方を発信し、望ましい社会モデルを育てつつある。

●注

（1）環境を守り、大切にするという考え方や態度を育む文化。

（2）地域のさまざまな団体や人々が交流する場＝空間を形成し、コミュニティをより良くしていくことに貢献することをめざすカフェ。

（3）提供する料理や飲み物の素材として、可能な限り自然素材で無農薬のものを使っているカフェ。

（4）「民間ユネスコ運動」は、ユネスコの発足から間もなく、日本のユネスコ加盟をめざして世界で最初にその理念の普及を唱道した日本発の民間運動である。ユネスコ誕生から二年後の一九四七年七月、土居光知・桑原武夫（東北大学）、上田康一（外務省東北終戦連絡事務局）各氏らが中心となって「仙台ユネスコ協力会」が発足した。これが世界初の民間ユネスコ組織の誕生である。その後日本全国にユネスコ協力会（後のユネスコ協会）が設立され始め、政府と民間の協力による一大運動に盛り上がってユネスコ加盟への気運が高まっていき、一九五一年七月、日本は第六回ユネスコ総会で六〇番目の国としてユネスコ加盟を果たすことになる。この一連の動きは日本独自の「民間ユネスコ運動」として世界に紹介され、大きな反響を呼んだ。二〇〇七年六月現在、日本各地のユネスコ協会は二七九にのぼる。また一九四八年にはユネスコ協会の連合体として「社団法人日本ユネスコ協会連盟」が設立され、非政府組織（NGO）として、「世界寺子屋運動」「世界遺産活動」「青少年育成」の三つの事業を柱に多岐にわたる活動を行っている。

（5）ディープ・エコロジー（Deep Ecology）とは、一九七三年にノルウェーの哲学者アルネ・ネスが提唱した概念である。ネスは従来の環境保護運動を「シャロー（浅い）・エコロジー」（Shallow Ecology）と名づけ、それがカバーしてこなかった分野を深めたものを「ディープ・エコロジー」と定義づけた。ネスによると、すべての生命存在は人間と同等の価値を持ち、人間のみが他の生命体固有の価値を侵害することは許されない。従来の環境保護運動では環境保護の目的は主に人間の利益とされていたが、ディープ・エコロジーにおいては環境保護それ自体が目的であり、人間の利益は結果にすぎない。また七〇年代は公害反対運動に代表されるような産業面での環境対策活動が主体であり、生活者個人の生き方が問題とされることは少なかった。これに対しディープ・エコロジーは、環境保護は究極的には個人の自覚と覚醒によって実現されることを示し、九〇年代以降の地球規模の環境保護運動に直接・間接的に大きな影響を与えていくことになる。

（6）地域の中で作られた安全で新鮮な素材を使った料理をゆっくり楽しむこと。また単に伝統料理の保存や開発に終始するのではなく、地域に根ざした食材や料理文化を守り発展させていくことにも関心をもち、貢献する営みそのものをも指す。スローフード運動は、一九八六年、北イタリアのブラという小さな田舎町で始まった。

（7）一七二三 - 八九、大分生まれ、江戸時代の自然哲学者。条理学という独特の学問体系を築いた著作『玄語』が有名。

フェアトレード・シティ、英国ヨーク市の挑戦

佐藤友紀　（特活）開発教育協会

みなさんは英国で一大ムーブメントになっている「フェアトレード・タウン」活動をご存知だろうか。フェアトレード財団（The Fairtrade Foundation）が提唱する五つの目標（次頁下段参照）を達成した行政単位（市町村、区、島など）を「フェアトレードを推進するまち」として認定するもので（1）、イングランド北部、ランカシャー州のガースタングという小さな町の運動をきっかけに始まった。二〇〇七年二月現在、英国内で二六九の地方自治体が認定を受け、二三四が認定を得るべく活動中である（フェアトレード財団ウェブサイト http://www.fairtrade.org.uk/）。

ここでは、二〇〇四年三月にフェアトレード・シティの認定を獲得したヨーク市の様子をご紹介したい。私は、二〇〇三年夏から半年間、ヨークセントジョン大学グローバル教育センターでインターン中にフェアトレードの強力な推進メンバーと出会い、それ以来のご縁で、スタディツアーでお世話になったりしながら交流を続けている。

ヨーク市は人口一八万余、ロンドンとエジンバラのちょうど中間に位置し、主要産業は観光、チョコレート製造業などである。そのため植民地時代からカカオ生産国ガーナとの関わりが深く、現在もガーナとの市民交流活動が盛んである。チョコレートつながりで、ヨーク市民がフェアトレードに関心を持つのは自然の流れであったのかもしれない。

ヨーク市のフェアトレード活動組織には、行政の代表や有識者で構成された方針決定グループ（Fairtrade strat-

街でリーフレットを配ってフェアトレードをアピール。（2005年3月／提供：ヨーク・フェアトレード・フォーラム）

egy group）と、学生やNGOスタッフ、社会人、退職後のシニアなどから成る実行組織であるヨーク・フェアトレード・フォーラム（York Fair Trade Forum）があり、年間を通して各種イベントやキャンペーンを行っている。フェアトレード製品はまだ探さなければ見つかりにくい日本と違い、英国ではフェアトレードバナナ、チョコレート、コーヒー、紅茶、お菓子、パスタなどの日常食品が手軽にスーパーなどで手に入るが、それも多くの人々の運動の成果である。

ヨーク市でもフェアトレード料理コンテスト、カフェでのフェアトレードブランチフェア、クリスマス前にサンプルを配る「プレゼントはフェアトレードで」キャンペーンなど数々のイベントが実施され、学生や先生を巻き込んで大学・学校ぐるみのフェアトレード活動や、フェアトレード商品が買える店のマップ作成など、その活動はとても充実している。市内のフェアトレード商品取扱店は二〇〇三年には約二〇軒だったが、その後二年間でカフェ、レストラン、個人商店、スーパーあわせて約一〇〇軒に増えたことはその成果の一例だろう。最近の動きについてはぜひヨーク・フェアトレード・フォーラムのウェブサイトをのぞいてみてほしい（http://www.communigate.co.uk/york/fairtradeyork/）。

もちろん市民全員が活動に熱心というわけではない。ある活動メンバーは「職場

●フェアトレード財団が定める「フェアトレード・タウン認証の5つの条件」

1．地方自治体議会がフェアトレードを支持する決議を可決し、公共のすべての事務所と会議でフェアトレードの紅茶とコーヒーを提供すること。
2．一定地域内に、2種類以上のフェアトレード製品を置いているお店、カフェ、レストランがすぐに利用できる環境があること。
3．地域内の多くの職場や地域団体でフェアトレード製品を使用すること。
4．キャンペーンを行って広く一般の人にフェアトレードについて広めること。
5．中心となってフェアトレードに取り組むグループを設立して活動を継続すること。

の同僚の中には僕の熱心さにあきれている人もいるよ」と笑っていた（もっともその時彼は、大がかりなイベントのため二週間の休暇を取った後だったのだが）。しかし一般的に、観光都市であるヨークのイメージアップになると考える人も多く、市民の認識度も高い。フェアトレード運動の背景にあるのは南北格差や開発途上国の貧困の解消という大きなテーマだが、なにより、フェアトレード・シティを名乗ること、その活動に関わることを人々は楽しんでいるように思える。「これって、エキサイティングなことじゃない?!」とは、幼い子どもからフェアトレード料理コンテストへの応募レシピを受け取ったシニアメンバーのことばである。たしかに。市民活動が各地域から、国全体へ、そして未来へと広がっていくことは、エキサイティングな挑戦だ。

●注

（1）認定された行政単位によって、フェアトレード・シティ、フェアトレード・タウン、フェアトレード・アイランドなどと呼ばれる。

第5章

市民意識の形成と市民参加

途上国の問題と思われてきた社会開発上の問題は，今や先進国においても「新しい貧困」「格差社会」など抜き差しならない問題として現れている。こうした新たな課題への取り組みに際しては，市民の生活・文化や労働，政治・行政，教育などあらゆる領域への自律的参加が保障されなければならない。本章では，豊中市や水俣市の市民参加の仕組みづくりの事例を通して，市民の持続的参加，そして参加型社会づくりに向けた実践的な形成能力（コンピテンシー）がこれからの開発教育においていかに重要な位置を占めるかを考える。（写真：水俣の「もやい直し」を唄と踊りで表現する水俣ハイヤ節。本章事例2参照）

総論

開発教育と市民参加

新田和宏
近畿大学教員

はじめに――問題の所在

これまで、わが国の開発教育は、主に途上国における開発問題を、その学びのテーマとして取り扱ってきた。ところが近年、日本の開発問題や国内の地域における開発問題を、これからの開発教育のメイン・テーマの一つとして取り上げ始めようとしている。それにしても、なぜいま開発教育は、日本の開発問題や地域の開発問題にフォーカスしようと試みるのか？　その問いに答えるためには、歴史的経路や社会的文脈からの考察が必要とされる。

ところで、途上国における開発の問題を取り上げてきた従来の開発教育の捉え方から、はたして日本の開発問題や地域の開発問題をしっかりと捉えることができるのだろうか？　同様に、市民参加もしっかりと捉えることができるのだろうか？　この関連の中で、従来の開発教育における参加型学習や参加型社会について改めて検討しておく必要がある。

1　「新しい社会開発上の課題」

最初に、開発教育が、日本の開発問題や地域の開発問題をテーマに取り上げようとするに至った歴史的経路や社会的文脈を押さえておく必要がある。

一九八九年の東欧革命を契機に東西冷戦が終息すると、九〇年代以降今日に至るまで、グローバリゼーションが急速に進展した。そのグローバリゼーションに最も適合するアイディアは、日本でも市場原理や競争原理を基調とする新自由主義であると看做された。それは、規制緩和や民営化、歳出削減、および大企業・富裕者減税などの政策アイディアを一段と進めつつ、トリクルダウン効果による経済の活性化を試みた。トリクルダウン効果とは、水が上から下へ滴り落ちるかのように、大企業のビッグ・ビジネスや富裕者層の上質な消費が、零細企業や低所得者にたいしても、それなりの経済効果をもたらすという一種の仮説である。

しかしながら、新自由主義的改革は期待されたほどのトリクルダウン効果をもたらしていない。むしろ、「勝ち組／負け組」という言葉が象徴するように、一方における「勝者総取り（Winner takes all）」と、他方における「新しい貧困問題」が現れ、「格差社会」を招いたといえる。それ故に、貧困問題は決して途上国のみにおける問題ではなくなった。また併せて、新自由主義的改革は、「日本型福祉国家」から「ポスト福祉国家」を志向したため、福祉が縮減された。

今日、労働コスト削減の観点から、パートやフリーターあるいは派遣労働などの非正規雇用が常態化しつつある。たとえ一生懸命働いても、かつて石川啄木が「働けど働けど我が暮らし楽にならざりじっと手を見る」と嘆いた状態をも彷彿させるような「ワーキング・プア」の問題が深刻化しつつある。新自由主義的改革は、一生懸命努力すればするだけ報われる競争社会を目指したにもかかわらず、並大抵の努力では報われないほどの厳しい社会をつくってしまった。このような社会の在り方は、市場が不健全な状態にあることを示している。とりわけ、市場の不健全さが富や所得の著しい偏在として現れる場合、国家による然るべき再配分政策が機能しなければならない。

二一世紀初頭の二〇〇〇年代前半、ＢＲＩＣｓ（ブラジル、ロシア、インド、中国）などの牽引もあり、世界経済全体は空前絶後の好景気を迎え、日本経済はそうした〝特需〟を受けながら、高度経済成長期における「いざなぎ景気」の期間（五七か月）を更新した。しかしながら、大企業の業績が大幅に改善され、また雇用情勢が好転しているにもかかわらず、採用枠のほとんどは非正規雇用である。冷戦終結後、旧共産圏や中国、インドなどから新たに三〇億人の「安価な労働力」が世界の労働力市場に流入し、これを起点に労働コストの下方圧力がかかった。そのため、経済状況が好転しているにもかかわらず、その経済の果実は、非正規雇用者の安価な労働力に頼る企業経営やワーキング・プアの問題を解消するまでに至らない。好景気は必ずしも正規雇用の拡大や所得の向上に連動しなくなったのである。本来的な企業の社会的責任（CSR）というべき正規雇用の確保と所得保障には後ろ向きになりがちで、むしろ、正規雇用の削減と非正規雇用の増大という傾向に一段と拍車がかかり、さらには労働時間の規制すら削除する「日本版ホワイトカラー・エグゼンプション（自律的労働時間制）」が議論されたり、まさに日本は「労働ダンピング」へ向かおうとしているかのようである[1]。

振り返って見れば、「日本型福祉国家」なるものは、経済開発による所得の向上を追求しつつ、先進国の中でも比較的低い福祉水準を補完するために、「企業内福祉」と「家庭内福祉（家族福祉）」、並びに公共事業や補助金・助成金とが折り重なった「開発型国家」というべきレジームだった。この場合の「企業内福祉」とは、終身雇用制度、年功序列型賃金などの日本的雇用慣行、社宅や保養所などの福利厚生、財形貯蓄、持ち家支援、企業年金などによる雇用および所得保障を意味する。「家庭内福祉」とは、「専業主婦」による無償労働の家事および育児・介護を意味する。さらに、公共事業や補助金・助成金は、地方もしくは平地農村地域や中山間地域にたいする一種の雇用および所得保障を意味する。こうした「日本型福祉国家」は、雇用や所得を保障することによって、〈企業／労働〉、〈家庭／生活〉、〈地域／地縁〉がそれぞれ社会的安定を確保する機能を発揮していた。したがって、もともと、「日本型福祉国家」は所得再配分のパフォーマンスが低かったのである。

ところが、グローバリゼーションを「グローバル・スタンダード」として半ば直裁的に受け入れ、そのグローバリゼーションに最も適合する新自由主義的改革を選択したことから、この四半世紀を通じて、企業・家庭・地域という「社会的安定装置」に様々な「揺らぎ」や「ねじれ」が生じた。「揺らぎ」や「ねじれ」は、これまで安定的な雇用と所得を保障してきた日本的雇用慣行を大きく動揺させるとともに、リストラ、失業、賃下げ、フリーターや非正規雇用の増加、ワーキング・プア、ホームレス、自殺、離婚、出生率の低下、DV（ドメスティック・バイオレンス）、生活苦、生活保護世帯の増加と給付金の削減、学力低下・体力低下、不登校・社会的ひきこもり、ニート、孤食、児童虐待、いじめ、広汎性発達障害への対応の遅れ、モラル・ハザード、犯罪の多発、薬物の蔓延、HIV感染者の急増、倒産、敵対的買収、産業の空洞化、公共事業の削減、商店街の衰退、コミュニティの解体等々、具体的な様相を呈して現れたのである。こうした「揺らぎ」や「ねじれ」は、広い意味での社会開発もしくは人間開発あるいはまた「人間の安全保障」上の問題であり、また経済開発に関連する問題であることに気づく。本稿では、これらを「新しい社会開発上の課題（new problems in social development）」と表現しよう。

ところで、新自由主義的改革は「新しい社会開発上の課題」にどう対応してきたのだろうか？　改革には「痛みが伴う」として、また「結果としての不平等」＝「格差は悪くない」として、「新しい社会開発上の課題」への積極的な是正に遅れ、むしろ社会的弱者の「社会的排除（social exclusion）」を推し進めてしまった。そのような弱肉強食の社会状態は、当然、社会心理にも連動する。金融グローバリゼーションやヘッジ・ファンドの雄と呼ばれるジョージ・ソロスが指摘するところの「自分さえよければ」という利己主義が優越する社会心理を生んだ。(2)また、少なからず人びとの心理の奥底に憤懣やるかたない憤りが鬱積し、それが軽犯罪の多発はもちろんのこと、〝キレる犯罪〟や衝動的な凶悪犯罪を誘発した。結局のところ、問題の本質である「新しい社会開発上の課題」の解決に多大なコストをかけるよりも、はるかに安いコストで「安価なナショナリズム（cheap nationalism）」に訴えながら改めて国民統合を図ったり、社会病理に対する権力作用を強めたりする誘惑が生じた。これは、新自由主義的な「小さな政府」が、「強い国家」との結合を指向しているといえる。

開発教育からすると、開発の問題、なかでも社会開発や人間開発の問題は、途上国の問題と思われてきた。しかしいまや、その問題は現れ方を異にしながらも、先進国の日本やその地域に「新しい社会開発上の課題」として〝抜き差しならぬ〟状態で現れている。思えば、開発教育が途上国における開発の問題を取り上げてきた根本的な理由は、開発の在り方によって、同じ人間であるにもかかわらず、途上国に暮らす民衆が、人権侵害はもとより、人間としての尊厳を傷つけられ、アマルティア・センがいう人間としての「潜在能力（capability）」さえ発揮できずに押し潰されている有り様にたいする〝深い憤り〟であった。そして、「小泉構造改革」によって新自由主義改革が本格化すると、同様の有り様がいままさに日本各地で顕著に現れている。こうして近年、開発教育に携わる者が、〝深い憤り〟を秘めつつ、日本の開発問題や地域における開発問題に着眼し、それをテーマに取り上げようとしているのは、歴史的経路や社会的文脈からすれば必然の成り行きであったといえる。

2 従来の開発教育の基本構成と市民参加

次に、従来の開発教育について押さえておきたい。それには田中治彦の指摘が参考になる。田中は、「開発教育がこれまで扱ってきた内容は多岐にわたる。そこには、開発問題、南北問題に含まれる人口、資源・エネルギー、貿易、国際協力などの問題がある。これに加えて、難民、在日外国人、女性、子どもなど社会的弱者に関わって人権問題を扱い、地球環境に関連して環境問題をその視野に入れてきた。途上国の生活と文化、開発と伝統文化、少数民族問題では異文化理解に関わる教育活動を展開した。開発教育では難民問題や民族紛争との関連で平和・軍縮問題にも無関心ではいられない」と指摘しながら、「開発教育とは地球規模の開発問題と南北問題の構造と原因を理解し、基本的人権の尊重、環境の保全、文化的アイデンティティの尊重のうえに立って、より公正な地球社会の実現をめざして開発問題と南北問題の解決に向けて参加する態度を養う教育学習活動である」と指摘した(3)。こうした田中の指摘は、従来の開発教育にたいする大方の理解を示しているといえるだろう（本書序論2参照）。

田中の指摘をみるかぎり、従来の開発教育は、日本の開発問題や地域の開発問題にたいして、それほど積極的ではなかったといえる。日本の食料問題やＯＤＡ（政府開発援助）政策、地域の国際交流や多民族・多文化共生などがテーマとなっても、日本の開発問題や地域の開発問題が真正面から取り上げられたわけではなかった。その一方で、田中が指摘しているように、従来の開発教育は「開発問題と南北問題の解決に向けて参加する態度」すなわち

図1　従来の開発教育の基本構成

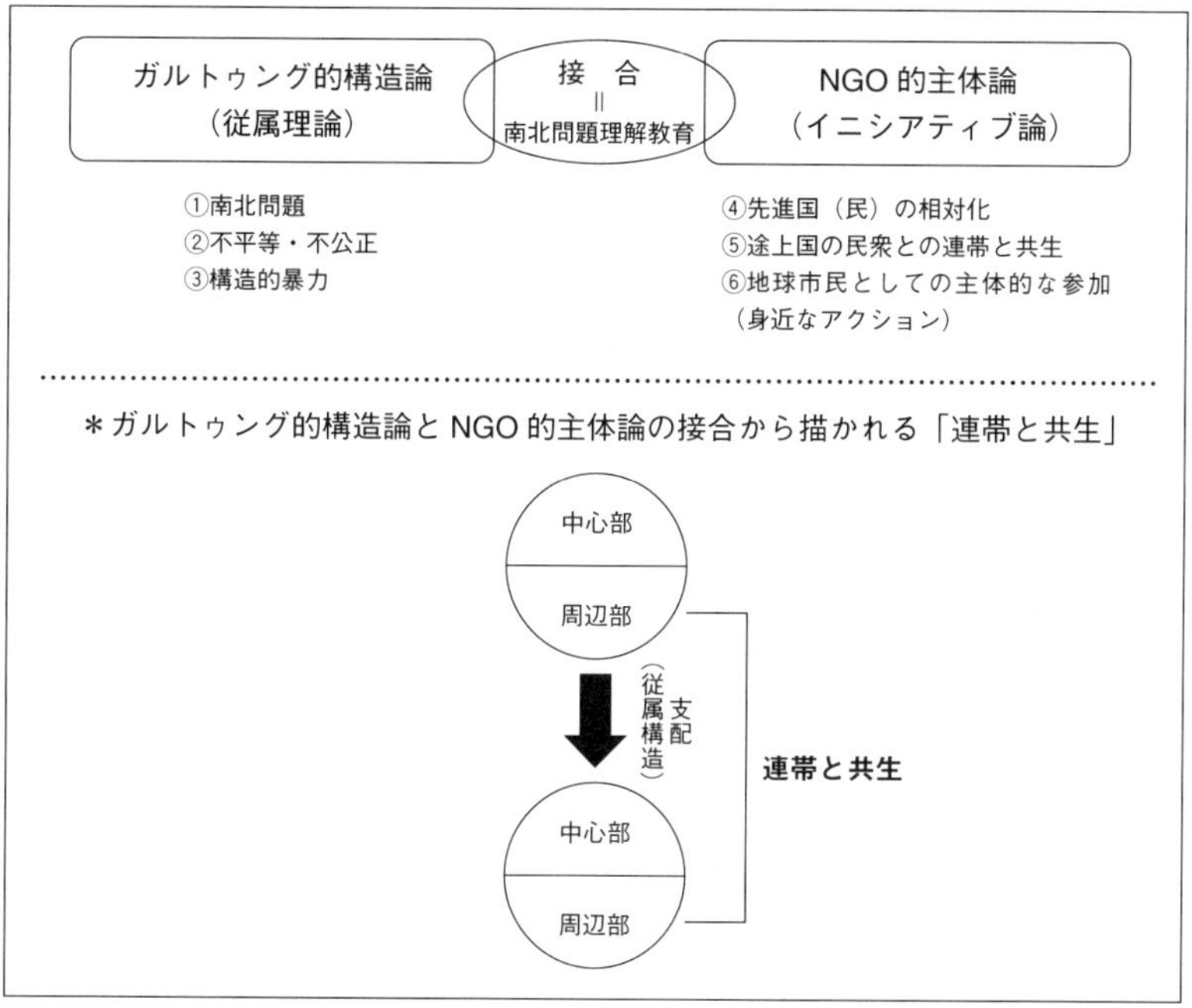

出所：筆者作成

市民参加を重要視していた点がうかがえる。

思うに、従来の開発教育では、図1のような基本構成が前提にされていたと考えられる。それは端的に言って、「ガルトゥング的構造論」に「NGO的主体論」を接合した「南北問題理解教育」として基本的に構成されている。若干細かくみると、それは①南北問題→②不平等・不公正→③構造的暴力→④先進国（民）の相対比→⑤途上国の民衆との連帯と共生→⑥地球市民としての主体的な参加、という柱から成り立っている。そのうち、①から③までが「ガルトゥング的構造論」、④から⑥が「NGO的主体論」にあたる。

周知の通り、開発教育は、①「北」の先進国の市民に対して、南北問題の存在をきちんと理解してもらうことをその出発点に置く。②次に、「南」の途上国の民衆が置かれている不平等や不公正な状態、貧困や厳しい生活状況について、学習者の理解と認識を促す。「貿易ゲーム」や「世界がもし100人の村だったら」（序論2の注20参照）はその典型的なアクティビティである。③そして、そのような「南」の不平等や不公正な状態を捉える視点として、J・ガルトゥングの「C‐P理論（theory of Center-Periphery）」に基づく「構造的暴力」という考え方を援用する。「南」の不平等や不公正、あるいはまた低開発や貧困・飢餓、環境破壊、難民の発生は、何も、「南」の民衆の怠惰や生来的な資質によるものでは決してない。世界の「中心（C：Center）」である「北」の先進国が、「周辺（P：Periphery）」である「南」の途上国を政治的・経済的に従属させる構造にこそ、その原因がある。開発教育は、そのような気づきを学習者へ促す。「ガルトゥング的構造論」は、単純明快であるだけに、学習者の理解は早い。

さらに開発教育は、学習者を構造的認識から主体的行動へと促す。これが「ガルトゥング的構造論」と「NGO的主体論」との接合である。④構造的暴力が繰り返し再生産される事態はどこから由来するのか？　その由来を「構造」から離れ、「主体」に探し求めると、先進国とりわけ日本（人）に行き着く。そして、先進国や日本（人）という主体が相対化され、その立場が問われる。なお、教育者が明示しないものの、そこでは「隠されたカリキュラム」というべきか、学習者に〝日本（人）悪玉論〟というような認識をもたせてしまう場合もある。特に、熱帯林の伐採・消滅は〝日本（人）悪玉論〟を裏づける格好の材料であった。⑤しかしながら、開発教育のねらいは、学習者に悪玉としての贖罪意識をもたせ懺悔の気を起こさせることにあるのではなく、むしろ、開発協力分野のNGOと同様に、途上国の民衆との連帯と共生を求め、行動変容を促すことにある。開発教育は、学習者に対する認識変容のみならず、行動変容を重視する。この行動変容こそ開発教育のいわば生命線なのである。⑥かくして開発教育は、途上国の民衆との連帯と共生のために、スローフードやフェアトレード、NGOへの支援、並びにNGOのスタディ・ツアーへの参加など、学習者がいまにでも始められるような〈身近なところ〉での参加を促しつつ、地球市民としての行動変容を促すに至る。

思うに、これからの開発教育が、日本の開発問題や地域における開発問題を取り上げ、「新しい社会開発上の課題」に向き合う際、従来の開発教育における基本構成のバージョン・アップという課題を背負わなければならないだろう。とりわけ、「北」の先進国による「南」の途上国にたいする従属関係をベースにした「ガルトゥング的構造論」では、アジアＮＩＥＳ（新興工業経済地域）の台頭はもちろんのこと、「世界の工場・オフィス中国」そして「世界の頭脳インド」の台頭については説明がつかないのは周知の事実である。すでに従来の「有効期限」は超過していると考えられる。

このように、従来の開発教育における基本構成を捉え返してみると、開発教育は、「ガルトゥング的構造論」に基づいた南北問題に関するリテラシー教育と、「ＮＧＯ的主体論」に基づいた地球市民としての行動変容を促すコンピテンシー教育とが接合していることがわかる。ここでいうリテラシー（literacy）とは、読み・書き・算盤もしくはパソコン・英会話というようなスキルを意味するものではなく、あくまでも社会の構成メンバーに対して、その社会と時代とが要請する適応的な基礎能力（basic capability）のことである。コンピテンシー（competency）とは、期待される成果を着実に実現するための実践的な形成能力（building capability）のことである。(4) 端的に言って、従来の開発教育がウエイトを置いてきたのは、後者よりも前者の方であった。

ところで従来の開発教育は、地球市民としての行動変容と言っても、おおむね、それは、個々の学習者の個人レベルにおける〈身近なところ〉での参加までが限界であった。開発教育と市民参加との関係性を主題とする本章の関心から、誤解を恐れずに指摘すれば、従来の開発教育は、市民参加という課題が視野の中に入っているものの、実際のところ真正面から市民参加をテーマに据えた上で、なおかつ参加に関係するコンピテンシーの教育にはあまり力を入れてこなかったのではないだろうか？　そして、参加といったとき、むしろそれは、特に学習者の学びのプロセスへの参加を意識していたのではないだろうか？　そうするとわたくしたちにとって、開発教育を展開するさいに用いられてきた参加型学習という学び方についても、今一度冷静に検討する作業が課題となる。

3　「参加型学習」再考

参加型学習について、簡単におさらいをしておこう。わたくしは以前、『参加型学習——地球市民教育の方法』

というテキストを著したことがある。[5] その中で示した参加型学習のポイントを摘録してみよう。第一に、参加型学習は、学習者が言語のみならず五感や身体を使いながら、主体的に、かつまた学習者どうしが協働的に、学習プロセスに参加する学びの在り方であること。また、参加型学習の場において、教育者はファシリテーターとして立ち会いながら、様々なファシリテート技法を駆使しつつ、学習者が学びのプロセスに深く関与し、学習者どうしが学び・学び合う関係（relation of learning and reciprocal learning）を構築するように促す教育方法が採られること。第二に、参加型学習は、学びのマネジメントをしっかりと行うことが大変重要になること。そして第三に、参加型学習は参加型社会の実現を最終目標に掲げて展開されること。

これらをふまえ、参加型学習について再考してみよう。まず第一に、開発教育が「開発問題と南北問題の解決に向けて参加する態度を養う」というさい、学習者の学びのプロセスへの参加を意識しながら実践される参加型学習はどれほど有効なのか、という本質的な論点についてである。確かに一斉授業においても、学習者にたいして、開発問題や南北問題の課題解決のためには市民参加が大切であると啓発することはできる。参加型学習と対比される一斉授業はいわゆる講義形式で、真理を知っている先生が、それを知らない生徒に対して、ほぼ一方的に知識を教え込む教育方法である。では何故に、一斉授業よりも参加型学習の方が、参加の態度を養う場合有効なのだろうか？　それは要するに、参加型学習の方が、開発問題や南北問題の課題解決のために市民参加が大切であるということについて〃本気〃にさせる度合いが高いからであろう。なかでも参加型学習行動法（ＰＬＡ、本書序論2の注18参照）は、〃本気〃モードを導く周到な参加型学習の手法であるといえる。そして参加型学習においては、その学びのプロセスの中に参加型社会のミニチュアが形成され、そうした参加型学習の体験を学習者が積み重ねることによって〃本気〃の度合いを高め、かつまたその延長から市民として実際の社会に参加しえる、と考えるわけである。実はこの〃本気〃こそ、田中のいうところの「参加する態度」の核心部分なのである。

第二に、〃本気〃モードに導かれた学習者の参加が教室やフィールドという空間から実際の社会へと、本当に転換できるかどうか、しかも〈身近なところ〉での参加を突き抜けて、もっと参加の領域が広がるかどうか、というこれまた本質的な論点についてである。本音として、このあたりはかなり曖昧であるとともに、教育者が学習者へ寄せる淡い期待に過ぎなかったといえる。また〈課題解決のためには市民参加が大切である〉という認識のレベルでは、あくまでもリテラシーの範囲内のことであり、未だに実際の社会へ参加するために必要とされる実践的なコンピテンシーの育成まで手が届いていない。

そうであるならば、従来の開発教育においては、改めて、二つの未解決課題が浮き上がってくる。それは第一に、いったい参加を促される市民は、〈身近なところ〉以外どこに参加すればよいのだろうか、つまり参加すべき対象や場あるいはまた領域についてはっきりさせる、という課題である。これは要するに、市民参加の〝行き場〟であるところの参加型社会をどのようにデザインするか、という課題ともいえる。第二に、市民が参加型社会を形成し、かつまたそれを持続させる能力とは、いったいどのような能力なのか、という問いである。これは要するに、参加型社会の持続的形成に必要とされるコンピテンシーの中身をどのように捉えるか、という課題ともいえる。

では、参加型社会の再構想と、その参加型社会の持続的形成のためのコンピテンシーの確定という二つの未解決課題の行方はどうなるのか？　実は、開発教育が日本の開発問題や国内の地域における開発問題および市民参加をテーマに据えることによって、図らずもこの二つの未解決課題が解決されそうな機運がある。

4　「参加型社会」の再構想

これからの開発教育を担う者は、開発教育の学びの最終目標である参加型社会をどのように構想し直すか、この点に関する備えを怠ってはならない。

従来の開発教育の場合、参加型社会というと、よく引き合いに出されてきたのが、ロジャー・ハートの「参加のはしご」である。(6) それは、梯子の最初の段の「操り参加」から最後の八段目の「子どもが主体的に取りかかり、大人と一緒に決定する」というものである。ハートと同種の議論は、すでに一九六九年、S・R・アーンスタインによって、「市民参加の八階梯」(非参加:操作/治療、形式参加:情報提供/相談/宥和、市民権力:パートナーシップ/権限委譲/自主管理)として提起されていた。[7] ハートやアーンスタインの議論は、参加の在り方を問い直すものであるが、その立論のベースは、子どもと大人との力関係、市民と政府との力関係を問題にしている権力関係論といえる。しかし、求められるべき参加型社会は、権力関係の再編に終始するわけではない。また、単に市民参加が活発な状態を目指す参加主体論のみで事足れりとするわけでもない。

極めて重要なポイントは、今日における歴史的経路や社会的文脈からすれば、参加型社会が「新しい社会開発上の課題」にたいする新たなディフェンス・ラインとしての役割とその機能を担うことである。そのために、政府・行政があらゆる領域への市民の参加を促進・支援していく「社会的包摂(social inclusion)」という理念の下に、市民の自律的な参加によって営まれる参加型社会の形成が求められる。なお、あらゆる領域とは、図2が示すように、生活・文化の領域、労働の領域、市民社会の領域、政治・行政の領域、そして教育・訓練の領域を意味する。

このような参加型社会の形成には、一案として、ベーシック・インカム(basic income:基礎所得保障)という社会保障政策に定礎されることが求められる。ベーシック・インカム政策には様々なバリエーションが考えられるが、基本的に、それは国家がすべての市民にたいして、一律に一定の所得を保障する政策である。その支給金額しだいでは、失業給付や生活保護給付の問題、さらには年金給付の問題をも解消してしまう大きなインパクトを放つ。ベーシック・インカム政策は、(現状の)生活保護政策のような、政策的に一定の「最低限度の生活」ラインを引いた上で、そのラインを下回った場合に選別的な給付を行う発想とは全く異なる。ベーシック・インカムは労働による報酬を〝上積み〟と考えるのである。

ベーシック・インカムのような構想は、サッカーに喩えれば、ディフェンス・ラインを押し上げて攻撃的な布陣を引くようなものである。それは、グローバリゼーションによって試合をコントロールされながら、グローバリゼーションによる波状攻撃にたいしてディフェンス・ラインを引き下げてしまい、防戦一方になる戦い方ではない。試合をコントロールするために、むしろディフェンス・ラインを押し上げ、個々のプレイヤーの能力を引き出しつつ、グローバリゼーションに対応する戦略だ。

　誰もが生活の「豊かさ」を実感できる生活・文化水準に参加しえること。また、各人が労働もしくは仕事に参加し、各人の能力を生かして一定の社会的成果に結実させ、それによって正当な報酬を得て生活を営み、かつまた各人のキャリア・アップやスキル・アップをはかること。これが生活・文化や労働への参加の基本である。ところが、「新しい社会開発上の課題」に直面し、かかる参加が著しく困難になりつつある。親の所得や住居の提供という今日的な「家庭内福祉」が若年層の不安定な雇用・所得を支え、かつまたそのような「家庭内福祉」に企業や国家が寄生（parasite）している。ゆえに親世代の引退後、ワーキング・プアの地滑り的な大量輩出という問題が起こり、経済社会システム全体が破綻しかねないことが危惧されている。だからこそ、ベーシック・インカム政策のような強力な政策により、ディフェンス・ラインを押し上げ、新たに生活・文化や労働への参加を保障することが必要なのである。

図2　参加型社会

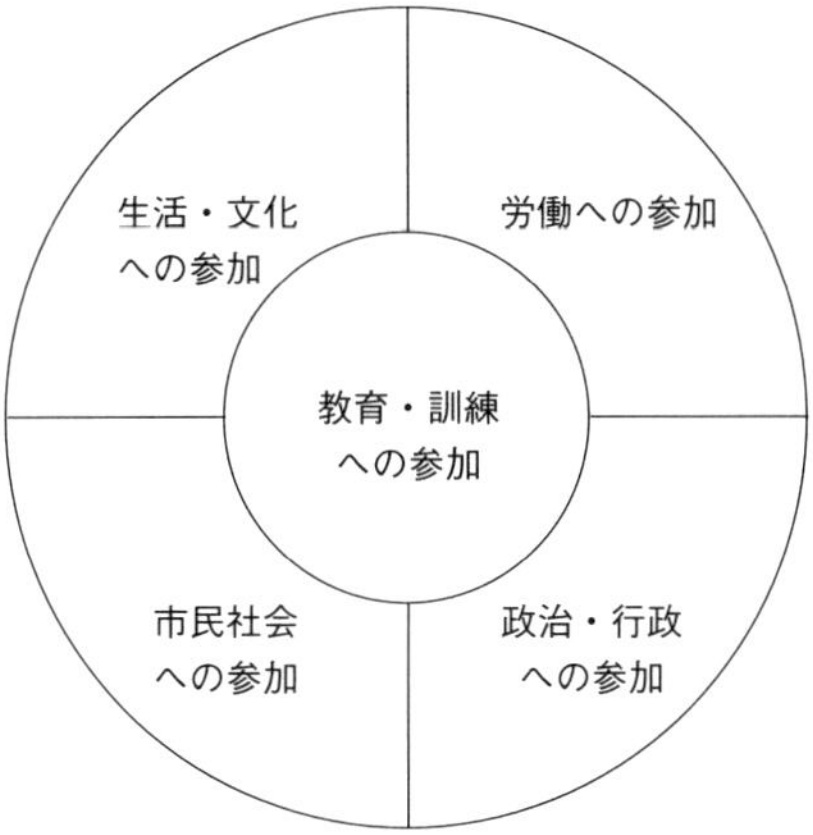

出所：筆者作成

　参加型社会とは、何よりも、市民が市民社会へ参加し活動する社会である。市民社会がその自律性を発揮しながら、公共性を担い、「新しい社会開発上の課題」の解決に寄与することが期待される。公共的課題は、何も国家だけが対応すべきものではない。対応しようとして、政府・行政が市民に〝してあげる〟恩恵主義（paternalism）と、その裏腹の関係にある市民が政府・行政に〝寄りかかる〟寄生から構成される行政国家の肥大化を招いたのである。

　「新しい社会開発上の課題」の解決には、きめの細かい対応が必要である。しかし、そのきめの細かい対応は、元来行政が苦手とするところである。むしろ、行政の役割と権限の一部を市民社会の中心をなすＮＧＯ／ＮＰＯや社会的企業へ委譲した上で、そのＮＧＯ／ＮＰＯや社会的企業が、社会的有用労働として、きめの細かい公共サービスを提供する方が望ましい。ベーシック・インカム政策は、ＮＧＯ／ＮＰＯや社会的企業のスタッフにたいする所得保障ともなり、その担い手を増やすだろう。

そして、政治・行政の領域への市民の参加が、自治基本条例や市民参加条例に基づいて制度的に保障される必要がある。特に、市民の政治参加・行政参加といった場合重要なのは、市民の政策提言である。市民の政策提言は当事者や現場における政策ニーズを政策へ反映させるために極めて重要である。この点についても、市民の政策提言が実質的に保障される制度的な工夫が求められる。また、当事者や現場における政策ニーズを発見・集約しつつ、これを政策へ媒介するＮＧＯ／ＮＰＯや社会的企業によるアソシエティブ・デモクラシー（associative democracy）の活性化が求められる。

最後に、市民が生活・文化、労働、市民社会および政治・行政の領域へ参加するさいに必要とされる能力を習得するために、教育・訓練の領域への参加、すなわち生涯学習が保障されなければならない。とりわけ陳腐化した旧来的な知識や技術では、地域における多様な課題や高度化する国際競争力に対応できないだろう。学校を卒業してからも、いつでも市民が新しい知識や最先端の技術を習得できる教育・訓練プログラムに参加し、インターンシップを経て、正規雇用に就けるまで支援するジョッブ・サポートなどの積極的雇用政策による対応が望ましい。もちろん、教育・訓練期間においても、ベーシック・インカム政策による所得保障がなされることが求められよう。

おわりに――「参加型社会」のコンピテンシー

それでは、これからの開発教育は、そのような参加型社会を市民が持続的に形成するために必要とされるコンピテンシーの中身をどのように構成すればよいのだろうか？

第一に、これからの開発教育は、あらゆる領域へ参加し、かつまた「新しい社会開発上の課題」の解決に参加しえる「能動的市民（active citizen）」という主体形成を基本とすべきだろう。

それ故に、第二にこれからの開発教育においては、課題解決志向学習（problem solution-oriented learning）もしくは政策志向学習（policy-oriented learning）の展開が必要とされる。

「新しい社会開発上の課題」の解決が求められる際には、なかでも、地域にたいしてその全般的な課題解決が求められる。その理由として、㈠それらの課題が個人ベースで解決しようとしても極めて困難なものであること、㈡それらの課題が企業や家庭を包含する地域という〝具体的な現場〟において現れること、しかも、㈢それらの課題が個別的・特殊的・個性的および地域的な様相として現れること、が挙げられる。そのため、いわゆる接近性の原理（principle of proximity）に基づき、より〝具体的な現場〟に近いところで、地域行政のみならず地域のＮＧＯ／ＮＰＯや社会的企業などの協働によるきめ細かな課題解決がなされるべきであると期待される。「新しい社会開発上の課題」は、その性質上、政府が全国一律の規格による政策を展開しても、所期の政策成果は期待できない類のものである。

そうすると、これからの開発教育は、「新しい社会開発上の課題」についての認識を深めることはもちろん、それを認識レベルで終わらせず、地域において、いかに課題解決すべきか、またいかなる政策提言をすべきか、という学びを創り出してゆく必要がある。それが、課題解決志向学習もしくは政策志向学習としての展開である。

その場合、フィールドワークや、当事者から直接話を聴く政策マーケティング（policy marketing）の学びがとても重要になる。「政策マーケティングなくして政策提言なし」と言われる所以である。また、課題に対する解決への努力や政策的な対応は、すでに他の地域において実践され、かつまた一定の成果を上げている場合がある。それ故に、他の地域から学ぶ姿勢がとても重要となる。それは、政策研究もしくは比較政策研究という学びの中で、教訓導出（lesson-drawing）を試みたり、政策移転（policy transfer）を検討したりすることで実現されよう。

第三に、これからの開発教育は、「新しい社会開発上の課題」を解決するために、ガバナンスの在り方を志向するガバナンス志向学習（governance-oriented learning）として展開する必要がある。

「新しい社会開発上の課題」の解決が地域に期待される理由は理解できる。また、成功事例が紹介され、地域の主体性や創造性が賞賛されることも理解できる。しかしながら、地域にたいして過剰な責任を負わせることを議論の前提にしてはならない。また、地域の権限や予算に関する問題を棚上げにしたまま論じられたり、政府の役割と責任が度外視されたまま論じられたりしてはならない。

そうすると、改めて、地域をガバナンスの中でどのように位置づけるか、という学びが重要となる。それは、地域と政府と国際機関、あるいはまたNGO／NPOや社会的企業と行政が「新しい社会開発上の課題」の解決に向けて、それぞれどのような役割と責任、権限と予算を担うべきなのか、そのためにどのような重層的なガバナンスを構築すべきなのか、といった問題を学ぶ「ガバナンス志向学習」が求められる。

またその際には、併せて自律補完性の原理（principle of subsidiarity）に基づく重層的ガバナンス、および市民社会の自律性とその強化に力点を置いたソーシャル・ガバナンスの構築とその在り方について検討を深める学びが求められる。この文脈において改めて問われる重要なポイントは、政府＝国家の役割と責任、法制度と政策の在り方なのである。(8)

●注

（1）中野麻美『労働ダンピング――雇用の多様化の果てに』岩波新書、二〇〇六年。
（2）ジョージ・ソロス／越智道雄訳『世界秩序の崩壊――「自分さえよければ社会」への警鐘』ランダムハウス講談社、二〇〇六年。
（3）田中治彦『南北問題と開発教育』亜紀書房、一九九四年、一二四―一二五頁。
（4）新田和宏『ESDソクラテス・プログラム――持続可能な社会を創る能動的市民のコンピテンシー』地球市民教育総合研究所、二〇〇六年、三―四頁。
（5）新田和宏『参加型学習――地球市民教育の方法』地球市民教育総合研究所、二〇〇一年。
（6）ロジャー・ハート／IPA日本支部訳『子どもの参画――コミュニティづくりと身近な環境ケアへの参画のための理

論と実際』萌文社、二〇〇〇年、四一―四六頁。
（7）篠原一『市民参加』岩波書店、一九七七年、一一五―一一七頁。
（8）新田和宏『新しい政治学』麦の郷出版／地球市民教育総合研究所、二〇〇七年。

事例1

市民の参加から生みだされる新たな地域づくり

豊中市の子育て中の女性たちの取り組みから

榎井　縁
（財）とよなか国際交流協会

はじめに――市民参加と協働を再構築するために

私が現職（財団法人とよなか国際交流協会職員）に就いた一九九八年、大阪府豊中市は「財政非常事態宣言」を出し、赤字債権自治体となることを回避するため厳しい内部努力を行うと公表した。これにより市の外郭団体にも何割もの予算削減が直撃し、私たちもそれまで実施してきたたくさんの講座やイベントを中止せざるを得なくなった。氷河期が到来した――と絶望的な気持ちになったことを覚えている。

しかしこの事態は、豊中市のパイ（財源）が限られていることを私たちに意識させ、縦割りや分野別で個別に行われていた取り組みを知恵を出し合いながら有機的に繋げたり、公共領域に市民活動を導入させる大きな機会ともなった。そしてそこで分野や課題、セクターを超えた参加と協働が生まれることとなったのである。

とよなか国際交流協会（以下、協会）は、これを機に全事業の洗い直しを行い、使命・役割（ミッション・ステートメント）を明文化した。以後、蓄積されたネットワークやコーディネート能力を発揮し、市民参加や協働による地域づくりの仕掛けを積極的につくり出してゆくなかで、多様で有機的な連携による市民の活動こそが、地道ではあるが持続可能な未来をつくる方法であることを確信するようになった。

本論では、協会の活動基盤となった、子育て中の女性たちを中心とした市民グループが、市の図書館と協働で取り組んだ「環境・共生・活性」を軸とした地域づくりの過程を報告し、そこから生まれた学びを考察する。

1　とよなか国際交流協会の役割

豊中市は大阪市北部に隣接する人口三八万人ほどの中核都市で、ベッドタウンとして発展してきた。市内には伊丹空港や名神高速道路・中国自動車道路が通っており騒音公害などの環境問題にも早くから取り組んできたと同時に、同和問題、障害者問題、女性問題、外国人問題などについても市民の人権擁護の重要課題として総合的に取り組んできた。協会は一九九三年に市の外郭団体として設立され、多岐にわたる国際交流事業を多くの市民ボランティアの参加により展開してきた。

設立五年目になると、在住外国人の激増など「内なる国際化」の時代が到来し、一方で補助金の大幅削減による予算の見直しを迫られる中で、財団のあり方そのものが問われるようになった。協会は一九九九年、「市民の主体的で広範な参加による、人権尊重を基調とした国際交流活動を地域からすすめ、世界とつながる多文化共生社会をつくる」という基本理念を明文化し、事業体系を三つの「つくる」（市民がつくる国際交流活動・外国人市民と共生するまちづくり・ともにつくる世界の未来）で編成し、協会の機能を「社会（地域）参加や社会（地域）づくりのための『場』の創造と『ひと』の育成」に定めた。そしてこの視点に従って事業評価を行い次年度の計画を立てるようになり、マイノリティを中心とした市民参画の場をつくることが重視されるようになった。

二〇〇〇年以降は予算削減による事業縮小傾向の中で、国の委嘱事業等に積極的にアプローチするようになった。これは一九九八年の特定非営利活動促進法（NPO法）成立以降、国が従来の都道府県や市町村だけではなく、公益法人や市民活動団体、またそれらのネットワークによる実行委員会等を事業の委嘱先とするようになったからである。こうした変化は、国が自治体との癒着を避け様々な機関の参加を確保することで、公金使用の公平性や透明性を確立しようとする過程で起きたものといえる。市の外郭組織であると同時に市民活動の実践主体でもある協会

図書館に併設された公民館で行われる「公民館まつり」での「とよなか・おやこでにほんご」の活動風景。（2006年2月）

にとって、こうした委嘱を受けることには予算補塡の意味があると共に、分野を超えた連携をつくりながら事業を推進できるメリットがあった。

その一つとして、文化庁の委嘱事業「親子参加型日本語教室」（具体的な実施事業名は「とよなかおやこでにほんご」）を、二〇〇二年から三年間実施した。その背景には、諸事情で市の国際交流センターの日本語教室には参加できない子育て中の外国人、特に母親たちの存在があった。センターの立地が駅から遠く、天候などによってはバギーを押してくることが不可能であったり、乳幼児は母親から離れないため、保育活動には参加できず、さらに子どもが泣いたりすることによる他の学習者への迷惑を気にするといったことが教室への参加の壁となったようである。言葉の問題を抱えつつ、加えて「密室育児」とさえ言われる日本の在宅育児の状況が、彼女たちの地域社会への参加を一層阻んでしまうことを、私たちは問題と捉えていた。そして、「外国人のことは国際交流センターへ」という行政的な一点集中型の認識を打ち破って、外国人の生活圏により近い地域で、外国人と日本人が交流できる場をつくっていきたいという思いを持っていた。

事業実施にあたっては、協会職員の他、外国人・子育て・市民活動の各分野に関わる行政関係者、学識経験者により実行委員会を構成した。具体的には場所を提供した図書館館長、市の子育て支援課、市民活動課、文化芸術国際課の職員らが参加し、活動状況や課題を共有し、課題解決のために協力し合った。このプロセスで、事業と行政の連携が生まれていった。たとえば担当エリアに外国人親子のいる保健センターの保健師が外国人家庭訪問の際に協会の多言語スタッフに同行を依頼するようなケースが出てきた。この場合保健師は母語で情報を伝えることで保健サービスを十分に提供でき、協会スタッフは外国人親子に「おやこでにほんご」の情報を提供することができる。こうした相互補完的な連携が、事業の過程で少しずつ構築されていった。

先に述べたように、協会は「『ひと』の育成」を基本理念としており、事業の実施主体は市民ボランティアであり、実行委員会はあくまでそのサポート役となるよう心がけた。この点で、次に述べる「子連れボランティア」の養成は、三年間の実施期間の中で一つの大きな成果だったといえる。事業一年目、それまで出産を機にしばらく活動から離れていた女性が、たまたま子どもを連れて日本語支援ボランティアとして参加した。その後日本語教室を実施していく中で、彼女のような「子連れボランティア」こそ外国人親子が求めている存在であることが明らかになった。「子連れ」という共通点に、外国人親子はいわば仲間同士としての安心感や共感を覚えることがわかったのである。そこで二年目からは、子育て中の女性を対象に「多文化子育て支援ボランティア養成講座」を開いた。これには予想を超える数の参加者が集まった。子どもとだけ向き合う毎日の中で、地域とのつながりもなく、社会から取り残されたような疎外感を持つ日本人の母親は少なくなく、彼女たちは「子連れボランティア」として活動に参加することで自分を取り戻したいと望んでいたのである。

以後協会ではこの「子連れボランティア」養成に力を入れ、事業終了の時期には、豊中市立岡町図書館と同庄内図書館でそれぞれ一〇～二〇人の「子連れボランティア」による「おかまち・おやこでにほんご」と「しょうない・おやこでにほんご」が実施され、子どもを連れた外国人と日本人が交流し、いずれも活動が定着した。

2 「市民公益活動推進条例」の制定と「協働事業提案制度」

「おやこでにほんご」の三年目になると、実施期間満了後のことが話題になり始めた。実行委員会では予算が切れたら終了すればよいと考えてはいなかったが、実施主体である市民ボランティアからは、場所のことや行政との連携を含め、自立して活動を続けられるかについて不安の声があがっていた。

一方この時期、豊中市は第三次総合計画（二〇〇一年一月策定）の中で「協働とパートナーシップに基づくまちづくり」の推進を掲げ、二〇〇三年、「市民公益活動推進条例」を制定した。翌年には条例に基づく三つの制度（市民公益活動推進助成金、提案公募型委託、協働事業提案）が定められたが、このうち協働事業提案制度は、市民活動団体と行政・公的機関との協働による効果が見込まれる事業を募集し、公開審査で実施を決定するというものであった。

「おやこでにほんご」の市民ボランティアたちは、この制度を活動存続の機会として活用するため「地球ママくらぶ」という市民グループを設立し、それまでの業績をこのグループの活動として位置づけ直した。そして特に活性化を望んでいた市南部の庄内図書館と連携し、協働事業「リサイクル本の活用による図書館の活性化と地域における共生を推進するための事業」を提案した。事業主体として様々な団体・機関が参加し、図書館を拠点に地域の「環境・共生・活性」等に取り組む「しょうないモデル実行委員会」が結成され、提案は公開審査を経て予算がつき、二〇〇五年から事業が実施されることとなった。

この事業によって、「おやこでにほんご」に関わった市民ボランティアは、自分たちの活動を狭義の外国人支援から地域の連携による共生のまちづくりにまで発展させた。一方図書館は、市内の図書館から出される年間約四万冊もの廃棄本を再生し、その取り組み自体を図書館と地域の活性化に役立てていった。この双方のベクトルが協働事業を成功させたのであり、その協働性の原型はすでに、「おやこでにほんご」で培われた連携の中に芽生えていたといえよう。

3　「しょうないモデル実行委員会」の取り組み

前節の協働事業の大きな目的は、①豊中市南部地域の活性化、②庄内図書館の活性化、③市立図書館から出される廃棄本の有効活用、であった。その達成のために以下の三つの具体的な事業が設定された。まず「環境――リサイクル（R）」で、廃棄本をリサイクルして販売し、その収益を図書館や地域の活性化に活用する。次に「活性――イベント（E）」で、様々な楽しい催し物を企画・開催し、多様な人々の参加を促し、活気ある地域づくりをめざす。最後が「共生――共生のための瓦版（K）」で、独自の地域情報紙＝瓦版を発行して地域の情報を収集・発信し、顔の見える関係を築くことで誰もが安心して暮らせるまちづくりを推進する、というものである。事業主体「しょうないモデル実行委員会」はこの「R・E・K」の頭文字をとって、「しょうないREK《レック》」と通称されている。

「しょうないREK」の実行委員長は「地球ママくらぶ」の代表が務め、図書館と協会が事務局の役割を担うこととなった。他に行政の関連部署（市民活動課、環境政策室、減量推進課、公民館および分館）、保健センター、環境NPO（とよなか市民環境会議アジェンダ21）、本の読み聞かせ市民グループ（おはなしボランティア・ポケット）、校区小学校のPTA組織（地域教育協議会）、商店街振興組合など多様な団体・機関が参加し、会議を重ねながら、地域づくりの実験モデルを創出していった。

リサイクルに関しては、庄内図書館三階に常設の「リサイクル本コーナー」を開設して週一回販売を行った。頒価を一冊二〇～五〇円までと比較的安く設定したところ、売り上げは初年度に四五万円にものぼり、これを事業全体の財源に活用することができた。

「しょうない多文化フェスティバル」で踊りを披露する子どもサンバチーム。（2005年8月）

イベントについては、地元商店街と自治会が共催する「庄内まつり」「庄内公民館まつり」「とよなか市民環境展」に参加し、エスニック屋台やエスニックサロンを出店したり、外国人の子どもを持つ女性たちから指導を受けた地域の子どもサンバチームが踊りを披露したり、絵本の読み聞かせ、リサイクル工作、昔遊び、リサイクル本のコーナーなどを展開した。年度末には多文化共生をテーマに「しょうない多文化フェスティバル」を自ら企画・開催した。

またリサイクル本の収益で「共生のための瓦版」として『ええやん！しょうない』（A3二つ折り、ルビつき）を発行し、地域の情報をはじめ、

「外国人の目から見た地域」の記事、保健センターの健康コラムや治安面の知識とお知らせ、地域で活動する市民グループの紹介など、暮らしに役立つと共に「顔の見える関係」づくりにつながる情報を提供していった（ウェブサイト版も開設）。さらにこの瓦版活動から、外国人との共生をめざす試みとして、身近な生活情報の多言語化プロジェクトが立ち上げられた。

おわりに

活動から一年を経て、「しょうないＲＥＫ」の事業に携わった活動主体からは次のような感想が寄せられた。「一年前はただのボランティアとして受身の姿勢だったが、様々な団体と同じテーブルにつき、意見交換を行ううちに、共に地域課題に主体的に取り組めるということがわかった」（地球ママくらぶ）。「事業に携わるまでは、図書館という公的機関が市民ボランティアの協力を得て活動するという発想がなかった」（図書館）。「最初は要請されて参加したが、もしこの事業がなければ、横のつながりもできず地域はばらばらになっていたと思う。とても得がたい活動だった。他の小学校にも推奨したい」（ＰＴＡ）。「瓦版にコラムを掲載することで、地域の人々に活動に関心を持ってもらうことができた」（保健センター）。「地域図書館の役割を改めて考える機会になった。便利さや速さだけを追うのではなく、地域の顔の見えるネットワークの受け皿になることも必要ではないかと思った」（生涯学習推進室）。初年度の評価を総合的に見れば、複数団体で構成されているため様々な議論はあったものの、モデル事業としてスタートし地域課題を共有していく過程で、「協働への努力」が関係性に変化をもたらしたのだということが明らかになった。

私たちの実践は始まったばかりであり、今後どのように根づかせていくことができるのかなど、多くの課題も抱えているが、この試みから学ぶことは少なくないように思う。

一つは、地域づくりは様々な関係の再構築だということである。地域で生活を営むかぎり、人々や諸団体間の関係はスクラップ＆ビルト的には捉えられないし、「リセット」することはできない。したがって協働のためには、力関係を極力なくすことが重要になる。この事例では、子育て中の女性たちがその蝶番の役割を果たした。彼女らは組織や団体に属さず、「子育て中」という社会から一定の距離のある状況を自覚し、自分たちができることの限界（力の範囲）を知っている。彼女らが起こした活動に、様々な人々が賛同し参加することで地域づくりが進められた。その過程で既存の資源や関係を持ち寄って再構築する発想が生まれ、それが社会的な力関係を超越し、「平等で対等な関係性」をつくりだすことができたといえる。そして何より、子育て中の女性や参加メンバーが、この関係性そのものを社会参加の一つの形として楽しんでいる様子がうかがえた。これは、民主主義の基本原則を生活者の視点で形にしたケースともいえよう。

第二に、それと関連することだが、関係性の再構築の中でそれまで殺がれていた女性たちの力が取り戻されるというエンパワーメントの過程があり、それが地域の再生に結びつくということである。こうした女性たちだけでなく、赤ちゃん、子ども、障がい者、外国人といった、より力を奪われやすいマイノリティの人たちが、「支援されて元気になる」のではなく自ら元気を取り戻すことが、地域の再生に直結している。

第三に、循環的なソーシャル・キャピタル（社会関係資本）[1]の創出が挙げられる。たとえばここでは、廃棄本のリサイクル収益で瓦版を発行し情報発信を行う、地域の多言語化を推進するなど、資源を個人もしくは特定の団体が所有・消費するのではなく、関係性の再構築に資する「市民社会資本」として共有し、地域で循環させていくことが重要であることがわかる。

最後に、この活動がモデルにとどまらず真に社会化されるのか、という大きな課題について触れておきたい。豊中市では行政やＮＰＯ、外郭団体のゆるやかなネットワーク「ＥＳＤとよなか」[2]による持続可能な地域づくりの取り組みが二〇〇五年にスタートした。翌年就任した淺利敬一郎市長は「持続的に発展する都市をめざし、『国連持続可能な開発のための教育（ＥＳＤ）』に関する取り組みを進める」ことを公約し、市庁内に「ＥＳＤの一〇年・とよなか連絡会議」[3]が立ち上げられた。今後は、こうした一連の動きが画餅とならず、本稿で紹介したような個々の地道な取り組みをつなぎ、協働のムーブメントを形成するための仕組みづくりに貢献できるかどうかが問われることなるだろう。

●注

（1）ソーシャル・キャピタル（social capital：社会関係資本）は、人々の協働行動が活発化することで社会の効率性が高まるという考え方に基づき、信頼関係、規範、ネットワークなど社会組織が形成する資本の重要性を説く概念である。人間関係資本、社交資本、市民社会資本とも訳される。

（2）構成団体はとよなか国際交流協会の他、次の通りである。（財）とよなか男女共同参画推進財団、（社）豊中市社会福祉協議会、（特活）とよなか市民環境会議アジェンダ21、（特活）とよなか市民活動ネットきずな、とよなか人権文化まちづくり協会、豊中市環境政策室、同人権企画課、同教育委員会。

（3）構成団体はとよなか国際交流協会の他、次の通りである。市からは総務部人材育成室職員研修所、人権文化部（市民活動課、人権企画課）、政策推進部広報広聴課、環境部（環境政策室環境企画チーム、公園みどり推進課）、市民生活部市民生活課、健康福祉部（地域福祉課、健康づくり推進課）、子ども未来部（子育て支援課、青少年課）、教育委員会学校教育室（学校指導課、教育センター）、教育委員会生涯学習推進室地域教育振興課、教育委員会人権教育企画課。外郭団体として（財）とよなか男女共同参画推進財団、（社）豊中市社会福祉協議会。

●参考資料

●豊中市人権文化部市民活動課『ふらっと』第一六号（豊中市市民公益活動推進施策実施状況報告書［概要版］）、二〇〇五年

●豊中市ウェブサイト（http://www.city.toyonaka.osaka.jp/toyonaka/npo/temp/seido-kyodo.html）

●しょうないREKウェブサイト（http://shonairek.fc2web.com/）

●しょうないREK『ええやん！　しょうない』準備号、創刊号、第二号、二〇〇五―〇六年

●榎井縁・冨江真弓「母と子の主体的参加でつくる多文化共生事業の実践――図書館を拠点に持続可能な地域づくりをめざす市民グループ『地球ママくらぶ』誕生にいたるまで」（帝塚山学院大学国際理解研究所主催「第三〇回国際理解教育賞」およ

び「国際文化フォーラム賞」受賞論文、二〇〇五年）

●榎井縁「足元の課題に気づき、未来への学びを共にはじめる――財団法人とよなか国際交流協会の事業展開とＥＳＤという機会の降臨」（『国際理解』第三六号、帝塚山学院大学国際理解研究所、二〇〇五年、五六―五九頁）

●榎井縁「ＥＳＤとよなかの試み――つながりと多様な交わりを長期的視点で続ける」（『解放教育』第四五五号、明治図書出版、二〇〇五年、八九―九五頁）

事例2

「もやい直し」とコミュニティ再構築

遠藤邦夫
（財）水俣病センター相思社

はじめに

水俣は水俣病で名前が知られている。これは間違いない事実だが、水俣に住んでいる者にとっては決して嬉しいことではない。それは、水俣病の被害がその範囲も人数も分からないという現実からきている。水俣病事件が被害補償に終始した印象が強く、そのなかで「お金を欲しがる水俣病患者」というイメージが患者以外の地域住民によって作られた。その結果、地域内では水俣病患者が見苦しい病気にかかった者として差別され、地域外ではそのイメージが住民を萎縮させた。本稿では、水俣病の事実と向き合うことによって「イメージとしての水俣病」を読み解き、囚われていた主体を住民たち自身が取り戻す経過を報告する。テーマは水俣の再生である。

財団法人水俣病センター相思社は一九九〇年までは未認定患者運動に関わり、それ以降は「水俣病を伝える」活動を代案提示型に転換して行ってきた。私自身のテーマとしては、逆説的な表現になるが「水俣病は終わった」と言える世の中にしたいと考えている。そのためには水俣病事件が生み出してきた数々の言説を、検証することが必要となっている。

1 水俣の再生を考える前提について

水俣病は一九五六年の公式確認当時から、失敗の連続であった。水俣病という公害を起こしたチッソ株式会社の失敗はいうまでもなく、産業活動を指導・監督する立場にあった国・県は、地域住民のいのちよりも生産物を優先した。住民にとって一番身近な市役所は、事件の背後にチッソの存在が見えるようになると被害者たちを見棄てた。被害者を取り巻く近隣の住民は、「奇病」の恐怖から病気に苦しむ人々を忌避した。漁村から遠いマチ部の人々は、根拠のない噂や、国やマスコミの言説に踊らされた。それぞれの失敗は率直に顧みられることなく、虚偽に虚偽が上塗りされ、何が事実であるかさえも分からなくなっていった。

水俣病の事件史年表は数多く存在するが、そのどれも誰もが了解できる歴史になっていない。例えば一九五六年に水俣病（当時は奇病）が、水俣保健所によって公式に確認されたことについては誰も異存はないだろう。一九五八年厚生省が下した「水俣湾内の全ての魚介類が有毒化されているとは言えないので、食中毒を理由に漁獲禁止はできない」という判断などは、厚生省にとっては記録に残して欲しくない項目だろうし、被害者側からみれば国の無責任さを端的に表現している事実であろう。一九五九年の見舞金契約などは、一九七三年の水俣病一次訴訟判決で「公序良俗」に反すると指弾されるまでは、「被害者に対する補償は見舞金契約で確定しているので、被害者たちには民事訴訟を起こす資格がない」というチッソの主張に利用された。また一九七七年八月に環境庁が発表した「いわゆる後天性水俣病の判断条件[1]」については、それが事実であることは誰でも認めるだろうが、その評価は国と被害者の間では全く異なっている。

さまざまな事柄を紹介してきたのは、水俣病事件を振り返るためではない。水俣病事件は加害・被害を確定すれば事足りる補償事件ではなく、産業界や国に責任のある社会的な事件であって、その経過が人々に与えた全ての影響を考察することが必要である。その限りで、「水俣病事件は解明されていない」という言説は正しい。しかし、チッソのある水俣地域で暮らしている被害者を含む住民にとっては、水俣病事件が解明されようとされまいと、日々の暮らしは続いていく。また、地域の人間関係がゆがみ・ねじれていたとしても、人々はその中で生きていくほかない。つまり「水俣の再生」とは、今あるこうした現実を受けとめ、私たちをとりまくモノ・関係・自然等を活用して、より良いコミュニティを創っていくという命題を立てることである。

2　水俣のコミュニティ創出の試み

(1)「もやい直し」はコミュニティの再構築である

もともと「もやい」は船をつなぐ綱の意味だが、農村共同体では神社の掃除や修理を住民が一緒に行うことを意味している。「もやい直し」は、そうした共同性が壊れてこんがらがった状態を、人々が協働することで修復していくことを表す。私たちは水俣における人間関係や共同性の喪失を、水俣病の社会的被害と捉えている。今ここにいる私たちが、自分たちの生活世界を創るさいに選択しうる行動は、私たちをとりまくものを素材として出発することしかない。

一九九〇年までの水俣病は、地域住民にとって水俣の災難であり恥ずべきことだった。しかし被害を受けた水俣病患者は、このことで二重に自身の存在証明をしなければならないことになった。一つには、チッソの流したメチル水銀の被害を生身に受けたことの証明を求められ、二つには「水俣病被害は恥ずべきことではない」ということを証明しなければならなかったのだ。前者は主に加害企業チッソとの直接交渉や裁判などの中で行われた。後者は水俣病被害を広く世間に知らせることによって、患者ばかりでなく水俣地域に住んでいる人々が受けていた差別と闘うことであった。しかし水俣の住民は水俣病患者が何故闘っているのか、何と闘っているのか知ろうとはしなかった。

一九九〇年に始まった熊本県と水俣市による「環境創造みなまた推進事業」は、行政がそれまで積極的に水俣病に取り組んでこなかった姿勢を改めたものであった。火中の栗を拾う決心をしていた行政マンたちは、被害者との対話を粘り強く続けていった。ここで確認しておきたいのは、水俣の住民も被害者も自分からは「水俣の再生」を言い出すことはできず、行政を一種スターターの役割にしたことである。このときのキーワードが、被害者と市民・行政の「出会い」であり、それらの関係修復としての「もやい直し」であり、認識から改めるのではなく一緒に行動する「協働」だった。

(2) 資源ごみの分別収集、もう一つの意味

一九九三年、水俣ではごみ焼却場での事故をきっかけとして、資源ごみの一六種類分別収集（現在は二三種類）が始まった。環境モデル都市を目指していた水俣にとって、ごみ・水・食べ物に気をつけることは、直接的に水俣病の経験を活かすことでもあった。住民が集うことで「ごみ端《ばた》会議」が生まれ、地域の風通しが良くなったりもしたが、ここで重視したいのはそこに注がれるまなざしである。「水俣ではどこでもやってない細かい分別をやっている」ことが報道され有名になって、各地の行政・議会の視察やマスコミの取材が相次いだ。また、環境学習などで水俣を訪れた小学生や、修学旅行にやってきた高校生が、見学するばかりでなく住民と一緒に分別を体験している。その結果起きたことは、住民が自分たちのやっていることを誇りに思うようになったことだ。

資源ゴミを分別する住民たち。地域の誇りを取り戻すきっかけとなった。

水俣病事件以来の歴史の中で、水俣の住民がプラスの意味で注目され評価されたのは、これが初めてではないかと思う。現在も「正直に言えば、水俣病のことはもうたくさん」と思っている住民が多数派であることは確かだろう。より被害者側に立った切り口からすれば、「水俣病をないがしろにして、公害を環境問題に切り縮めて満足している」となるのかもしれない。しかし、水俣の

住民が水俣病と向き合うためには、批判されるばかりの存在でいてはそのスタンスを形成しようがない。自分自身を見直す余裕がなければ、他者の痛みを分かろうとすることはできないものだ。資源ごみの分別によって少し誇りを取り戻した人々は、水俣病被害者の声を聞く余裕が少しだができた。

そして一九九四年五月の水俣病慰霊式で、当時の市長吉井正澄が「身近な行政としてできることをしなかったことを謝罪」したことによって、住民も「やっと正直なところを言うことができる」と思ったに違いない。こうしてごみ分別の「協働」を通して、住民同士・住民と被害者の「出会い」が生まれ、「もやい直し」が見え始めた。

(3)学校版ＩＳＯが子どもと水俣病を結ぶ

次に水俣の学校で行われている子どもたちの取り組みを紹介する。「私たちの学校でも、ＩＳＯ（国際標準化機構）の活動にちなんで、学校版ＩＳＯ活動として、節電・節水やゴミを減らす取り組みなどＩＳＯ委員会・ゴミゼロ隊を中心に全校生でがんばっています。また、水俣病のことを学び、二度とあのような公害を起こさないために、環境を守るためにどうすればいいかの学習もしています。…私たち水俣の子どもが、まず、水俣病のことを正しく理解し、それを、日本中、世界中の人たちにきちんと伝えていかなければならないと考えています。そして、このすばらしい水俣のことをみんなにわかってほしいです」（水俣第一小学校生徒）。

学校版ＩＳＯの直接的な目標は、環境負荷を減らす・二酸化炭素削減・ごみ減量等々だ。水俣市で行われてきた「水俣病の経験を活かしたマチ作り」は、一つの行動が一つの結果ではなく、二つ三つの効果を産み出すことを目論んでいる。子どもたちが学校版ＩＳＯ活動を行うことによって、大人たちがやっている資源ごみの分別に子どもが関われるようになった。そこに大人と子どもの「出会い」が生まれる。環境に良い取り組みをすることで、水俣という地域を自慢できる＝誇りが生まれる。水俣病の経験を活かした「環境モデル都市みなまた」の取り組みに関わることで、水俣病に触れることが自然に行われる。一九九〇年以前には、地域でも学校でも水俣病はタブーとされていたことを思うと、改めて水俣の変化を感じさせられる。

今から二〇年前には水俣の小学生が他地域へ修学旅行に行った時、旅館が子どもたちの使った布団を特別に消毒するという事件が起きたり、他の学校の子どもから「やーい水俣病、うつるからそばによるなよ」と言われて、水俣の小学生はうつむいて何も言えなかった。それは何も子どもばかりでなく、大人も水俣出身と名乗ることができなかった。それは地域で水俣病患者を差別したことの裏返しであった。しかし数年前には県内の中学校で、「水俣病に気をつけろ」という心ない発言が校内でされたことに対して、生徒が校長に「こんなことが起きている。改めて欲しい」とメールで抗議した。この事実に、水俣が十数年にわたり水俣病学習に取り組んできた成果が現れている。水俣病を知り・患者と出会い・環境に良い取り組みをしてきたことで、子どもたちは生まれ故郷の水俣を誇ることができるようになった。

（上）水俣湾埋立地を案内する相思社職員。水俣病を伝えることを使命とする相思社にとって大事な仕事。（下）相思社集会棟で子どもたちに体験を語る杉本栄子さん。

(4)相思社による水俣の環境学習

「場所は記憶をもっている。そして、場所は記憶することの痛みをもっている。場所は記憶をためる。そして、沈黙のモノガタリを語りつづける。いや、その語りは沈黙であるどころか、じつにはっきりとした声を放っている。それを聞く耳、その声を聴きとる耳が必要なのだ。場所の大記憶庫を開いていく耳が」（鎌田東二『聖なる場所の記憶』講談社）。これは、まさに水俣湾埋立地のことではないか。五〇年前の水俣湾、一〇〇年前の水俣湾を思い浮かべたい。そこで魚を獲っていた人々は、どんな暮らし方をしていたのか？　水俣の環境学習の背景には水俣病があるが、同時に人々の仕事の仕方・食べ方・ムラでのつきあい方まで想像しなければ、人々を襲った水俣病の実像は分からない。

水俣には一五年ほど前から、小中学校の社会科見学や環境学習、高校生の学習旅行、大学生の夏期ゼミなどで訪れる人が増えてきた。相思社ではこうした生徒・学生たちを、水俣病関連の場所を巡ったり、水俣病患者の話を聞くことを中心に案内してきた。それはどちらかというと、水俣病の知識を詰め込む様式だったように思う。しかし大事なことは、水俣を訪れた人々が、水俣病との関わり方を自分で考えるようになることではないか。そうすると案内する私たちの役目は、知識を教え込む「先生」となるのではなく、人々の心に残るきっかけ作りをすることである。相思社の案内コースには必ず訪れる場所がある。それは、時間に余裕があれば茂道《もどう》湾や明神海岸であり、余裕がなければ埋立地親水護岸からの水俣湾の風景である。案内すると「海のきれいさに驚いた」「海の水は塩辛い」などの感想が寄せられる。私たちはイメージの水俣と現実の水俣の差異を、水俣病の始まった海から感じてもらうことを心がけている。漁船に乗って水俣湾をめぐること、グリーンスポーツで魚捌《さば》きの体験をすること、海辺でのんびりした時間を過ごすこと、これらは全てイメージと現実のギャップを体感する仕掛けといえるだろう。

今から一三年前、仲間と「水俣病で飯が食えるか」という議論をしたことがある。当時は水俣病に関わっていた私たちですら、環境学習や学習旅行で年間一万人近い人が水俣を訪れるようになろうとは想像だにできなかった。人は実際の役に立たないことの譬えを「絵に描いた餅」というが、一三年前に私たちが描いた「餅」は、まだ小さいけれど現実のものとなりつつある。

3　自己批判を含めての状況整理

唐突にきこえるかもしれないが、私はコミュニティの共空間の喪失は、団塊世代のしたことにその根があるように思える。集団就職世代と団塊世代を比較すると、両者には興味深い違いがあることが分かる。一九五四年から始まった集団就職では、若者たちは生まれ育った場所から泣く泣く引き離され、大都会に若い労働力として供給された。一方団塊世代は、故郷を離れるのに後ろを振り返ることもなく、喜び勇んで都会に吸収されていった。両者の決定的な相違は、六〇年代以降の教育やメディアの影響を受けて形成された後者の価値観である。それを形作ったのは、一つには国家による「高度経済成長神話」教育の充実、二つには当時テレビ放映が始まったアメリカのホームドラマが体現していた「豊かな社会」のイメージの流布である。さらに、年代の特定は難しいが、象徴的にいえば、集団就職世代の頃にはいまだ農漁村の生産余力が残っていたのに対し、団塊世代はすでに食べる米がなかったという違いもある。いずれにせよ団塊世代がムラを捨てたことで、農漁村は次の世代を準備することができなくなり、都市部への労働力供給システムに組み込まれ、その代償として公共事業や地方交付金などによる税金の再配分を受けながら、二つのジリツセイ（自立性・自律性）を喪失していった。こうして地方における共空間は喪われた。

団塊世代はその後、大学闘争でそれまで権威とされていた教授たちをこき下ろし、街頭では「安保粉砕・日帝打倒」などと大して考えてもいないスローガンを叫び、卒業すると要領よく企業に収まった。早い話が団塊世代の役割は、アメリカが一九七〇年代から強力に推進し始めていた市場原理主義——全てを市場に委ね、いずれ階級社会ならぬ「格差社会」をもたらすことになるムーブメント——のお先棒をかつぐことだけだったのではないか。団塊世代が謳いあげた、明治以来の通俗道徳やムラ社会の全面否定は、資本主義の創成期に必要とされた「土地と人格への依存関係から自由な個人」という概念の思想的完成型として利用されたにすぎなかった。これは他人の悪口ではなく、団塊世代と呼ばれる一人である私自身へのいましめと受け取ってもらいたい。

おわりに——ほんとうの幸いを求めて

結論は陳腐なものである。それは相思社の活動理念「患者とのつきあい」「地域との主体的な関わりの模索」「水俣病を伝える」に表現されている。これらは、個別的には「水俣病患者も幸せに暮らせる地域づくり」であり、普遍的には「水俣病が二度と起こらない社会を求めていくこと」である。宮沢賢治が語った「ほんとうの幸い」を、四〇年前にはしゃらくさいと思っていたが、今は素直に受け止められるようになった。

二〇〇七年現在、水俣が抱えている課題は、二〇〇四年の関西訴訟最高裁判決以来の水俣病認定を巡る状況、水源地に計画されている産業廃棄物処分場の問題、具体的な進展をみせない「環境モデル都市みなまた」の構想など多々あるが、これらの課題とその周辺の事象を「出会い」「協働」「もやい直し」で描いてみれば、自ずと道が見えてくるだろうと楽観しておきたい。ただ、ムラ社会以外のコミュニティを知らない私たちは、西欧型市民社会でもなければムラ社会そのままの再構築でもない、水俣オリジナルのコミュニティを創る計画を描かなければならない。これだけ痛めつけられ続けてきた水俣に、しかし再生の物語を描こうとする「不屈の楽観主義」は確かに存在する。

●注

（1）汚染地区の魚介類の摂取などメチル水銀への曝露歴がありかつ感覚障害が認められること。それに加え、運動障害・平衡機能障害・求心性視野狭窄・中枢性の眼科または耳鼻科の症状などの一部が組み合わさって出現することを基準としている。この判断の現実的背景は、チッソが患者補償金を支払えなくなったことを受けて実質的にそれを肩代わりするようになった国が、経済的負担減少を図ったものである。

（2）二〇〇四年一〇月、不知火海周辺から関西に移り住んだ水俣病患者たちの裁判（いわゆる関西訴訟）の最高裁判決では、一九六〇年以降の水俣病発生についての国・県の責任を認めた。同時に感覚障害のみの水俣病があることも併せて認めた。

第6章

子ども・女性の参加

地域社会づくりにおける「住民参加」の必要性については，今日では広く認識されている。しかし，私たちは子どもや女性，少数民族や先住民族，障がい者など社会的に弱い立場に立たされてきた人々の声に耳を傾け，彼ら／彼女らの「参加」について真に考えてきただろうか。本章では，子どもや女性の社会参加の事例を通して，参加のプロセスにおける意識や行動の変化，そして参加が人間的な成長を促すことに注目する。さらに開発教育が，剥奪された人間が自ら自律的な力を取り戻し，エンパワーメントを実現するものであることを提示したい。（写真：「国連子ども特別総会」の成果文書について話し合う子どもたち。2002年6月14－15日，ナイロビ，インシュランス大学におけるワークショップにて。）

総論

子ども・女性の参加と開発教育

かながわ開発教育センター理事　**磯野昌子**
国際協力NGO職員　**奈良崎文乃**

はじめに

私たちは世界の子どもです。

私たちは搾取と虐待の被害者です。

私たちはストリートチルドレンです。

私たちは戦争下の子どもたちです。

私たちはＨＩＶ／エイズの被害者であり孤児です。

私たちは良質の教育と保健ケアを否定されています。

私たちは政治的、経済的、文化的、宗教的および環境的な差別の被害者です。

私たちは声を聴いてもらえない子どもです。そろそろ私たちの声を考慮してもらわねばなりません。

私たちは子どもにふさわしい世界を求めます。私たちにふさわしい世界はすべての人にふさわしい世界だからです。


これは二〇〇二年五月八日、ニューヨークで開催された「国連子ども特別総会」において子ども代表が読み上げたメッセージ「私たちにふさわしい世界」の抜粋だ。(1) これまで大人たちだけで議論が行われてきた国際会議の場に子どもが代表として招かれ、子どもたちのビジョンが世界の指導者に向けて発信された「子ども参加」の一例である。

また「女性の参加」についても、数次の世界女性会議の積み重ねを通じて具体的な行動計画が打ち出されたことも追い風となり、家庭、地域、政治などの分野でその推進が注目を集めている。

地域社会づくりにおける「住民参加」の必要性については、今日では広く認識されてきている。しかし私たちは、子どもや女性、少数民族や先住民族、障がい者など社会の周縁部におかれてきた人々の声に真に耳を傾けてきたとはいえないのではないだろうか。一九九〇年代以降、従来の経済成長中心の開発やそれによるグローバル化の進展が、世界規模で排除や競争、環境破壊や文化の画一化を生み出してきたことが少しずつ認識されていく中で、人権の充足とそのための社会条件の整備を重視する「人間開発」や「社会開発」の考え方が提唱されてきた。そこで主要な目標として掲げられたのが、子どもや女性の権利の擁護と「エンパワーメント（人が自らの力を信じ、発揮していくこと）」である。子どもや女性の参加は、人権としての参加権の保障、参加による自らと地域社会のエンパワーメントという二側面からクローズアップされてきた。

「子どもが世界を変える」「女性の参加がパラダイムシフトを起こす」といったスローガンは、これまで地域社会づくりにおいて排除されてきた子どもや女性がその新たな主体となることで、従来とは異なった価値観に基づく持続可能な社会が築かれることへの期待を表している。「社会的弱者」として扱われてきた子どもや女性の参加を促進することで、自ずと他の弱い立場におかれた人々にも地域社会の目が向くようになる効果も望める。そしてそれは多文化共生の社会づくり、冒頭の子どものメッセージにある「すべての人にふさわしい世界」づくりへの大きな一歩となるのだ。

また、子どもは世界人口の三分の一を占める未来社会の担い手であり、女性は同じく半数を占める存在である。子どもと女性の参加は、その数においても社会を変える最も大きな原動力となり得る。

本稿では、国際社会の中でも先駆的な開発途上国の地域づくりにみられる子ども・女性参加の事例を取り上げながら、子どもと女性の参加が切り拓くこれからの社会と、その実現に向けた開発教育のあり様を展望する。

1　世界と日本における子ども参加

(1)「子ども参加」とは？

そもそも「子ども参加」とは何だろうか。「参加のはしご」[2]理論で知られるロジャー・ハートは、参加を「ある人の生活や、ある人が暮らしているコミュニティの生活に影響を及ぼす決定を共有するプロセス」と定義している。したがって「子ども参加」とは、子どもたちが自分自身に関係あることについて、意思決定のプロセスに参加することである。子どもたちは、発達段階に応じた形で、自分のニーズや欲求、夢や希望を表明し、家庭、学校、コミュニティなど様々な場で「参加」を実践している。また参加の形態も多様である。ユニセフ・イノチェンティ研究センターでは、それを大きく以下の三つに分類している。[3]一つは、子どもが大人との協議に参加すること、二つ目は子どもが参加型の取り組みをすること、三つ目は子どもが政策提言できるように自らをエンパワーすることだ。その具体的な活動としては、子どもたちが情報を求める、欲求を表明する、意見を表明する、状況を分析する、意思決定する、解決法を考え・実行する、提案・提言する、モニタリング・評価するなどが挙げられる。

このように、子どもは日常生活において多様な「参加」の機会を得ているにもかかわらず、現実には子どもたちは様々な局面において、「半人前」「未熟者」として扱われたり、「援助」や「保護」の対象としてのみみなされたりすることも多い。また、子ども参加の促進が大人の権威を損なうと考えられてしまうこともある。「子ども参加」はこのような障壁を乗り越えながら、「子どもに影響を与える問題について、大人は子どもと話し合う」という原則を推進することに他ならない。大人は、子どもたちに意見を求めそれを真剣に考慮する責任と、子どもが家庭、学校、地域社会や世界で、意味ある形で参加する力を伸ばせるように手助けをする責任を負っている。

図1に示されるように子ども参加の機会は、家庭、コミュニティ、学校、公共政策の決定、社会というように、

図1　子ども参加の広がり

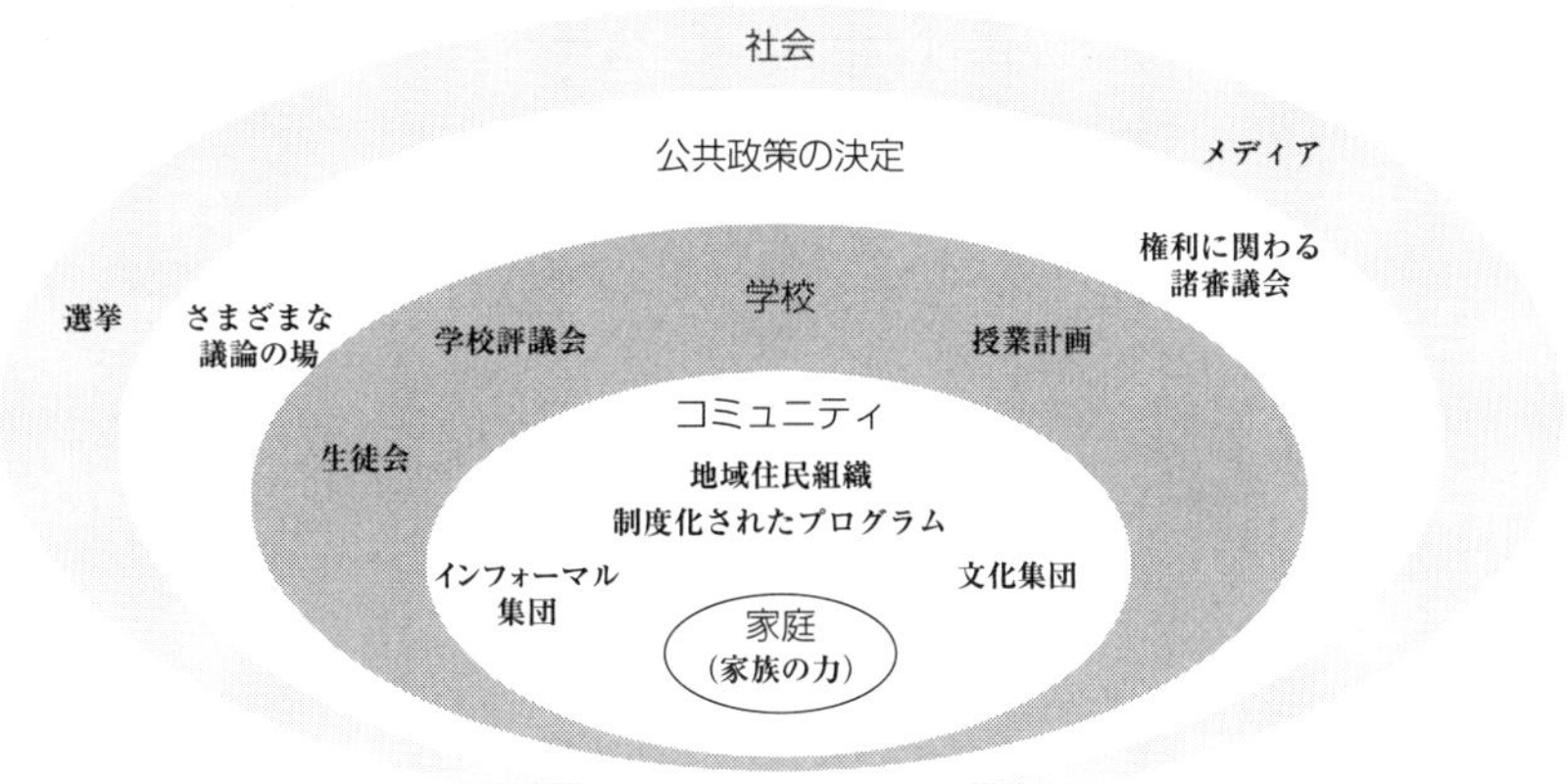

出所：『世界子供白書 2003』,「子ども参加」より（一部改変）

子どもの成長発達につれて私的な空間から公的な空間に広がっていく。そしてその影響力も地域から世界へと拡大していく可能性を有している。

(2)子ども参加の背景――「子どもの権利」と「市民社会概念」

子ども参加は、国際社会における子どもの権利概念の発達と密接に関わりながら形成されてきた概念である。特に画期的であったのが、一九八九年に国連で採択された「子どもの権利条約」である。そこでは、子どもは保護されたり権利を付与される「対象」であるだけの存在でなく、権利を行使する「主体」であることが認められた。全五四条からなる「子どもの権利条約」は、大きく分けると四つに分類され、「生きる権利」「発達する権利」「保護される権利」と併せて「参加する権利」からなる。つまりこの条約によって、子どもの「参加する権利」を保障することが国家や大人に求められるようになったのである。

「子どもの権利条約」の採択は、子ども観に大きな転換をもたらした。それは、子どもを「対象者」とみなすアプローチから、子どもを「権利の主体」や「パートナー」とみなすアプローチへの転換である。国際社会においては、これまで大人だけで議論が行われていた国際会議の場に子どもが代表として招かれたり、大人の会議と並行して子ども会議がＮＧＯの働きかけで開催されたりするようになったことが、この転換を象徴している。[4]

子ども参加の広がりのもう一つの背景として、市民社会における住民の主体的な社会参加という文脈も挙げることができる。現代的市民社会概念に大きな影響を与えた一九世紀フランスの政治思想家Ａ・トクヴィルは「市民たることを学習するためには、子どもの頃から地域の組織に参加することが重要」と述べているという。[5]つまり、社会に主体的に関わる過程で、子どもたちは自分たちの意見に耳を傾けられ、子ども同士または大人との話し合いによって物事を決定するという「民主的な体験」をする。その体験を通じ、子どもたちは自分自身の意見や信念とともに他人の意見や信念をも大切にすることや、世界に積極的に関わろうとする主体性を学んでいく。これらは将来の社会参加の準備となる体験であり、「子ども参加」は市民の育成および市民社会の形成のためにもっとも必要で効果的な方法と言えよう。

(3)子ども参加の取り組み事例

国際協力ＮＧＯにおいても近年、子ども参加への注目が集まっている。[6]多くのＮＧＯが、開発途上国の子どもの支援活動において、子どもを「援助」や「保護」の対象としか捉えてこなかったという反省に立ち、「子ども参加」を活動に採り入れ始めている。本章事例2は、まさにこのような背景の下で実施された取り組みである。この事例では、子どもたちが地域社会の課題を的確に捉え、その解決に向けて主体的に行動する力をつけていくためのきっかけとして、子どもたちによるビデオ制作という手法を試みている。この事例は、子どものエンパワーメントが、これまでの大人中心の地域づくりの限界を乗り越え、オルタナティブを創りだす大きな力となりうることを示している。さらに、子どもたちの政策提言は、彼ら／彼女らの足元の地域社会に留まらず、他の地域社会や国境を越えた地球社会へも発信されうること、つまり地域からの発想がより良い地球社会づくりへの発想に広がる可能性を併せ持っていることも示唆している。

また、日本においても子ども参加の取り組みは、ＮＰＯやＮＧＯ、自治体、児童館、学校などの場で広がりをみせている。

例えば国際協力NGOフリー・ザ・チルドレン・ジャパンは、一八歳以下の子どもが主体的に活動する「子どもによる子どものための国際協力NGO」として一九九九年より活動を始め、国内での児童労働に関する勉強会やアドボカシー活動などのほか、フィリピン、インド、カンボジアの困難な状況にある子どもの支援などの国外活動を進めている。日本の子どもと途上国の子どもが交流し、より良い世界を創っていくこと、日本の子どもとその主体的な活動を応援する大人が年齢差を超えて協力し合っていることが活動の特色だ。

神奈川県川崎市や岐阜県多治見市等では、子どもに関する条例の制定・実施において「子ども参加」が図られている。子どもの意見を行政に反映させる「子ども議会」を開催する自治体も増えつつある。東京都杉並区の児童青少年センター「ゆう杉並」では、子どもたちが主体的に文化、芸術、スポーツなどの企画・運営に関わり、自分たちが生き生きと交流できる地域社会における「居場所」を創りだしている。

学校においても子ども参加の多様な取り組みがなされており、本章事例3はその一例である。それは中学生が地域社会の活動に参加しながら、具体的で実行可能なアイディアを提案していくというものだ。この実践は、生徒がどのように地域社会との関係性を築いていくかという「社会参画」の視点と、問題解決への取り組みを通じてポジティブな社会像を描くことができるという「未来創造」の視点から構想されている。これは、子どもを「保護」や「教育」の対象としてのみ捉えがちな日本社会において、子どもたちも地域づくりの「担い手」として捉えなおす先駆的な取り組みと言える。

(4)子ども参加を支援するために

各地における子ども参加の取り組み、また国際社会での子どもたちの活躍は、子どもたちが、多くの大人が想像する以上に多様な意見とアイディアを持っていること、物事を判断し決断することができることを実証している。

このような子どもの活動を支援するにあたっては、「子ども参加」が、目的や内容、大人の関与の仕方などに応じて様々な形態をとることを認識しておくことが重要である。(7) 子どもが操られたり、お飾り的な、また見せかけの参加者として扱われたり、年齢や能力に合わない方法で参加が進められたりすれば、最悪の場合には子ども参加そのものが抑圧、搾取、虐待となってしまうからだ。また子ども参加とは、単に子どもの意見を支持することではないことを大人と子どもが知っておかなければならない。子どもたちは大人との対話や交流の中で、時に意見を変更したりもしながら、段階的に自分の周りの世界に建設的な形で影響を及ぼす方法を学んでいき、除々に大きな責任を担っていくよう促されるのだ。つまり子ども参加においては、親、教員、地域住民をはじめとする大人が、子どもの発達段階を的確に捉えること、自分たちが子どもたちから学ぶことに対して開かれた姿勢を持っていること、子どもと大人が安心して対話できる空間を家庭、学校、地域社会に確保すること、適切な情報提供と支援を行っていくことが前提となろう。

「私たちがすべての人々にとって真の意味でふさわしい世界を築こうとするのであれば、それは、子どもたちと若者の全面的参加を得て初めて可能になるだろう」とのキャロル・ベラミー前ユニセフ事務局長の言葉にあるように、これからの地域社会・地球社会には、大人とは違う視点やビジョンをもつ子ども、偏見や既成概念から自由に思考することができる子ども、次世代を担っていく子どもの主体的参加が欠かせない。大人だけが地域・世界のあり方を決めるのではなく、子どもたちが住みたいと願う地域・世界を築きあげるプロセスに子どもたち自身が参加する社会への転換が必要なのである。

2　女性の参加とエンパワーメント

(1) 女性の人権と参加をめぐる歴史的進展

「女性の参加」が歴史的に最も注目されたのは、女性の政治への参加、すなわち婦人参政権の獲得である。婦人参政権運動は一八九三年のニュージーランドに始まり、多くの国では第一次あるいは第二次世界大戦後の民主化の進展とフェミニズム運動の高揚の中で女性の参政権が確立された。日本では敗戦後の一九四五年にＧＨＱ（連合国総司令部）の指令によって実現したが、そこに至るまでには国内の女性たちによる大正期からの運動の蓄積があった(8)。しかし参政権の獲得後はどこの国でも女性たちの運動が停滞し、選挙権だけでなく広く社会への参加を求める運動へはつながらなかった。

一九四八年、国連で「世界人権宣言」が採択され、男女の平等を実現するための条項が盛り込まれた。しかし、女性の人権に関する認識や保障は遅れがちだった。一九七九年に採択された（日本の批准は一九八五年）「女子差別撤廃条約」では、前文に「国の完全な発展、世界の福祉及び理想とする平和は、あらゆる分野において女子が男子と平等の条件で最大限に参加することを必要としている」（傍点引用者）と記されたが、それが具体的に女性の社会参加を促進することはなかった。

今日の女性の権利全体について最も影響を与えたのは、一九九五年に北京で開かれた第四回世界女性会議である。そこで採択された北京行動綱領では、女性の人権に関する国際的基準と現実の女性の人権状況との大きなギャップを問題として、女性が自己の権利を知り行使できるようにするための政策を各国に積極的に展開するよう求めた。その冒頭には「この行動綱領は女性のエンパワーメントのためのアジェンダである」と記され、女性のエンパワーメントのためには「権力及び意思決定における参加」が不可欠であることが強調された。国会や政府などの公的機関だけでなく民間部門を含めた社会のあらゆる意思決定機関に参加することが重要であり、そのためには各機関において一定の人員枠を女性のために確保するなどの優先政策も勧めている。また政治領域に限らず、芸術、文化、スポーツ、メディア、教育、宗教、法律の各分野でも意思決定を行う地位に女性が少ないことや、家庭内の性別役割分業構造自体が女性の参加を阻んでいることが指摘された。

日本政府は北京行動綱領を受けて「男女共同参画二〇〇〇年プラン」を作成し、一九九九年には「男女共同参画社会基本法」が制定された。「参画」という言葉に、女性の意思決定の場への参加が重視されていることが表されている。しかし、同法施行後も、諸外国に比較して日本では固定的な性別役割分業意識が根強く、議員や管理職に占める女性の割合が著しく低いことや、男女の収入の格差が依然として大きいことが指摘されている。[9]

(2) 開発への参加とエンパワーメント

女性の参加は、欧米などの先進諸国よりも開発途上国の貧困問題に対する取り組みの現場で進展してきた。従来援助や福祉の対象とされてきた女性が「開発過程に参加する」ことが重要であるという認識の転換を促したのは、一九七〇年にエスター・ボズラップが著した『経済開発における女性の役割』[10]である。この書では開発途上国の女性の状態に関する調査などから、女性は農業などの生産活動の重要な担い手であるにもかかわらず、その労働を正しく評価されず技術革新などの開発の恩恵から取り残されてきたことが示され、その後の開発援助政策に大きな影響を与えた。[11]このような開発における女性の役割を重視する考えはＷＩＤ（Women in Development：「開発における女性」）と呼ばれた。しかし、固定的な性別役割分業を維持したまま女性の開発への参加を促すことは、かえって女性の負担を増大させるという問題が指摘されるようになった。そして今日では、女性の生活を向上させるためには、性別役割分業の偏りを見直し、家庭や地域をはじめとするあらゆる決定の場への女性の参加を促し、ジェンダー（社会的文化的性差）の平等を実現することが重要であるという認識が広がっていった。このようにジェンダーの視点から開発を考えることを、ＷＩＤから発展した概念としてＧＡＤ（Gender And Development：「ジェンダーと開発」）と呼んでいる。

二〇〇〇年に国連ミレニアム・サミットで採択された八つのミレニアム開発目標（ＭＤＧｓ）では、その三番目に「ジェンダーの平等の推進と女性の地位向上」が掲げられ、すべてのＭＤＧｓの達成のためにジェンダーの平等は不可欠であることが強調された。また、ユニセフ『子供白書二〇〇七』では、「ジェンダーの平等は、女性だけでなく、子どもや家族、コミュニティ、そして国のエンパワーメントも図ることによって、貧困の克服に貢献する」と記されている。[12]

第三世界の女性の視点から開発を問う研究者・活動家のネットワーク組織であるＤＡＷＮ（Development Alternatives with Women for a New Era）は、女性の自己決定権を重視する開発のアプローチを「エンパワーメント・アプローチ」として明確に打ち出した[13]。このアプローチの有効性を裏づける代表的な存在として、インド西北部グジャラート州のNGO、SEWA（Self-Employed Women's Association）がある。SEWAは家内でたばこや雑貨を作ったり、路上で物売りやゴミ拾いをするなどインフォーマルセクターで働く女性たちの労働組合として始まった。雇用者や仲介業者の搾取によって弱い立場におかれてきた女性たちが、団結することで交渉能力を高め、最低賃金を要求し、露店の権利を確保した。さらに女性の弁護士らと連帯しながら、ついには州の法律をも動かし、自営業の女性たちに低利子で融資を行うSEWA銀行を設立するなど、女性の社会参加を大きく促進させたのである[14]。

また、本章事例1は、ネパールのNGOによる取り組みを紹介したものだが、女性や子どものコミュニティ活動への参加が周囲の人々の意識を変え、生活全体の向上をもたらすことを示している。以前は人前に出ることはおろか家庭で夫と口をきくことさえ恐れていた女性たちが、識字教育をきっかけに集い、そこでの学びや実践を通じて次第にコミュニティ活動の積極的な主体となっていくプロセスは、女性たちのエンパワーメントが地域開発を導いていくということを如実に表している。

(3) 女性の参加が築く未来

女性の参加とエンパワーメントは、DAWNの名称（新しい時代のために女性たちが築くもう一つの開発）に表されているように、従来の男性中心主義に基づく、効率性や合理性を追求する社会とは異なるオルタナティブな社会を築く上で重要な役割を担うことが期待される。これには大きく二つの見方がある。一つは、従来の性別役割分業に由来する女性独自の視点や行動の特徴を活かすことで導かれる社会であり、もう一つは、女性の参加の推進によるジェンダーの変革と平等が築く社会である。

まず、従来の性別役割分業によって培われた「女性ならでは」の視点や行動とはどのようなものだろうか。これまで世界各地で行われてきた草の根の女性たちの運動から、三つの特徴が指摘できるのではないだろうか。第一に家庭や地域など日常的な生活の場からの発想、第二に自然との共生（持続可能な社会）、第三に水平に連なるネットワーク型社会の構築である。

日本では一九六〇年代以降、食品添加物の危険性などを告発する消費者運動や、共同購入運動から発展した生協運動、大量生産・大量消費・大量廃棄の文化を問い直すエコロジー運動、反原子力運動、子どもたちの遊び場を創る運動などが女性を中心に展開されてきた。これらの運動は、性別役割分業によって家庭や地域を担ってきた女性たちが、生活の中で「子育て」や「食」に敏感にならざるを得なかったことに由来するだろう。今日も環境運動や住民運動の多くは主婦を中心とする女性たちの力によって担われている。同時に、企業で働く女性たちも、単に男性と同じように働くことで充足するのではなく、職場の性差別をなくす運動や企業社会における働き方を見直す運動などを進めることでオルタナティブを提案してきた。

国外では、女性が環境保護の上で重要な役割を果たすことを示す代表的な事例としてインドのチプコ（ヒンディー語で「抱きつく」の意）運動がある。一九七三年、巨大ダム建設のために破壊される森を守るために、地元の女性たちが自らの身体を木に縛りつけて森林伐採への反対運動を行った。日常的に森林での生活資材の採集を担ってきた女性たちは、「持続可能な社会」を概念としてではなく肌で知っていたのである。この運動は、後に植林や違法伐採の監視、男性に対する禁酒運動などへと発展してインド各地へ広がった。

このような世界各地で行われている女性たちの運動は、地位や肩書に基づく序列のない緩やかなネットワークを作りながら展開してきた。今日のNGOやNPOを中心とする市民活動と、それによって連携されるネットワーク型社会の基盤は、女性たちが作り上げてきたと言っても過言ではない。従来の男性中心の企業や官僚組織がその垂直の権力構造によって個人や組織自体を硬直化させてきたことと比較すると、女性の参加によって築かれるネットワーク型社会は水平的なヨコのつながりにより柔軟性を保つことで個人の多様な生き方を認め合える社会となるだろう。

次に、ジェンダーの変革や平等も、個人が対等な関係でヨコにつながる柔軟な社会を築く原動力となる。今日、ジェンダーの重要性については一定の共通理解があるものの、実際の生活場面では従来の性別役割分業への固執は根強く、日々至る所でジェンダー・バッシングが起きている。また特に「ジェンダーとは男女の差をなくすための概念である」との誤った解釈が大きな混乱をもたらしている。ジェンダー平等の社会とは、性差をなくすのではなく、固定的な性別役割分業がもたらしている人権侵害の状況を解消し、誰もが性差にとらわれずに自己実現を果たすことを保障する社会なのである。

同時に、ジェンダーの概念は社会的弱者と強者という関係性の変革をも指向する。社会的に弱い立場に立たされた女性や子どもが自らの能力を発揮し自由に活動できる環境をつくるためには、弱い立場にある人々同士の連帯や組織化が有効であると同時に、「強者と弱者」という関係性そのものの変革が鍵となる。ジェンダー・バッシングや子どもの権利に対する大人の拒否反応などは、強者の側の権威・パワーの喪失への恐れから生じていると考えられ、その解決には力のある者が無い者を支配するという関係性自体を変えることが必須である。

しかし開発社会学の佐藤寛は、エンパワーメントのパワーは必ずしもゼロサム（損失と利得の総和が差し引きゼロになること）ではなく、パワーの総和を増やすことで社会全体のエンパワーメントが可能であることを示している。[15]したがって、女性や子どもの参加が地域や社会全体にとってプラスとなることを周囲が理解する必要がある。また、参加型開発（本書序論2、第1節(2)参照）に関するロバート・チェンバースの著書[16]には「Putting the first last（最も優位な立場にある者を最後に）」と記されている。これは、途上国で住民主体の開発を進めるには、「先進国・援助側」「白人」「男性」といった強い立場に立つ者の意識や態度の変革こそが必要だとする主張である。子どもの参加やジェンダー平等社会の実現には、まず優位に立つ者がそのことを自覚し、いかに対等な関係性をつくれるかが重要となろう。

3　参加とエンパワーメントのための教育

(1) 開発教育と「参加」

女性や子どもが社会に参加することは、持続可能な社会を築くための大きな力となると同時に、参加をする個人にとっても、参加のプロセスで意識や行動が変化し「市民」としての成長を促すきっかけとなる。これは、「参加」が教育としての側面を持つことを意味している。従来の開発教育においても「参加」は教育活動の重要な目標であり、かつ手段として重視されてきた。すなわち、開発教育は「グローバルかつローカルな問題解決のために積極的に社会へ参加する市民の育成」を目指すと同時に、そのための有効な学習方法として参加型学習を推進してきた。

ただし、参加型学習のあり方については近年、様々な議論があり[17]、その中には、参加型学習が単なる学びの形式に終始してしまい、社会への参加に結びついていないのではないかとの指摘も見られる。教師から生徒への一方通行の授業に比較して、ワークショップなどに代表される参加型学習は、参加者にとって楽しく学べる反面、ゲームのように次々と学習内容を「消費」するばかりで、「生産」的な行動（社会参加）へとつながっていないのではないか、といった批判である。参加型学習は内省的な気づきや意識の変化を目的とする場合も多く、必ずしも社会的な行動に直結することのみを目指しているわけではない。しかし実際には大半の参加型学習が教室内で完結してしまい、なかなか教室外での行動の変化に結びつかないという戸惑いは、開発教育実践者の間で共通して見られる。

こうした課題に対して、本章の事例はよいヒントを与えてくれる。三つの事例のどれもが地域社会への参加と結びついた学習について記されている。ネパールの事例（事例1）では、女性たちの識字教育が読み書きだけでなく女性たち自身や地域の課題を話し合う場を提供しており、それが識字教育修了後の自主活動へとつながっている。ケニアの事例（事例2）では、子どもたちがビデオ制作を通して地域社会の課題を考え、その解決において当事者意識を持つようになり、市民としての自覚が育成されている。武蔵野市の事例（事例3）では、中学校の三年間のカリキュラムの中に様々な形の参加型学習が組み込まれている。一年目は教室の中で地球的課題と地域の課題を考えるためのワークショップが多く行われ、二年目は実際に地域に出て行き人と出会いながら学びを深め、三年目は発表により提言の手段を学び、それが地域へと還元されている。

これらの事例に共通するのは、第一に、学習者自身が抱えている課題と地域の課題が共に学びのテーマとなっていること、第二に、学習の場とその学習の成果を還元する活動の場が自分たちの地域にあることだ。参加型学習が社会への参加に結びつくためには、参加の場としての地域が非常に重要な意味をもってくる。

一方で、あらかじめ地域を学習や行動の場として設定する教育活動の手法に「参加型学習行動法（ＰＬＡ）」[18]がある。途上国の開発現場では住民参加による地域づくりの方法として「参加型農村調査法（ＰＲＡ）」が普及している。ＰＬＡはＰＲＡの教育的側面を重視した概念であり、結果としての地域開発よりも、地域づくりの主体の育成を目的とする。すなわち、ＰＬＡとは住民が地域開発の主体となる力をつけるための学習の方法でありプロセスであると言える。今日では、開発途上国だけでなく世界の各地でＰＬＡが実践されており、住民主体の町づくりや市民教育の一端を担っている。

開発教育においても、開発援助のあり方を考えると同時に自分たちの地域の開発を考える学習方法としてＰＬＡやアクション・リサーチを通して学ぶ試みが行われている[19]。開発教育では、これまでは主に途上国における開発を学習課題としてきたが、地域課題に目を向けることで「Think globally, act locally：地球規模で考え、地域で行動しよう」という目標がより具体化したと言えよう。

さらにハートは、子ども参加を開発教育の視点から次のように捉えている。「子どもたちが自分たちのコミュニティに関与するだけではまだ充分ではありません。自分たちの生活がどれほど、もっとも貧しい国々の人々の生活と相互にかかわり合っているかを、子どもたちが認識することが大切です。また、環境とコミュニティの決定に関与することが、直接には決して会うことのない人々に影響を与えるということについても認識を深めるべきです[20]」。

ハートがいうように、自分たちの地域と国外の地域の課題とを別々に考えるのではなく、地域と地球的課題は常につながっているのだということを忘れてはならない。地域の中に見えるあらゆることが世界とつながっているのだという視点をどれだけ学習者が身につけられるかが、これからの開発教育に問われている課題ではないか。地域に活動の場を持ちながら世界の諸課題の解決のために行動できるのだということを、実践を通して示していく必要があるだろう。

(2) エンパワーメントのための教育

最後に、参加というプロセスが個々人の意識や行動を変容させ、人間としての成長を促すことについて述べたい。特に、子どもや女性などこれまでは多くの社会で個人としての参加を正当に認められてこなかった人々が、参加のプロセスを通して実現する「エンパワーメント」に注目し、そのための教育のあり方を考える。

エンパワーメント（Empowerment）とは、直訳すれば「力をつけること」である。この用語は前述のように、一九九五年の第四回世界女性会議によって広く市民権を得たが、その主体は女性に限らず、「パワーを剥奪されている（disempowered）」貧困層や少数民族・先住民族など社会的に弱い立場に立たされた人々、さらには人間性を疎外するような社会経済構造の中で「生きる力」をもぎ取られているすべての人々である。ジョン・フリードマンは、剥奪された力を取り戻すためには、パワーの源となる資源へのアクセスが重要であるとして、教育をはじめとする八つの資源を挙げている。(21) エンパワーメントの実現には、様々な制度的組織的な障害を克服していかねばならないが、その核となる人間の主体的な意識を育てるために教育は不可欠である。

また、鈴木敏正は社会教育の立場から「エンパワーメント＝主体形成」と定義しており、地域づくりの主体を形成する教育を提唱している。鈴木はエンパワーメントを「これまでの生活や労働のあり方を問い直し、自分の力を問い直し、自分の力を見直し、信頼し、社会的な実践を通して自己変革していくような、地域住民の地域住民による『意識変革』の過程」とし、その実現のためには「地域住民（子どもを含む）が、その意識における自己疎外を克服し、主体形成を遂げていくために不可欠な自己教育活動を援助し組織化する実践」が必要であるとしている。[22]鈴木は、意識変革こそが重要であり、それが実現すれば後は自主的な教育・学習活動が行われるため、それを周囲が支援すべきだと主張しているのである。

教育における「意識化」を最も重視した教育者の一人にパウロ・フレイレがいる。エンパワーメントの議論においてフレイレが多く引用されるのは、フレイレの教育学においては何よりも、富裕層と貧困層、地主と小作、教師と生徒など抑圧—被抑圧の関係性の中で力を奪われた状態にある「被抑圧者」の力の獲得が目指されているからだ。具体的な行動としてフレイレは識字教育を通じた意識化と連帯行動のプロセスを示した。非識字者にとって文字の獲得は、文化の創造に携わり、歴史過程に「参加」することに他ならず、それを人間性の回帰と捉えたのである。

今日、途上国におけるエンパワーメントを目的とした開発プロジェクトでは、その導入として識字教育が行われることが少なくない。これは、識字教育という場が、貧困や差別によって非識字の状態を強いられてきた人々を集わせ、共通の問題意識と状況打破への意思、連帯の気運を生み出す役割を果たしたからであろう。

「意識化」には優れた指導者やファシリテーターが不可欠であるというように考えると、エンパワーメントは途端に困難なものとなるが、むしろそこでこそ発想の転換が必要ではないだろうか。「意識化」にとって重要なのは、第一に、同じ問題を抱えた者同士が集うことで社会的な「居場所」ができることである。これまで誰にも意見を求められてこなかった子どもたちや家庭の中に押し込められてきた女性たちが一堂に集い、一定の時間・空間を共有する。そこでは多様な情報・意見の交換が行われ、友人ができ、一人で抱えてきた不満を吐き出すことができる。集うことで新しい共同のコミュニケーションの輪が生まれるのである。このように作られた社会関係が、実践的な能力・技術の獲得とその活用の場を得ることで、共通の課題として浮かび上がった日常的な問題を解決するための共同行動へと人々を駆り立てていくことになる。

第二に、抑圧されてきた人々が自己肯定感を高め、自信を取り戻すことが重要である。教育を受ける機会のなかった人々にとって、「私は文字も読めないから何もできない」という自己卑下の意識の強さは、あらゆる行動を躊躇させ、エンパワーメントの大きな障害となっている。このような自己卑下・自己否定は、「たかが子ども」「女のくせに」と言われ続けることで自己実現の場を奪われてきた子どもや女性にも共通して見られる。識字が一つの技能であるだけでなく、社会行動へ駆り立てる精神的な原動力となるのと同様に、自分は何もできないと思っていた人々が、共通の課題をめぐって協働することで自らの力に目覚め、解決のために行動を起こすことができるようになる。変化は可能だと知った時、それまで押し込められてきた人々の発揮する力は通常の何倍にもなり、それが新しい社会への推進力となるのである。

おわりに

グローバリゼーションの波に飲み込まれ、自分の生を構成している世界を把握することができず、自分らしい生き方を考えることも選択することもできないような生活は、人間としての自律した力を剥奪された状態に他ならない。開発教育とは、そのような状態から解放され、自らのエンパワーメントを実現するプロセスそのものである。これからの開発教育が教室での学びを超えて、学習者の社会参加とエンパワーメントを実現するためには、よりいっそう実際の地域・社会活動の現場とつながる必要がある。

●注

（1）「A WORLD FIT FOR US」、国連ウェブサイト（http://www.unicef.org/specialsession/documentation/childrens-statement.htm）より。邦訳は、ユニセフ／平野裕二訳『世界子供白書二〇〇三』財団法人日本ユニセフ協会、二〇〇三年。「国連子ども特別総会」に先立って「子どもフォーラム」が開催され、約一五〇カ国から集まった四〇〇名以上の子どもが三日間にわたり討議を重ね、世界の指導者に向けたこの声明文を作成した。国連総会への子どもの参加と正式な演説は史上初めてのことであった。アナン国連事務総長（当時）は、今後も子どもたちのメッセージに耳を傾けていくことを約束した。

（2）Roger Hart, *Children's Participation : The Theory on and Practice of Involving Young Citizens in Community Development and Environment Care*, UNESCO & Earthscan Publications Ltd., London, 1997. 邦訳は、ロジャー・ハート／木下勇・田中治彦・南博文監修／IPA日本支部訳『子どもの参画――コミュニティづくりと身近な環境ケアへの参加のための理論と実際』萌文社、二〇〇〇年。「参加のはしご」とは、子どもの主体性と大人の関わり方により、子どもの参加を次の八段階で示した理論。①操り参加、②お飾り参加、③形だけの参加、④子どもは仕事を割り当てられ、情報を与えられている、⑤子どもが大人から意見を求められ、情報を与えられる、⑥大人がしかけ子どもと一緒に決定する、⑦子どもが主体的に取りかかり、子どもが指揮する、⑧子どもが主体的に取りかかり、大人と一緒に決定する。ハートは必ずしも上段の参加を目指すのではなく、子どもの能力に見合った段階で参加を実現することが重要であるとしているが、はじめの三段は「参加とは呼べない参加」として子ども参加のあり方に問題を提起している。第5章総論第4節も参照。

（3）Lansdown Gerison, *Promoting Children's Participation in Democratic Decision-Making*, Innocenti Insight 6, IRC 2001. 邦訳は、ジェリソン・ランズダウン／平野裕二訳『民主的意思決定における子ども参加の促進』ユニセフ・イノチェンティ研究センター、二〇〇一年。

（4）具体的には、「世界人権会議（ウィーン会議）」（一九九三年、ウィーン）、「第二回子どもの商業的性的搾取に反対する世界会議」（二〇〇一年、横浜）、「国連子ども特別総会」（二〇〇二年、ニューヨーク）が例として挙げられる。

（5）吉田里江「NGOと子どもの参画」（子どもの参画情報センター編『子ども・若者の参画』萌文社、二〇〇二年）。

（6）国際協力NGO七団体からなる「『南』の子ども支援NGOネットワーク」は、「子ども参加」をテーマにNGO対象のワークショップや勉強会を実施していた。二〇〇三年にはその成果として、『国際協力NGOのための子ども参加実践ガイドライン』（編集発行：国際協力NGOセンター）をまとめた。

（7）子ども参加の形態については多くの実践家や研究者がモデル化を試みている。代表的なものとして、先に挙げたハートの「参加のはしご」（注2参照）、H・ホールダーソンの「参加の輪」（ECPAT International, *Standing up for Ourselves : A Study on the concepts and practices of the Young People's Rights to Participation*, UNICEF, 1999）、D・ドリスケルの「子ども参加の諸側面」（Driskell, D., *Ceating Better Cities with Children and Youth : A manual for Participation*, UNESCO& Earthscan Publications Ltd., London, 2002）などがある。

（8）佐藤一子『生涯学習と社会参加』東京大学出版会、一九九八年。

(9)男女共同参画局ウェブサイト（http://www.gender.go.jp/index.html）。

(10)ボズラップのこの著書は Ester Boserup, *Woman's role in economic development*, London : Allen & Unwin, 1970.（邦訳なし）

(11)村松安子・村松泰子編『エンパワーメントの女性学』有斐閣選書、一九九五年。

(12)ユニセフ『世界子供白書二〇〇七』財団法人日本ユニセフ協会、二〇〇七年。

(13)DAWNは一九八四年に設立された。事務局はナイジェリアにある（http://www.dawnnet.org/）。

(14)喜多村百合『インドの発展とジェンダー』新曜社、二〇〇四年。

(15)佐藤寛編『援助とエンパワーメント』アジア経済研究所、二〇〇五年。

(16)Robert Chambers, *Whose Reality Counts?: Putting the First Last*, London : Intermediate Technology, 1997. 邦訳は野田直人・白鳥清志監訳『参加型開発と国際協力――変わるのは私たち』明石書店、二〇〇〇年。

(17)『開発教育』四二号、「特集：参加型学習」、開発教育協会、二〇〇〇年。『開発教育』五四号、「特集：参加型開発と参加型学習」開発教育協会／明石書店、二〇〇七年。

(18)チェンバースは、「PRAは、地域住民が自らの生活の知識や状況を共有し、高め、分析し、さらに計画し、行動し、監視し、評価することを可能にする、一連のアプローチや方法のことである」と述べている（チェンバース、前掲邦訳書、二四九頁）。本書序論2の注（18）も参照。

(19)『「援助」する前に考えよう――参加型開発とPLAがわかる本』開発教育協会、二〇〇六年。アクション・リサーチとは、社会環境や対人関係の変革・改善など、社会問題の実践的解決を目指して行われる実践研究の一方法であり、グループ・ダイナミクス（集団力学）の創始者であるクルト・レヴィンによって提唱された。研究者と被験者がともに研究と実践の成果を積み上げていく手法を開発し、具体的には、計画、実践、評価、修正、適用というプロセスをたどる。

(20)子どもの参画情報センター編『子ども・若者の参画』萌文社、二〇〇二年、七頁。

(21)ジョン・フリードマン／斉藤千宏・雨森孝悦監訳『市民・政府・NGO――力の剥奪からエンパワーメントへ』新評論、二〇〇二年。

(22)鈴木敏正『エンパワーメントの教育学』北樹出版、一九九九年、一〇頁。

事例1

女性と子どもの参加が促すコミュニティの変革

ネパール・SOUPの取り組み

ビジャヤ・ラージバイディヤ・シュレスタ
元 SOUPプログラム・マネージャー
翻訳・補筆＝小松豊明

はじめに

ネパールの首都カトマンズにおいて、女性と子どもの参加に焦点を当て、コミュニティの活性化を目指すNGO、SOUP（Society for Urban Poor：都市貧困層を支援する会）の取り組みを紹介したい。私は以前スラムの人々を対象とした支援事業を行っている他のNGOで仕事をしていたが、自分たちが暮らすコミュニティで何かをしたいというSOUPの考え方に賛同し、スタッフとして参加することになった。

SOUPでは、コミュニティの中でも声が小さく、一方で様々な問題の影響を最も受けやすい人々を組織化し、その主体的な行動を通して個々の家庭やコミュニティ全体に変化をもたらすことを目指している。女性や子どもの開発プロセスへの参加が重要視されるようになって久しいが、実際の取り組みがいかに困難を伴うか、そしてそれを乗り越えようと努力する過程から得られた学びがどのようなものであったのか、私たちの取り組みの考察を通して、コミュニティにおける「地域づくり」「社会づくり」のヒントが得られるのではないかと思われる。

1 SOUPの活動の背景

ネパールは世界で最も貧しい国のひとつに数えられており、人口の半数近くに当たるおよそ一千万人が貧困線[1]以下の暮らしをしている。経済発展による利益も、毎年二・五%の割合で増加する人口の福祉にとって充分ではなく、農村地域の発展は遅れていると言わざるを得ない。保健医療分野への投資が充分ではないため、国民の多くが保健医療サービスにアクセスできない状態に置かれている。このような状況の中で、ネパール政府は貧困の削減と性別間格差の解消を優先課題として挙げている。

女性と子どもの参加が開発プロセスを加速させるために必要不可欠であることは言うまでもない。しかしそうした考え方も、実際に女性や子どもが男性・大人と平等に参加し開発の恩恵を享受することができなければ、絵に描いた餅に終わってしまう。

SOUPはカトマンズ盆地において主にネワール[2]のコミュニティを対象に活動しているNGOで、特に女性と子どもの組織化を通じ、その社会的参加を促進することに焦点を当てた活動を実施している。ビジネスマン、NGO職員、学生など様々なバックグラウンドをもつ人々が集まり一九九二年に設立された。団体の主な目的は、ネワールの伝統的コミュニティの再生、能力向上を通して人々の自立を促すことにある。

SOUPによる貧困層の定義では、経済状態のみならず、教育や健康および社会的状態が低位に止まっている人々を指す。したがって、経済的には貧困状態と認められないが、読み書きが出来ず様々な機会から排除されている女性などもその活動対象となる。また、途上国のほとんどのNGOが外国からの資金に頼らざるを得ない状況の中で、できる限り自ら資金調達を行い財政的な自立を目指している。[3]

2　地域の現状とＳＯＵＰの問題意識

ネワールのコミュニティには、その基盤となる住民組織「グティ」がある。人々はそれぞれの地域およびカースト毎に組織されるグティに所属し、様々な宗教行事や寺院の修繕、冠婚葬祭といった活動を行ってきた。グティが所有する土地もあり、そこで作られた米を売ったお金などがグティの活動資金となってきた。(4)

ところが、近年都市化・商業化に伴う開発が進み、グティが所有する土地が減ってきた。土地登記に関する知識がないために土地を失ってしまったケースもある。また、山間部や平野部などカトマンズ盆地の外から移住してくる人が増え、コミュニティとしてのまとまりを維持することが難しくなってきた。その結果、自分たちの問題を自分たちで解決しようという意識が薄れ、「これは行政の仕事だ」「他の人がやってくれるだろう」と考える人が増えてきた。

こうした現状をなんとかしたい、コミュニティ内の相互扶助や協働などの機能を復活させたいというのがＳＯＵＰの活動の原点である。しかしＳＯＵＰという団体もそれぞれのコミュニティから見ればアウトサイダーであり、どんな問題を抱え、何が必要なのかといったコミュニティ内部の事情を的確に把握するのは難しい。やはり住民自身が自らのコミュニティの問題について考え行動しなければ、真の変革はあり得ない。また、時代の変化とともに子どもの教育やゴミ問題などコミュニティとして取り組むべき新たな課題が出てきた。これまでのグティのような組織では対応できないこうした新たな課題を解決するためにも、コミュニティの組織化を進め、住民自身の行動を促すことが必要と考えられた。

その際、私たちが焦点を当てたのが女性である。男性と違って普段家の中に閉じこもり外へ出る機会が少なく、その一方で様々な問題に直面するのが女性たちであったからだ。多くの女性は読み書きができず、家の仕事に忙しく自分たちが暮らすコミュニティ以外との接触はあまりない。そのため、外部の知らない人と話すことがうまくできない人が多く、中には身内でも目上の人と話すことが苦手だという人もいる。例えば、女性グループの代表を務めたことのあるガンガ・マハルジャンさんはかつて夫と話をするのも怖がっていた。二人はまだ子どもの頃に結婚したにもかかわらず、彼女は夫の言うことに返事もできなかったと言う。このように女性は社会的に疎外され、自分に自信が持てないでいる場合が多い。

一方、子どもたちはというと、今日ではほとんどの家庭の子どもはラジオなどメディアの影響もあり公立の学校へ通っている。しかし高学年まで通学を続けるケースは珍しく、特に女の子は中学年で退学するケースが多くなっている。女の子の場合、地域の中で行われる様々な活動への参加も限られているため、さらに他人との接触の機会が少なくなっていく。そのようにして同じ地域に住む者同士互いに協力し合う態度、かつてコミュニティに存在した「私たち」という意識が徐々に失われつつある。

こうした傾向を食い止めコミュニティの再生を図るために、女性と子どものインフォーマルなグループ作りを通したSOUPの活動が始まった。それはグループでの活動を通じて、彼女たち、子どもたちが感じている問題を共有したり何かを学ぼうという意識を高めることが可能だと考えたからである。

3　女性を家の外へ

私たちの最初の挑戦は、家事に忙しい女性たちを家の外へ連れ出すことだった。きっかけは中庭での集まりである。ある日、地域の行事のために中庭に集まった女性たちが井戸端会議をしており、私や他のSOUPのメンバーもその中にいた。首都カトマンズの真ん中に位置する場所ではあるが、多くの女性は読み書きができず家の外へ出る機会もほとんどない。おしゃべりの途中で「読み書きができないことでどんな問題が生じているかしら」と私たちは問いかけた。

すると、クリシュナ・デヴィさんが彼女にとっては嫌な思い出を話してくれた。「出かけた先からの帰り道、知らない男性に声をかけられ、家まで送っていくからと親切に言われたので、一緒にタクシーに乗ったのです。ところがしばらく経っても家にたどり着きません。普段あまり外へ出かけることがなく、道もよくわからないので黙って乗っていたのですが、どう考えても家に向かう道ではないのです。でも、知らない男の人と話したことなどありませんし、どうしよう、どうしようと心の中で思うばかりで声になりませんでした」。最後には勇気を振り絞り、運転手に車を止めさせて無事車を降りることができたものの、とても怖い思いをしたと言う。子どものころ学校へ通うことが出来ず、読み書きができないため看板の文字もわからない。外の世界もあまり知らず、自分には何も出来ないという思いを抱え、自分に自信が持てないことが、このような場面にも影響するのである。クリシュナさんに続いて、その場にいた女性たちはいろいろな体験を私たちに話してくれた。

　これをきっかけに識字教室を開こうというアイディアが出されたが、「夫に怒られるかも」という女性が多く、私たちは各家庭を回って識字教室について説明しなければならなかった。その結果、一八人の女性が参加して最初の教室が始まった。みんな夕食の支度を終えてから集まり、小さな子どもを一緒に連れてこなければならない参加者もいた。こうしていろいろ大変な思いをしながらも女性たちは九カ月間の識字教室に通い続け、読み書きを覚えただけではなく様々な問題を共有し解決に向けて努力した。

SOUPと住民の手で開かれた識字教室の様子。

　ある女性の夫はよく酒を飲み、毎晩遅く帰ってくる。家に戻ってきては暴力を振るうこともしばしばだった。以前はこうした夫の振る舞いに対して何も言えなかったが、話を聞いてみると夫が友人からのプレッシャーのせいでついつい飲み過ぎてしまうということがわかった。そこで妻は「これからは家で飲んで。ちゃんと用意して待っているから」と提案し、それから夫は仕事からまっすぐ家に帰ってきて、暴力を振るうこともなくなったという。

　また、夫婦喧嘩が絶えないことが悩みの女性がいた。夫の帰りが遅いことが多く、夫が家に戻るといつも怒鳴り合いが始まってしまう。ある日夫とよく話し合ったところ、帰りが遅くなるにはそれなりの理由があることがわかった。妻は、家の外の事情をよく知らない自分が理由も訊かずに帰りが遅いと文句を言えば、夫が怒るのも無理はないと考え、それからはお互いにきちんと話し合うようになった。

毎週5ルピーの貯蓄を集める女性たち。

　この識字教室を終えた女性たちの間でグループが結成され、一人毎週五ルピーの貯蓄と定期的なミーティングが始まった。識字教室の卒業生のうちグループに参加したのは当初は八名だけだった。家族の理解を得るのがとても難しいことだったのだ。私たちはあらためて家族と話し合ったが、多くの人がグループ活動の重要性を理解せず、首を縦に振らなかった。最初に参加したメンバーのうちの一人の夫も、「なんでそんなことに関わらなきゃならないんだ。時間ばっかりとられて家事もろくにできないじゃないか。そんなものやめてしまえ」と、初めはいつも文句を言っていた。しかし、グループでどのような活動を行っているか、また、なぜこのような活動が必要なのかについて、私たちから説明を繰り返すうちに彼もそれを理解してくれるようになってきた。そのうち「グループ活動を始めてから妻がとても変わった。以前は家の中でも全然話をしなかった彼女が、いろいろと意見を言うようになった」と驚き、さらに「こんなことをすれば女性たちのために役立つんじゃないか」といった助言をしてくれたり、時には活動を手伝ってくれるようにまでなったのである。

　この八名のいきいきとした活動の様子を見て、当初グループに参加していなかった他の女性たちのほとんどがグループのメンバーとなった。また、同様の識字教室を何度か開くうちにメンバーも増え、新たなグループも作られていった。グループ活動の中で他の団体を訪問したり、研修を受けたりすることで、メンバーたちは徐々に自信をつけていき、さらには自分たちが暮らす地域にある企業や区役所などとも関係を築くようになっていった。

グループの活動を始めた女性たちはいろいろな場面で発言し、それぞれが抱える問題を解決するため努力するようになった。自信をつけた彼女たちは男性とともにグティの活動にも参加し、夫や他の家族、コミュニティの人々とも積極的に話し合うことができるようになったのである。さらに、貯蓄とそれを元手とした収入向上活動を通して家計にも貢献するようになり、彼女たちの家庭内における発言権は増していった。彼女たちの意見は家庭や地域でも受け容れられるようになり、その人生は大きく変わったのである。

4 子どもグループの結成

子どもグループの始まりは遊びからだった。中庭に集まっていろいろな遊びをしながら私たちは子どもたちと話をした。普段の生活の中で困ったことや嫌なことは何か、という話題になった時、ある子どもが「お母さんに叱られることが嫌だ」と言った。これに他の子も頷く。「じゃあ、なぜ叱られるの?」と問いかけると、学校から帰って来るとすぐに外へ遊びに行って遅くまで家に帰らないこと、勉強をしないことなどが原因だと言う。この話し合いをきっかけに、子どもたちは一つのルールを作った。それは学校から帰ってきてから外で遊ぶのは二時間だけ、その後は家へ帰って勉強すること、というものだった。そして子どもたちによるグループが作られ、そのグループを通して様々な活動が行われるようになったのである。学校のテストで成績を上げたり、休まずに登校したメンバーを表彰するなどの仕組みが作られ、子どもたちの勉強への関心が高まった。また、勉強以外にも音楽や美術といった才能を伸ばすための活動が行われ、子どもたちの興味や関心が広がっていった。

もうひとつ子どもたちの重要な活動となったのが、週末の中庭清掃である。ある時「自分たちが遊ぶ場所がこんなに汚くていいの?」とSOUPのメンバーが子どもたちに問いかけた。中庭は周囲の家の人々が捨てたゴミが山のようになっていたが、子どもたちはそんな場所でいつも遊んでいたのである。元々は清掃人カーストの人々がゴミ収集の役割を担っていたが、現在では行政から仕事を請け負った業者がそれに取って代わった。こうした業者は契約を交わした企業や家庭のみを対象とするため、そこから漏れた場所に捨てられたゴミは溜まっていく一方であった。その問いかけに子どもたちはみな「綺麗な方が良いに決まってる」と答え、「じゃあ、みんなで掃除をしよう」ということになった。この子どもグループの清掃活動はコミュニティ全体にゴミ処理の問題を考えさせることになり、大人たちも中庭にゴミを捨てなくなったのである。

また、子どもたちが保健衛生に関する展示会を開催した時のことである。自分たちが学校で習ったことや調べた知識を大人たちにも知ってもらおうと企画したものだったが、これを見た美術大学の先生が「子どもたちがこんなに頑張って地域のために活動しているのに、自分は何もしていない」と感銘を受け、子どもたちを対象とした絵画教室を開催するようになったのだ。この絵画教室で学んだ子どもの中には、現在プロの画家になろうと頑張っている人もいる。

子どもグループの最初のメンバーは今は立派な青年になり、その多くはきちんと教育を修了し、コミュニティの活動にも貢献している。自分自身の人生においても前向きで、様々な職業に就きながらさらに上の教育を受けようと頑張っている人も大勢いる。

5 私たちが学んだこと——コミュニティ全体への働きかけが鍵

このように、女性や子どものグループ活動を通してコミュニティの中で様々な変化が起きている。しかしグループ活動に対して家族の理解を得るのはとても難しいことであった。前述のクリシュナ・デヴィさんの場合、夫が精神的な障がいをもつため家族が面倒を見なければならず、グループ活動に参加するためほぼ毎日外出するようになったクリシュナさんに対し、義理の父母は文句を言っていた。どうやらクリシュナさんが家族に対してうまく話ができていないようだと判り、私たちは彼女の家を訪ねてよく話し合った。その結果、義理の父母もグループの活動について理解し、「そんな良い活動をしているなんて知らなかった。嬉しいよ」と言ってくれた。

また、子どもグループが清掃活動を始めた当初、保護者の中には「うちの子どもに清掃人の仕事をさせて、どういうつもりだ」と怒る人もいた。そのため、私たちは保護者を集めて子どもたちの活動への理解を得るためのミーティングを開くことにした。これにより親たちもようやく理解を示してくれるようになった。現在、各グループの年次総会には、メンバーだけではなくその家族やコミュニティの人々も招待され、グループの活動に対する理解を深め協力関係を築くのに役立っている。

こうした経験から私たちが学んだ最も重要なことは、女性あるいは子どもを対象とした活動を行う場合でも、対象者だけではなくその家族やコミュニティの人々にも活動の意義を理解してもらい、参加してもらわなければならないということであった。理解を得ることで活動がしやすくなるだけではなく、そのことにより他の団体やグループとのネットワークもできるし、コミュニティ全体の活性化に繋がっていくからである。

おわりに

社会活動への参加はその人にとってはもちろん、それを受け容れるコミュニティ全体にとっても多くの変化をもたらす。特に女性や子どもなど社会の中で取り残されてきた人々が自信を取り戻し、家庭やコミュニティの中で発言権を増し信頼を得ていくことによって、固定的な男女の役割や習慣を変化させ、一人ひとりの能力が開花するような柔軟な社会を作ることが出来るのではないだろうか。そして、私たちが経験を通して学んだのは、女性や子どもの社会参加を促し支えていくためには、身近な問題意識を共有できる組織を形成することや、彼女らを取り囲む人々の理解を得ること、そして、より良い社会を共に作っていく関係を築きあげることが何より大切だということである。

●注

（1）世界銀行では、一人当たり年収三七〇ドル（一日一ドル）を貧困線と定義しており、それ以下で暮らす貧困人口は世界に約一二億人存在すると報告している。

（2）ネワールとは、一七六九年に現在の国王に連なるゴルカ王朝によってネパールが統一される以前からカトマンズ盆地に暮らしていた先住民である。かつてカトマンズ盆地にはネワールによる三つの王朝が栄え、独自の文化を築いてきた。

（3）日本のＮＧＯ「シャプラニール＝市民による海外協力の会」は、ＳＯＵＰがネパールＮＧＯとして自立するために活動資金調達を中心に側面的な支援を行ってきた（シャプラニールのウェブサイトより）。

（4）インドやネパールなどに見られる、ヒンドゥー教の教義に基づいた身分制度をカースト制度という。ネパールでは民族と職業によって区分された身分としてのカーストとが複雑に入り混じっている。ネワールには族内に独自の身分（カースト）体系がある。

事例2

子どもたちとともに創る私たちの地域社会

ケニアの子どもビデオ制作プロジェクトの試み

プラン・ケニア　メディアコーディネーター
ワジュヒ・カマウ
翻訳・補筆＝奈良崎文乃

はじめに

私が所属するプラン・ケニアは、日本を含む一七カ国の支援国と、アジア、アフリカ、中南米の四九カ国の活動国からなる国際協力NGOプラン・インターナショナルの一員である。プラン・ケニアは一九八一年から活動を開始し、ケニア国内の各地（キリフィ、キスム、エンブ、タラカ、ナイロビ、ホマベイ、クワレ、ボンド、マチャコス）で、「保健医療と子どもの成長」「教育と学習」「住まいと生活」「住民と生計」「相互理解と協力」の五つの分野で活動をしている。

プラン・ケニアの活動のすべては「人々の権利と尊厳が守られる社会において、すべての子どもたちが能力を発揮できるような世界を実現すること」というビジョンに基づいており、このビジョンは二五年にわたる活動において一貫して守られてきた。

1　プラン・ケニアの活動

(1)「子どものための活動」から「子どもとともに進める活動」へ

プラン・ケニアの活動を振り返ってみると、子どもたちの実情に照準を当てた活動のあり方を模索し続け、次のように変遷してきた。

はじめ私たちの活動の中心は、特定の子ども一人ひとりに援助や福祉支援を行うことだった。しかし経験を重ねるうちに、このやり方では特定の子どもに力を入れ過ぎた結果、地域社会全体の能力強化がなおざりになるため、地域に暮らす子ども全員のニーズに応えることができないと分かってきた。そこで以後一九九〇年代初め頃までは、社会サービスの提供者として、保健・教育・生計の分野に注力してきた。この時期はプラン・ケニアが多くのことを決め、プロジェクトを実施していたと言えよう。

九〇年代半ばには、私たちの地域社会における役割は、プロジェクトやプログラムを直接実施することから、地域社会が自分たちのニーズや課題を自ら特定し、解決策を作り出すための支援を行うことへと徐々に変化していった。地域開発活動における「子どもに焦点を当てた活動」が強調され、地域社会のエンパワーメント、マネジメント、住民参加型の計画づくりが進んだ。「プラン・ケニアと地域社会の大人による『子どものための活動』」が行われていたと言える。

しかし、この方法でさえ、何が本当に子どもたちのためになるのかを見誤る危険性があった。そこで九〇年代後半からは、子どもたち自身が自分たちに関わる事柄の決定に関与できるよう、子どもやコミュニティの大人が主体的に参加しての「子どもとともに進める活動」を展開し、プラン・ケニアはコミュニティの子どもと大人の能力強化とファシリテーションの役割を担うようになった。

このように、プラン・ケニアの活動は「大人たちが大人たちの考えで子どもたちのために行う活動」から「子どもの視点や意見がすべての活動の中心に据えられる活動」へ変遷し、「子ども参加」がその重要な側面として打ち出された。

(2)子どもビデオ制作プロジェクト

このような背景のもと、「子どもビデオ制作プロジェクト」が誕生した。「子どもとともに進める活動」は子どもの真の声に耳を傾けることから始まる。絵、詩、劇などの表現活動を通じて、子どもが考えていることを表現する場をつくるのはその一つの手法である。子どもビデオ制作プロジェクトはその名の通り、ビデオをそのツールとして選んだ。なぜなら、ビデオは子どもたちにとって物珍しく、楽しみながら活動ができ、そしてビデオというメディアを通じて、子どもたちの想いや主張がより多くの人々に届くと考えたからだった。

子どもビデオ制作プロジェクトはこのような意図の下、ビデオ撮影・制作を通し、子どもたちが自分たちの生活において何が問題なのかを分析し、意見・疑問・改善案を社会に投げかけることを目的として、一九九九年六月に始まった。

プラン・ケニアの活動地域では、数多くの子どもたちが貧困の中で学校に通えない現実がある。小学校は近年無償となったとはいえ制服や教科書代が負担であること、子どもは家族の重要な働き手であること、学校自体が近くにないこと、教育の質が低いこと、教育の重要性への周囲の理解がないことなど、その理由は様々である。そのため多くの子どもたちは、自分の意見を整理して発表するという機会を持たなかった。また家庭内においても、家父長制のケニアでは、大人の前で子どもが意見を言うということは限定され、ましてや女の子はそのような機会はほとんどないのが現状である。

このような日常にある子どもたちに、社会に意見を投げかけようと呼びかけても、それは無理なことである。そこで本プロジェクトでは、時間をかけて子どもたちが自分たちを取り巻く環境について考えを深め、客観的に分析し、彼ら／彼女らの視点から問題提起できるよう、ロールプレイゲーム、歌、ダンスなど子どもがリラックスして取り組める様々な参加型手法を取り入れて、次のようなプロセスで進めている。

①環境づくり　ゲーム、歌、ダンスなどを通じて、子ども同士、子どもとファシリテーター（大人）の間に信頼関係やチームワークを築き、子どもたちが自由に意見を言える環境をつくったり、協働して取り組む姿勢を育むことが重要である。またこの段階では「子どもの権利」についても学び、子どもたちが、自分たちには「生存」「発達」「保護」「参加」といった「子どもの権利」があるということを認識していく手助けをする。

②子どもたちのなかにあるものを引き出す　家、学校、地域社会での生活の中で子どもたちが好きなこと・嫌いなことを、絵に描いたり、作文や手紙にしたり、音楽やダンスにするなど、子どもたちに合った形で表現してもらう。併せて、将来の夢は何か、理想的な家庭とはどんなものか、どのような学校が魅力的か、そしてどのような地域社会の未来像を描いているか、などについても、子どもたちが心のなかに持っている意見やイメージを引き出していく。

③課題を深める　②で子どもたち一人ひとりから挙げられた課題や夢などについて、グループで話し合いを深めていく。ここで重要なのは子どもの性格や性別・年齢を考慮し、一人ひとりにとって意見が言いやすいグループづくりをすることである。子どもたちは、話し合いを深めるプロセスで自分の意見を整理し、グループの他のメンバーの視点を学んでいく。

④ビデオで採り上げるテーマを決める　③で洗い出された個人特有の課題や地域社会全体に関わる課題の中から、どのテーマでビデオを制作するかを話し合っていく。最近私が立ち会ったティカ地域（首都ナイロビから北東に四〇キロ）のグループからは、「ジェンダーによる差別」「児童労働」「HIV／エイズ」「早婚」が取り上げたいテーマとして挙がり、話し合いにより「HIV／エイズ」が選ばれた。

⑤ビデオ制作のトレーニング　次に、ビデオ制作に関わる技術的な専門知識を習得する。最も基本的かつ重要なことは、ジャーナリスティックなものの見方を身につけることである。活動地域の子どもたちは、自分たちの地域社会の外に出ることがほとんどなく、また日常的にテレビやインターネットなどの情報へアクセスすることもない。

したがって、自分たちの地域社会を客観的に捉えるのが困難である。私は二〇年ほど前に、JICA（国際協力機構）の研修生として日本でビデオ技術の習得をする機会に恵まれ、ジャーナリストとしても活動したことがある。この経験を活かし、ジャーナリスティックなものの見方、問題発見の仕方、発見した問題をどのように分析するか、話の組み立て方や効果的なコマの選び方などについて子どもたちに伝えていった。子どもたちはそれらの学びをもとに脚本を作成する。そして監督、撮影、音声、レポーター、編集などの役割分担を話し合いにより決定し、子どもたちは役割別の技術トレーニングを受ける。ここまでがビデオ制作の下準備である。

⑥ビデオ制作　子どもたちは、皆で作成した脚本に基づいて撮影を行っていく。そして撮影した映像を確認しながら編集作業を行い、最終的に一〇分間のビデオにまとめる。

⑦上映会の実施　子どもたち自身が学校や地域の団体などに呼びかけて、できるだけ多くの人々に仕上がったビデオを見てもらう。この上映会には子どもだけでなく、大人たちも参加する。そして上映後に意見交換がもたれ、子どもたちが取り上げたテーマについての話し合いがなされる。

⑧村落委員会への提案　ビデオに込めた子どもたちの想いや主張、上映後の議論をもとに、子どもたちは村落委員会へ提案を行う。そして子どもたちの声が委員会で検討され、地域社会のより良い変革への大きな原動力となるのである。

（上）ビデオ撮影をする子どもたち。
（下）ビデオ上映会の様子。

2　ビデオ「子どもの声を　誰のせい？」の内容とその影響

ティカ地域の子どもたちが制作したビデオのタイトルは「子どもの声を　誰のせい？」である。ストーリーは日本の皆さんには衝撃的かもしれないが、この地域の子どもたちの身の回りに今まさに起きていることで、子どもたち自身がテーマとして選んだものである。ここにストーリーの概要を紹介する。

主人公の女の子は、両親に強制されて性器を切除される。施術は伝統的な儀式にそった形で行われたが、不衛生な刃物が用いられるなど、彼女の恐怖と痛みは想像以上のものだった。しかしこの地域で、大人の女性として認められるためには避けては通れない儀式だった。性器を切除し大人の女性になったことが世間に知れ渡り、男性からの誘惑や性に関する興味から彼女は性行為に及ぶようになり、妊娠する。両親から非難されながらも出産し、育児を始めるが、若い彼女にとって育児は負担であり、彼女は子どもを置いて家を出てしまった。洗車などの仕事に就くものの、一人で生計を立てていくのは困難で、次第に彼女は売春をするようになる。そしてその末にＨＩＶに感染してしまう。家に戻った彼女は日ごとに衰弱し、最後には死んでしまう。ビデオは彼女がなぜＨＩＶに感染したのか、それは誰のせいなのかを問いかけているのだ。伝統的な悪習について、知識がないことが意味することについて、ＨＩＶ／エイズが大人だけでなく子どもにとっても身近な脅威であることについてなど、このビデオは見る者に様々な問いを投げかけていると言えよう。

ビデオ制作に関わった子どもや大人たちは次のような感想を残している。ナレーター役を務めた一一歳の少女は「ＨＩＶ／エイズは彼女だけの問題ではありません。上映会では多くの人たちが私たちのメッセージを受け止めてくれました。私はこのビデオがきっかけで状況が改善することを願っています」と語っている。また、ビデオ制作に関わった子どもの父親は次のように語った。「ビデオは心を揺さぶるもので、見ている人の中には泣いている人もいました。ビデオを見た日、私は子どもたちが様々な感情を持っていることを時として忘れてしまっていることに気づかされました。彼らが取り上げた課題はこの地域で現状のまま放置されることはないでしょう。ビデオを通じて私たちは問題を改めて問い直すきっかけをもらったからです」。さらに、プラン・ケニアの担当職員は子どもビデオ制作プロジェクトの成果について以下のようにコメントしている。「多くの親たちが、子どもたちが作ったビデオに好意的です。現在進められている開発プロジェクトのいくつかは、子どもたちの提案を反映させたものです。今では隣のコミュニティからもビデオを上映してほしいという声が挙がっています。これらはコミュニティが子どもたちの声を聴き、子どもたちの力を信じた証とも言えるでしょう」。

子どもたちから投げかけられた問いは、村落委員会で継続的に検討され、HIV／エイズに関する啓発活動の実施など、状況改善のための具体的な取り組みが始まっている。

そして嬉しいニュースとしては、このビデオが日本のNHK主催の教育番組コンクール「日本賞」(二〇〇四年、第三一回）のユニセフ賞に輝いたことだ。[1]この受賞により、子どもたちはさらに意欲的になっている。

3　子どもビデオ制作プロジェクトの可能性と今後の課題

このように、子どもビデオ制作プロジェクトは地域の課題を解決する大きな原動力になりうると私は実感している。その理由は、まず第一に、子どもたちは大人とは別の視点を持っているからだ。偏見や既成概念、利害関係などから比較的自由な子どもたちは、大人たちだけでは解決できなかった課題を改めて彼ら／彼女らなりの視点で議論し、大人を含めた地域の人々に問い直し、改善のための推進役となることができる。「女性の性器切除」や「早婚」の問題など大人が当たり前だと思っていたことや仕方がないとあきらめていたことを動かす力を子どもたちは持っているのである。第二に、次世代を担うのは子どもたちだからだ。地域開発という取り組みは一朝一夕に改善できるものではない。改善が形になるのは一〇年、二〇年後となる場合も多い。次世代を担う子どもたちが問題意識を持って主体的に取り組んでいくことは、地域の課題を解決するために欠かせないと私は考えている。

子どもビデオ制作プロジェクトが継続するにつれ、参加した子どもやコミュニティの数も増してきている。今後、参加者をより広げていくこと、そして大人が期待する答えを子どもに語らせることなく、真の子どもの声を引き出せるファシリテーターを育成することが課題であろう。

おわりに——子どもとともに考えるこれからの社会

子どもビデオ制作プロジェクトが目指しているのは、子どもの真の声が聴かれ、子どもにとって優しい社会が実現することである。子どもにとって優しい社会とは、すべての人にとって優しい社会であるとも言える。年齢、性別、人種、貧富、障がいの有無、職業などに囚われることなく、一人ひとりが可能性を拓くことができる社会を実現するためには、まず自分たちの足元の課題に主体的に取り組んでいくこと、そして地域と地域が連携しつつそのプロセスを互いに学びあうことが重要であろう。私は、これからも子どもたちとともに、彼らの声を地域に、そして世界に発信していこうと思っている。

●注

（1）日本賞の中の特別賞の一つで、困難な状況下にある子どもの生活や境遇についての理解を促す優れた番組に授与される。

事例3

中学生の「生きて働く学び」

「武蔵野市改造計画――ズバリ市長に提言」

東京都武蔵野市立第一中学校教諭
辻本昭彦

はじめに

「ゆとり教育」が学力低下を招いたと言われて久しい。「ゆとり教育」の目玉として登場した「総合的な学習の時間」では、成果を上げている学校もあるものの、そうではない学校も実際には数多く存在している。このような状況の中で、私はいち中学教師として、中学生が地域で起こっている様々な問題・課題について改善案を提案できる能力を育てたいと考えていた。

各教科で学習した「知」を「生きて働く学び」にするために、「総合的な学習」をどのようなカリキュラムにしたらよいか、多くの教師が悩んでいる。教師だけで「生きて働く学び」を作り上げるには限界があり、地域や社会との協働が重要である。そのような協働の中で生徒がどのように地域社会との関係性を築いていくか、問題解決の過程でどのような理想の社会像を描こうとするのか、という視点から授業を構想し、二〇〇二年からの「総合的な学習の時間」開始に先立ち、移行期間の一九九九年から開始した。本稿で紹介するカリキュラムは中学校三年間にわたるものである。三年間の集大成として、「武蔵野市改造計画――ズバリ市長に提言」という中学生による提言活動を実施した。以下にその過程を紹介し、学校と地域の連携の在り方、そして中学生の社会参加について考えてみたい。

1 「生きて働く学び」のカリキュラム

地域社会に改善案を提言していく能力を育てるには、どのようなカリキュラムが必要なのだろうか。またどのような教材を用意して、地域社会との関わりを体験してもらうべきだろうか。「総合的な学習の時間」が導入される以前、生徒が自ら課題を発見し、考え、発表するような学習の機会は少なかった。私は、生徒の中に育てたい資質・能力を「課題解決能力」「情報活用能力」「プレゼンテーション能力」に絞った。そして三年間のカリキュラムとして、学び方（技法＝スキルズ）を学びながら地域の環境を知る、次に地域社会を支えている人々や世界の現状から生き方を学ぶ、そして地域への提言を行い評価を受けるという三段階を設定した。整理すると次のようになる。

- ●一年生　スキルズを学ぶ／Think globally, Act locally（地域環境学習）
- ●二年生　生き方を学ぶ（国際理解・職場体験・福祉学習）
- ●三年生　「武蔵野市改造計画――ズバリ市長に提言」の立案（地域提案学習）

そして地域提案とは、具体的で実行可能な地域改善案と捉え、「こういう施設をつくってほしい」という要望型や、「交通量が多いので住人は困っている」といったような現状分析型は除外することにした。

三年間のカリキュラムは次のようなものである。まず一年生の「スキルズを学ぶ」では、前期に新聞記事の切り抜きからの課題発見、討論を通しての論理的なプレゼン、インターネットから必要な情報を選択し画像データなども活用してレポートを作成するなど、情報に関するスキルズの習得を行う。後期は地球規模の環境課題について学び、地域の環境についてフィールドワークを行うなど、調査の方法を習得しつつ環境の現状を学ぶ。

二年生の「生き方を学ぶ」では、地域の方々と連携・協働して授業を作る。武蔵野市国際交流協会（ＭＩＡ）の日本語教室（本書第1章事例2参照）に通う地域在住外国人との交流授業や地域ＮＧＯとの協働授業、また職場体験では、これまで市内の行政機関及び地元商店街連合会や商工会議所の協力を受けたりしてきた。さらに福祉学習では、地域の聾学校の先生と連携を図り、手話などの体験学習活動を行った。まず地域と関係性を持つことから始め、生徒が地域の良さを発見する喜びを持ち、そこから課題や問題が見えてくるような過程を作ることを心がけている。

三年次に行う「武蔵野市改造計画——ズバリ市長に提言」は、自分たちが住む地域社会の環境・福祉・経済・都市計画・在住外国人支援などの課題について調査活動を行い、自分たちなりの視点で改善点を見つけ、より良い地域づくりのアイディアを直接市長に提案するところまで行う学習である。

まず生徒たちにアンケート調査を行い、武蔵野市の良いところ、改善してほしいところを出してもらう。例えば、良いところとしては「井の頭公園など緑が多い」「吉祥寺駅周辺は商店街が便利」「公共施設が多い」などが挙げられた。一方、改善してほしいところは「ゴミの問題」「放置自転車」「高齢者と若者・外国人との交流の場がない」など多数挙げられた。

「ズバリ市長に提言」ポスターセッションのブースの様子。（2001 年）

次に「五〇年後の武蔵野市」をテーマに「未来ゲーム」というワークショップを行う。自然環境・地域経済・公共施設・福祉・国際交流などの項目について、武蔵野市の未来像についてのアイディアを出し合い、模造紙にコンセプト・マップ（項目間の関係性を図示したもの）を作成し、グランド・デザイン（将来設計図）を描いていく。そして、グループごとに作成されたグランド・デザインのうち、もし自分が市長ならどのアイディアを採用するかという視点から投票を行い、優れたものを選ぶ。

この二つの活動を経て、興味・関心別にプロジェクト・チームを作り、課題発見・調査体験・課題解決に向けた提案書作成などの活動を開始する。生徒たちは実際にフィールドワークを行い、仮説を立て、検証を行い、様々なアイディアを出し合いながら活動を進めていった。そして最終的に、市長、市議会議長、教育長、商工会議所をはじめ、地域・保護者の方々の参加も得て発表会を開催する。発表会ではポスターセッションの形式で、模造紙などに発表内容を書き、発表会場の壁やボードなどに貼り、見学者に説明を行うという報告の手法をとった。発表者と聞き手の距離が近いので、気軽に質問したり議論したりできる。市長からは「市長賞」を直接選んでもらった。プロジェクトの中には、行政側も関心を示し、実現可能性に向けて検討が開始されたものもあった。

ポスターセッションによる発表会は三年生だけだが、一年生も二年生も学年の終わりには発表会を行う。そしてその後、このような学習活動を通じて自分はどのように変わったのかということを振り返るための時間を持つ。ここでは開発教育でよく用いられる「いいとこ探し」と呼ばれるワークショップを行う。「いいとこ探し」は、グループ内で互いに長所を探しあって紙に書き出し、それについてみんなで話し合うというものである。他人が指摘してくれた自分の長所を知ることで、自己肯定感が高まり、成長と発展につながる前向きのエネルギーを引き出すことができる。このように学習活動全体を総括しながら、生徒一人ひとりが自分の学びのプロセスと成果を認識し、さらなる能力向上の糧としていくことをめざしている。

2　ズバリ市長に提言

一九九九年から二〇〇七年まで、三ヵ年ずつ計三回にわたってこのカリキュラムを実施してきた。ここでは、一番最初に取り組んだ三年次のポスターセッションの内容から六つの事例を紹介し、中学生がどのような問題意識を持つにいたり、それをどのように具体的な提案にまで結びつけていったかを検証する。

①点字ブロックの統一　「目の不自由な方が街に出ていきやすい環境」という課題から出発した生徒は、目の不自由な方への聞き取り調査から、武蔵野市の道路の点字ブロックの形が統一されていないため、ただのタイルと区

別がつかず不便を感じることがあるという事実を突き止めた。そこで、実際に市内の点字ブロックを調査し、聞き取り調査をもとに考えた理想の点字ブロックのモデルを作成し提案した。その後このモデルは市役所の担当部署で検討された。

②目指せ！　緑視率三〇パーセント　「航空写真で見る街はかつてほど緑がなくなったと言われているが、人間に見える緑の割合（緑視率）も減っているのだろうか」という疑問から調査を始めた生徒は、学校・道路・ビル街・住宅街などを調査し、緑視率が約二〇パーセントであることを突き止めた。そして緑視率を向上させるための具体的な方法を「目指せ！　緑視率三〇パーセント」としてまとめ、提案を行った。この提案は市長賞を受賞した。

③武蔵野市のオリジナルウォーター　武蔵野市にはおいしい井戸水があるという情報をもとに水道水や井戸水の水質調査を行った生徒は、「井戸水は実際にうまいのか」「そもそもおいしい水とはなにか」について化学的実験を行った。その結果、武蔵野市の井戸水が市販されているミネラルウォーターに匹敵するほどおいしいという結論に達し、井戸水を武蔵野名水として売り出し、その利益を環境保全のために活用するというユニークな「武蔵野市のオリジナルウォーター」案を提示した。数年後、この提案をもとに、実際に武蔵野市水道局から「水・好き――武蔵野の地下水深井戸二五〇メートルから」というミネラルウォーターが発売された。

ポスターセッションの会場全景。（2001年）

④ムーバスを燃料電池で走らせよう　理科の授業で学習した水素と酸素から成るクリーンな燃料電池に注目した生徒は、武蔵野市の商工会議所で発電を行っている燃料電池を見学させてもらった。そしてその学習をもとに、市が経営するコミュニティバス（ムーバス）を、二酸化炭素や窒素化合物の排出されない燃料電池自動車にするという案を考えた。そのためのインフラ整備案は「ムーバスを燃料電池で走らせよう」としてまとめられた。

⑤地域の外国人交流　武蔵野市に住む外国人が生活の上で困っていることがないか調査を行った生徒は、武蔵野市国際交流協会による支援活動について実地に学んだ。そこで協会の活動の中に中・高校生が地域外国人と交流するプログラムがないことに気づき、そのプログラムの企画として「地域の外国人交流」を提案した。

⑥武蔵野市民カードの発行　市の様々なサービスを検討した生徒は、ムーバスや市の総合体育館、図書館などの公共施設やデパート、商店街などがすべて一枚のカードで利用できる「武蔵野市民カードの発行」を提案した。たとえば、図書館で一冊本を借りると一円分のマイレージポイントがつく、商店街で買い物をすると金額に合わせてムーバスなどの公共料金が安くなる、買い物袋を持参した場合ポイントが加算されるなどの特典をつける。地域経済の活性化や公共施設の利便性向上だけではなく、環境にも配慮した実用的なカードである。提案に添えて実物のカードのモデルを作成し、市長にプレゼントした。

3　学校と地域の連携で目指すもの

「地域に開かれた学校」の重要性はしばしば指摘されるものの、多くの場合、学校公開日を設けて授業内容を知ってもらうことや、学校通信やホームページを通じて教育内容や生徒の活動の様子についての情報を発信することであり、地域は学校に対する意見や要望を述べるにとどまっているのが現状である。また「地域との連携」という場合、学校ぐるみで地元のお祭りに参加したり、高齢者介護施設や福祉施設でボランティア活動を行ったり、地元商店街や事業所で職場体験をしたりすることを地域連携と言っていることが多い。しかし、私の理想の地域連携は、地域が学校の教育活動に関わるとか、学校が地域に出て行って教育活動を行うといったことから一歩進めて、学校と地域が協働して相互に学び合う関係を築くことである。

たとえば「武蔵野市改造計画」では、まず最初に生徒にアンケート調査を行ったが、それは教師と地域の人々が、中学生が地域のことをどのように考えているかについての理解を共有するためである。特に商店街青年部の方々は、商店街活性化について中学生の意見が聞きたい、ついてはアンケート結果を貴重なデータとして活用したいと言われた。一方生徒にとっては、職場体験や調査活動に協力してもらえることの他、地域理解や地元経済についての関心が高まるなどのメリットがある。その結果「お年寄りが外出しやすい街づくり」「安心して子育てができる街づくり」などのテーマが出てきて、中学生と商店街の青年部が一緒になって議論し、学び合いが展開されていくのである。

また、地域在住外国人と交流する授業では、武蔵野市国際交流協会の日本語教室に参加している外国人の方に来校してもらい、生徒が校舎内を案内したり、授業の様子を紹介したり、昼食を一緒に食べたりする。日本語の話せない外国人と英語が十分ではない中学生が、どのようにコミュニケーションを図ることができるかがねらいである。しかしもっと重要なことは「同じ地域に住んでいる」という共感を互いに持つことである。生徒たちはこの交流を通して「アパートを借りるのに苦労する」など、地域に住む外国人の問題を直接的に知ることになり、自分たちに何ができるのだろうと考えはじめる生徒も出てきた。

また地域のＮＧＯと連携する授業では、ＮＧＯによる途上国の孤児院へのスタディ・ツアーに参加した大学生に体験談を語ってもらった。大学生にとっても自分の活動の振り返りになるし、生徒にとっても近い世代によるリアリティある体験談を聞くことには大きな意味があった。その結果、ＮＧＯ活動への理解を深め、外国籍児童生徒の学習支援を行っている他のＮＧＯについても調査した生徒もいた。

「武蔵野市改造計画」のさまざまな具体的提案は、このような中学生と地域の人々が互いに学び合う関係の中から生まれた。言うまでもなく、提案の中には検討が不十分なものや現実味のないものも多くあった。しかし、実際に市長や地域の方々に提案したという経験が、「生きて働く学び」への志向に結実し、人は社会と関わりながら生きているのだという実感や将来の社会参加の大きなきっかけにつながったのではないだろうか。それが、自分たちも社会づくりに貢献できるという自信につながっていくのではないかと思う。

おわりに

カリキュラムの当初、私は中学生がより良い地域社会について考えることはすばらしいことだと素朴に考えていた。そして実践を通して、その考えは次第に具体的な像となっていった。中学生であっても地域の一市民としての意識を持ち、地域社会に参加しながらより良い社会へのアイディアを描くことができるということが明確になっていったのである。こうした学びを実現するためには、学校教育の中で「総合的な学習の時間」などを活用しながら、未来の社会を具体的に描くことのできる教育実践を行う必要がある。その際に重要なのは、教師自身が地域社会と向き合い、連携を図っていこうとする姿勢であると実感している。

第7章

ネットワークづくり

人と人がつながることによって，オルタナティブな学び，オルタナティブな社会を，自分たちの実践をもって主張し，創造する。それが教育のネットワークである。通信メディアや移動交通手段が発達することで，志を共にするが地理的には点在する人びと同士が，以前よりずっと情報交換をしやすくなった。しかし，人は，距離に規定されないつながりだけでは生きてはいけない。価値を共にするつながりと，同じ地域で生活するつながりの両者が学びを介して有機的に作用してはじめて，ネットワークづくりがそのまま新たな社会づくりとなっていくはずである。（写真：東南アジアの教育 NGO ネットワーク団体 SEAPCP［本章事例 2 参照］の各国委員たち。2005 年インドネシア，バリ島にて開催された地域ワークショップにて）

総論

ネットワークが織り成す新たな社会と開発教育

近藤牧子
早稲田大学文学学術院助手

はじめに

情報化し、モノが氾濫する社会では、人びとの価値観や生活文化は驚くほど多様化する。隣近所に住む人であっても、食生活、職業、家族構成、時間の過ごし方といった生活スタイルは大きく異なり、関心事や抱える問題を共有できるとは限らない。むしろ隣近所に住んでいるという関係だけでは、価値観や関心のすりあわせが困難であり、摩擦を恐れて互いに背を向け合うことにもなりえよう。

一方で、自らの価値観や問題関心を共有できる人同士のつながりであるネットワークは、社会的な存在感を増してきている。その問題関心は多様で、環境問題に取り組む人びと、育児期にある人びと、教育の問題に取り組む人びと、ジェンダーの問題に取り組む人びと、そして開発教育に取り組む人びとなど、客観的な全体把握は困難である。ネットワークとは、特定の内容について「共有したい」「もっと知りたい」「情報交換したい」「話し合いたい」という欲求を満たせる空間を求めて集うものであり、地理的には点在する人びと同士が、移動交通手段や情報媒体・コミュニケーションツールの発達によってつながりを後押しされてきている。

しかし、だからといって、ネットワークのつながりだけで人の生活が成り立つわけでは決してない。人の日常生活空間というのはある程度物理的に拘束されたものであり、自分の生活する場所で他人や地域を完全に遮断して暮らすことは難しい。「地域社会」は希薄化こそすれ、消滅した状態などほぼ想定し得ないことは事実である。そして本書のこれまでの章を通じても、ある程度物理的な空間を指す「地域社会」が、多様な人びとの生と学びをつむぐあらゆる場面で重要な共同体であることが示されてきたと思われる。

ネットワークが生み出す新しい文化、地域社会がもつ積み上げられた文化。本稿は、両者の動きに重なり合いがあってこそよりよい社会の構築が可能になるのではないか、という希望的観測のもとに論を展開したいと思う。本書の他章では、地域社会における共同体がいかに学びを育み、新たな社会を構築していくのかが多様な視座で述べられてきた。本章では、地域社会に限らない共同体であるネットワークに考察の焦点をあて、ネットワークが織り成す学び、または学びが織り成すネットワークが人や社会、さらには地域社会にどのような意味を持つのかを考えたい。

1 ネットワークとは——自らの価値を主張する「新しい社会運動」の中で

「ネットワーク」は、一九八〇年代の後半から一般的に流布し、近年ではあらゆるところで目にし、耳にする言葉だが、その実態は深遠で、複雑なものである。ネットワーク研究を学問領域からみてみると、情報工学、経済学、経営学、文化人類学、社会学、心理学と多岐にわたっている。それぞれにおいて異なる事象を扱っているようでいて、概念的には「つながり」「関係」といった似たような意味をもっている。ネットワークを理解するには「感性的理解が欠かせない」[1]とする指摘があるが、この言葉の細部にこだわった者なら誰しも共感しうる点だと思われる。まずは大まかにとらえると、「ネットワーク」は、名詞として「網の目状につながった状態」を表す意味もあれば、動詞として「つながる」を指す意味も持つ。道路や鉄道、電気、放送といったインフラ的なつながりを指す場合もあれば、人が成すグループや組織を指す場合、または集団・組織間の特定のつながりを指す場合などもある。[2]ここでは、人のつながりを指すネットワークについて述べていく。

ネットワークは、時に既存のヒエラルキー組織に対する新たな組織・システムである。よって、市民活動や社会運動と密接な関係にあり、現代的な広がりと組織性の意味合いを持つ。その意味合いを明確にするためには、一九七〇年代以降の「新しい社会運動」論に言及しなければならない。

一九六〇年代後半から脱産業社会への移行に伴い、労働組合運動とは形を異にした多様な運動（黒人解放運動、学生運動、反戦平和運動、フェミニズム運動、地域運動、対抗文化運動）が噴出した。七〇年代には、欧米でそれらの運動を読み解く研究がなされたが、とくにヨーロッパでの研究はカギかっこのついた「新しい社会運動」論とされる。(3) これは続く八〇年代の欧米で本格的に展開し、ハーバーマス（Habermas, J.）、オッフェ（Offe, C.）、メルッチ（Melucci, A.）、トゥレーヌ（Touraine, A.）といった代表的な社会学の論者は、産業社会における労働組合運動とそれらの運動がいかに画されるのかを明らかにしていった。

論者によっても差異はあるのだが、詳細な分析を措いてあえて端的に説明するならば、「新しい社会運動」とは、オルタナティブな価値を自らの生活の中で実践し守ろうとする活動である。必ずしも何か政策的要求を通すことを目的とするのではなく、他者との価値の共有を強硬的に図るのでもなく、実存的な主張、つまり自分の存在そのものの主張を目的としている。そしてその前提には、現代の生活が、選択の自由があるとはいえ、(4) もはや個人ではどうにもならないほど、経済的にも文化的にも一定の生活様式が固定化されている状況がある。よって「新しい社会運動」は、その固定化された生活様式への抵抗とオルタナティブな様式の主張であり、主張の形態は体制批判や政策要求という形を必ずしも取らない。トゥレーヌによれば、「新しい運動を推進している人々は、みずからが創造したいと願っている社会生活のイメージに合わせて生活し、自ら組織したいと望んでいる」(5) のであり、かつての労働組合のように闘争の必要に応じるのではなく、「自分たちの目的に合わせて自己を組織する」とされる。

他にも、いくつか表現を借りれば「介入主義的な福祉国家の行政的・経済的サブシステムが、本来不可侵であるべき市民の生活世界にまで侵入し、個人の自律性、個性、自己実現までも国家枠組みによって管理・統制する危険性に抵抗する運動機制が支配的」(6) な点が特徴とされたり、「自らのライフスタイルとアイデンティティの自己決定権を守ろうとする闘争」[7]とされる。近年では、一九九〇年代を経て、グローバル化や政治構造の変化によって、運動の具体的な分析には新たな視点の必要性が生じていることが指摘されつつ[8]、現在進行形で研究が進められている。

こうした動きの中で、ネットワークは、オルタナティブな価値を持って活動する人びとのつながりの意味としても広く知られるようになる。その意味を流布するさきがけとなったのは、一九八〇年代にアメリカで出版されたリップナックとスタンプスによる『ネットワーキング』[9]である。この本は、アメリカにおける多くのネットワーク団体を調査分類し、「もう一つのアメリカ」を目指して「生活をすみからすみまで規制している中央集権官僚体制に強烈なアンチテーゼを提起」するネットワークの実態を明らかにした。そこでもネットワークは「さまざまな問題を提起し、その解決策を主として既存の体制の外に求めるような人びとによって自発的に形成されたネットワーク」と規定されている。

本稿ではこれらの動向・研究をふまえ、ネットワークの広い意味合いの中でも、「ある価値を共有しながら社会づくりのために連結した人びとや組織」を「ネットワーク」と呼ぶことにしたいと思う。

2 ネットワークの組織的なオルタナティブ性

(1)ヒエラルキー組織と区別される特徴

先にも挙げたリップナックとスタンプスによる『ネットワーキング』は、言葉や概念の流布に大きな役割を果たした。アメリカの多くのネットワーク団体を調査分類し、オルタナティブな社会づくりとして「もう一つのアメリカ」を目指した、「生活をすみからすみまで規制している中央集権官僚体制に強烈なアンチテーゼを提起」[10]するネットワークの実態を明らかにした。彼らの「全体のアイデンティティを保ちながら相互作用する部分からなる一つの全体」[11]というネットワーク定義は、至るところで用いられている。また、日本の研究としては、金子[12]や今井[13]の組織論、須藤[14]、公文[15]の社会システム論の影響も大きく、分野を超えて、多様なネットワーク観や定義がみられる。

表1　朴による「ネットワークの諸性格」と項目内容の整理

区分	ヒエラルキー組織	ネットワーク	分類の着眼点
中枢性格	**他律性** 強制や義務	**自律性** 自主的な個々人が自律的に参加している	メンバーの意思
	与えられた目的 与えられた目的を達成するために管理されるシステム	**目的・価値の共有・共感** 一定の目的・価値を共有，あるいは共感する協働システム	システムの形態
	集権性 中央集権的な支配によって部分を統括し，その部分を全体へ従属させ，固定的な関係を維持しようとする傾向	**分権性** 構成員の誰でもリーダーになれるし同時に多数のリーダーが存在しうる。構成員の皆がネットワークに対して責任を負う	権力の所在
周辺性格	**クローズド／オープン性**	**オープン性** 誰もがいつでも参加したり，脱退したりすることができる	参加や離脱の決定権の自由度
	メンバーの固定性 一つのネットワークと固定的な関係をもつことはメンバーの自主性や自律性を損なう恐れがある	**メンバーの重複性** メンバーが複数のネットワークに参加し，独自性や自律性を保たせる	メンバーが他にもネットワークを持っているか否か
	効率性 一つの基準と政策を採用する傾向	**余裕・冗長性** 目標，手段について多くの見方に寛容であるか，それを推奨する傾向	目的や戦略の持ち方

出所：朴容寛『ネットワーク組織論』p. 19 表 1–3（ただし、表中のゴシック体以外は、朴の本文を参照して筆者が作成した補足説明である。右端の「分類の着眼点」も筆者による補足）。

注 1）区分の「ヒエラルキー組織」は階層的な原則に基づいた組織を指すが，「ネットワーク」は「統一体」という定義のもとに，それ自体が組織を指し，「ネットワーク組織」とはされていない。

注 2）「分類の着眼点」の整理においては，組織のネットワーク分析である同書 p. 93 の表 3–2「ミスミ社の組織特徴」も参照した。

いずれも一九八〇年代後半の研究であり、ネットワークが情報や経済分野との関連から、特に組織論や社会システム論として注目され始めた時期といえるであろう。その後、それぞれの学問領域でネットワークという用語を用いた研究がなされるが、ネットワークの総合的な研究を行っているのは朴容寛である。ここでは、彼の論を手がかりに、その特徴を考えてみたい。

朴は、ネットワークの性質は、ヒエラルキー組織と区別する中で明らかになるという視座をもっている。彼はネットワークを「自律的な部分が網状でつながり、全体のアイデンティティを保ちながら相互作用している一つの統一体」と定義し、「ネットワークの諸性格」については上の表によってヒエラルキー組織の性格と区別している(16)（表1）。

「中枢性格」は、持ち合わせていなければネットワークと呼ぶことは出来ない必須条件であり、朴はそれを三つの条件、すなわち「強制や義務ではなく、自主的な個々人が自律的に参加」している点、「(ヒエラルキー組織が与えられた目的を達成するために管理されるシステムであるのと対極的に) 一定の目的・価値を共有、あるいは共感する自主的な人びとが自律的にコミットメントをなしている協働システム」である点、「集権的であるヒエラルキー構造の対極に位置し、水平的な構造を持ち、分権化を目指すシステム」である点、とする[17]。いわば、自主性や自律性、平等性の原理を前提にしているのである。自主性や自律性とは、具体的に、参加する人びとが自ら選んで組織の構成メンバーとなり、個人の組織への参加の方法や、組織の方向性や運営方法も自分たちで選ぶことができることである。そして平等性とは、組織運営にあたり、構成員が対等な立場でコミュニケーションを図っていくことである。

また、これらの中枢性格を維持するため、つまりはヒエラルキー化していくことを防ぐための周辺性格があり、朴は以下三点をあげている[18]。まず、システムの硬直化を防ぐため、誰でもいつでも参加や脱退が自由にできるよう「オープン性の維持」をしておく点。次に、「一つのネットワークとの固定的な関係は、メンバーの自主性や自律性を損なう恐れがある」ため、いくつかのネットワークに重複して参加していること (それによってメンバー一人ひとりも多面的な視野を保つことができる)。そして、ネットワークが「一つの価値を実現するための最善の戦略一つだけを駆使する」といった、いわば効率化や合理化を意識し過ぎ、余裕のない状態だと、異なる代替案を受け入れられるようなダイナミズムが損なわれるため、「組織の余裕、すなわち冗長性が必要」とされる点である。これらの諸性格は、システム、人間の関係性、そして思想が、いずれも柔軟に保たれていなければならないことを意味している。

(2) ネットワークの性質が学びに及ぼす作用

先に挙げた朴のネットワークの諸性格では、周辺性格に位置づけられる三つの要素は、いずれもシステム、人間関係、思想の柔軟性からもたらされるものであった。しかしそれらの柔軟性をさらによりよく持ち続けるために必要となるのは、やはり関わる一人ひとりの柔軟性なのではないかと思われる。人の柔軟性とは、すなわち新しいことを多様に受け入れられたり、逆に、必要ならば既に持っている価値を新しいものから守ったりすることである。そしてそのプロセスこそ学びを伴うものだと思われる。

ネットワークにおいて展開される学びを考えるにあたっては、ネットワーク内の人間関係のあり方が大きく関わってくる。再度朴の議論に戻ると、中枢性格に「分権性」があげられていた。朴は次のように述べている。[19]

ネットワークは分権的なシステムであるので、構成員の誰でもリーダーになれるし、同時に多数のリーダーが存在しうる。（中略）構成員の皆がネットワーク全体に対して責任を負うことを意味する。この場合のリーダーの役目はコントロールではなく、ネットワークの諸活動がうまくできるように促進したり、サポートしたりすることである。ネットワークのリーダーは上司でもマネージャーでもなく、コーディネーターであり、ファシリテーターなのである。

「分権性」とは、いいかえれば構成員が対等な関係にあることを示している。したがって、そうした関係性の中で展開される学びとは、いずれかが「教え」「教えられる」という一方的なものではなく、双方向性をもつものである。

構成員のリーダーの役割は「コントロール」ではなく「サポート」であり、「リーダーは上司でもマネージャーでもなく、コーディネーターであり、ファシリテーター」であるという人間関係の捉え方は、開発教育で活用されるワークショップや参加型学習における学習者とファシリテーターの関係に共通している。

参加型学習は、たとえば学校教育における教師と生徒のように、知に長けた者とそうでない者との間にあるヒエラルキーを自明のものとし、前者が後者に一方的に教授する、という教育のあり方を疑問視し、学習者の主体性を尊重しようとする、オルタナティブな学習論である。だからこそ、学習者の自主性尊重や教育者を含んだ参加者の平等性がそこにある。つまり、教育や学習の原理とネットワークの原理の適合がみられるのである。それをふまえ、森と花立は、ワークショップが「実際の社会活動につながった実践の一部[20]」であり、また「新しい知人友人ができる」場でもあるため、ワークショップの場そのものがネットワークの場である、という考え方を提示する。森・花立は「ワークショップがNPO、NGO、ボランティア団体などで用いられているのは、そのネットワーキング指向に適した手法だからである[21]」とする。ネットワーク的学習においては、人と人が学ぶプロセスでつながったり、つながる過程に学びが見出されたりの両側面をもつ。したがって、ネットワークが前提とする構成員の自主・自律・平等というあり方は、ネットワークにおける学びの原理としても作用するのである。

3　開発教育のネットワークが提示するもの

(1)多様な人が関わることによる教育のオルタナティブな姿

ネットワークがオルタナティブな価値をもって進められる活動であるため、「開発教育のネットワーク」とは、社会構造のオルタナティブなあり方とともに教育のオルタナティブな価値をも提示している。そこで、日本の教育の現状を改めて考えてみたい。

何といっても日本では、知を教科として分断し、どの年齢で何を学ぶべきかが詳細に定められ、システムにがんじがらめにされた学校＝公教育が大きな存在感を放っている。「教育」や「学習」という言葉に対するイメージは決して活き活きしたものではなく、堅苦しく、複雑で、疲弊したものではないだろうか。評価にさらされ、自由な研修さえ奪われた教師たち。「生きる力」「学力」「愛国心」を身につけねばならぬ生徒たち。格差社会の最前線を生きる親たち。がんじがらめにされた学校に関わる人たちもまた、何重ものシステムを着せられているのだ。そこまで〝着ぶくれ〟したところから生まれる文化が、躍動感に欠け、受身的なものであったとしても何の不思議もない。むしろ、そうであるにもかかわらず、個々の現場で活き活きした教育実践が生まれていることが奇跡的にも思える。

しかし一方で、学校以外の教育として位置づけられる社会教育は、第二次世界大戦後、その自主・自律性を誇り、あらゆる地域で成人の学習、青少年活動、女性の学習、子育てといった生活のニーズから生じる課題を学習する活動が展開されてきた。近年の新自由主義、新保守主義的政策のもとで、福祉や教育政策の後退が著しい中、一方で原理的には自主・自律による活動がいっそう求められるという大きな課題に直面している。学校が〝着ぶくれ〟しているならば、社会教育は裸にされ、やせ細りながら尚、激しい運動を求められているといったところであろうか。「学校／学校以外」の分断は根強いままだが、学社連携の構想や「開かれた学校」構想、「地域と学校」「ネットワーク」などをキーワードとしながら、学校との連携の試行錯誤も繰り返されている。

開発教育は、基本的に多様な背景をもつ人びとがつながることを通してその豊かさや深まりをみせてきた。実践者として、また学習者として、開発教育への関心に基づき、個々の現場が学校の教科区分を越えることはもちろん、フォーマルセクターかノンフォーマルセクターかのこだわりさえなく、ゆるやかに続いてきた。職業的に実践する者やライフワークとして実践する者、さらには両方で実践する者と立場は多様であるし、実践の形態も、カリキュラムやプログラムに則ったワークショップで学習したり、日々の生活の中で行ったりと人それぞれである。教育活動への立場（コーディネートする、ファシリテートする、教える、参加する、学習する）や、実践の場（学校、セミナー、自主グループ、社会教育）、形態（ワークショップ、授業、サークル活動）などの枠組みが先行するのではなく、開発教育を学び、実践したい「思い」がネットワークの前提にあり、それをどのような場で、どのような形で実践・学習できるのかを模索するつながりであるからこそ、ゆるやかに多様な関係を形成しているのであろう。

たとえば、これまでに生まれてきた学校での開発教育の実践プログラムの報告をみてみると、実践者が扱いたいテーマを既に持ち、それらを教科として扱うことを模索した結果、数学であろうと家庭科であろうと英語であろうと社会科であろうと、伝えたい内容を実践者が担当する教科とつなげることを可能にしている。また、「総合的な学習の時間」を利用し、学校外の人材に参加してもらいながら社会に結びつくような開いた実践を展開しているケースも多い。逆に学校外関係者（NGOや自治体の国際化協会、国際協力団体など）も、自分たちの経験を教育現場で活かす実践を模索してきた結果、開発問題や貧困問題をとりあげたいと考えている教員や教育機関の情報を積極的に得ることで、連携を可能にした事例も多く見られる。

多様な形で教育現場に関わる人びとが、特定のテーマを持って集っている開発教育では、一教科として、あるいは一教育セクターとして固定的に設置されないことで、フレキシブルな実践が展開されている。もちろんそれは、周知度が低く、制度的に設置されないから「仕方がない」という状況であり、より組織的戦略的に教育機関が取り組み始めることは、開発教育を実践する人びとにとって望ましい姿である。しかし、「国際理解教育」であろうと「環境教育」であろうと、そうした枠組みにとらわれない内容重視のゆるやかなあり方は、教育分野の中でも稀なのではないかと思われる。

開発教育は、世界の貧困や開発問題を切り口に世界の構造的な課題にとりくむ教育活動である。しかし、課題の解決の現場は〝貧しさのあるところ〟や〝国際機関の場〟にあるのではなく、一人ひとりの生活の場であることを重視する。したがって、いかなる立場にある人でも、一人の生活者としてゆるやかにつながることで、自らの生活の中でできる課題への取り組みを模索しながら行動しているのである。

(2)本章の二つの事例が示唆するもの

本章で提示される二つの事例は、それぞれ社会運動としてオルタナティブな価値を共有しながらネットワークを形成する活動の一つである。湯本は事例1で、開発教育活動を行う団体のネットワーク組織である開発教育協会（DEAR）の活動を通して、「開発教育のネットワーキングの本来的な目的は、やはり『もう一つの（オルタナティブな）社会をつくる』ことに他ならない」とする。開発教育は、内容的な観点からは従来の開発概念への批判を行い、方法的な観点からは既存の学習方法への批判に基づくオルタナティブを提示してきている。しかし一方で湯本は、「DEARは『世界の見方を変える』ことには力を注いできたとは言えても、『地域（現場）の現実を変える』ことに関わることはこれまではなかった」と振り返り、今後開発教育がいかに地域の課題に取り組むべきかを考察する。その中で「『参加型学習』の経験と知見」に期待を寄せている。開発教育のネットワークの中で培ったその「経験と知見」は、関わる人々のつながりの「重複性」によって、多様な現場で活かされていくことに「地域（現場）の現実を変える」可能性があるように思われる。生活者であり社会の構成員である自分の存在と切り離して世界の貧困や開発問題を考えては、実践的な取り組みはなしえない。また、生活者の自分が関わる身の回りの人たちとの関係を脇においては、生活的な実践自体が難しいのではないだろうか。だからこそ、開発教育の実践において地域社会や人びとの生活との接点を明確に提示できるか否かが大きな意味を持つのであろう。

また東南アジアの教育NGOをつなぐ団体（SEAPCP）を立ち上げたタンは事例2で、「SEAPCPでは、『各国の草の根の人々を組織して、よりよい社会を築き、よりよい生活を手に入れたい』という同じ夢、同じビジョンをメンバー全員が共有している」とし、やはりオルタナティブな社会づくりを志向する。参加しているNGOは、「コミュニティオーガナイジング」（コミュニティの人びと自らが、課題解決やよりよい生活を送るための計画・運営に取り組むこと）をそれぞれの地域において目的とし、教育実践を展開している。そして「知識や情報の共有、交換、訓練、資料提供その他の分野で、草の根運動と緊密に連携して活動を行っている」ように、それぞれの活動現場に互いの経験を活かすため、自らのコーディネートの能力を磨きあったり組織的に協力し合ったりするのがこのネットワークである。参加NGOが活動する各国は、民主化の度合いも経済事情も異なる。そして、彼らが取り組む地域の現実は、目に見えて厳しい。よってそれらの現実を解決すべく、活動や対象、目標も明確に設定され、ネットワークのメンバーが協力することによって、具体的な活動を成し遂げている。そのように、互いの状況を支えあうからこそ「マフィアか何かのようだと評した人もいた」ほど親密なネットワークをつくっているのである。社会づくりのために地域で実践を行う構成メンバーが、能力を磨き、組織的に協力をするネットワークである点で、湯本が提示する日本の開発教育の事例と同じではある。また、直接的に教育活動を展開するのではなく、地域のグループと協働する上でネットワークを必要としている点でも同じである。しかし、欧米から派生してきた普遍的価値を中心に置く「新しい社会運動」に関わる開発教育のネットワーク[22]とは異なり、従来の社会運動に準じた戦略的なつながりである。もしも日本の開発教育が、一つ一つの地域の課題解決に具体的に向き合う教育活動のネットワークを今後指向するならば、学ぶ点が多くあるであろう。

4　開発教育のネットワークの役割——多様に交錯する人のつながりの中で

(1)ネットワークのはたらき

価値の共有を背景にもつネットワークは、もとから定められた関係ではなく、選びとる関係である。天野正子は、小集団としてのサークルやネットワークについて「サークルもネットワークも、集団参加がメンバー自身の自発的な選択にもとづく『選べる縁』という点で、所属が運命的に決定されている血縁・地縁的な基礎集団とも、さらに所属が利害関係にもとづく企業のような社縁的な集団とも区別される[23]」とする。親戚は人が生まれた時点で規定されているし、居住する地域や就職先は選択の自由があるとはいえ自分の意思で簡単に変えられるほどではない。天野の述べる「選べる」という意味合いは、厳密には集団の構成メンバーとなるか否かが、個人の意思を最優先した自主性によって決められることである。

ネットワークは、脱産業社会において、「新しい社会運動」の動きから発展し、それらの特性は既存のヒエラルキー原理に対して、自主性や平等性を原理とした。既存のヒエラルキーとは、既存の社会構造における文化の一つである。よって、ネットワークを形成していくこととは、そのまま、既存の文化とは異なった文化に基づいて人間関係やつながりを形成していくことに等しい。今ある社会構造ではなく、別のあり方を模索し、提示していくためにネットワークを形成し、その形成過程そのものがオルタナティブな社会を新たに作り出していく過程にもなる。

確かにメディアの発達は、人間間の物理的な距離を越えて価値観を共有し、つながることへ貢献したといえる。しかし、人間が自ら選び取った縁だけで日常を生活することは、一人で身を隠したり、旅をしながら生きていかない限り、なかなか想定し得ない。メディアや交通手段が発達したからこそ、価値観を共有できる人々と「も」共に生きることができるようになったのであり、そうしたネットワークだけで新しい価値をもった社会を構成していけるわけではない。居住する空間におけるつながり、血縁によるつながり、職や学校という場をともにするつながり、共通して抱える課題によるつながり、関心課題によるつながり。それらはときに伝統的なヒエラルキーをもっていたり、関係が変えられない硬直したものだったり、あるいは自由なものだったりするだろう。

そうした多様なつながりが交錯する中で、ネットワークは、固まった関係や価値にゆさぶりをもたらす役割を担えるのではないかと思う。ネットワークにおける人びとのつながりも、自由な選択の中で形成されるため流動的であり、価値や文化も、常に既存のものを問い続けるという学びあいによって動かされる。このような「動き」を前提とした人のつながりは、既存の、もしくは固まっている価値や文化に基づく多様な人のつながりに、少しずつ、より新たなもの、オルタナティブなものに再生するように働きかける作用を成し得るのだと思われる。

(2)開発教育のネットワークが地域づくりにもたらすもの

ここまでに整理したネットワークのはたらきをふまえ、開発教育のネットワークが地域づくりに持つ意味を再度考えてみると、今の時点ではその原動力やそこで育まれるメンバーのセンスにあるのではないかと思われる。開発教育は、世界の「南北」構造や、貧困、開発問題をテーマとした教育活動であり、日本国内の貧困や開発問題を扱う際にも、世界の視点を並存させることにその意義がある。また、そうした問題解決への態度を育もうとする教育活動である。しかし、開発教育という分野だけで、問題の解決にたどりつくには苦しい。問題解決への態度を育むこととは、人の日常生活や生き方にも関わることであり、あらゆる生活場面での多様な学びが必要であり、それには時間や積み重ねもまた必要である。それを開発教育活動だけで補いきることなど到底不可能に近いからだ。世界の問題と自分の問題との「気づき」までは確実に橋渡しができても、それをより確かに具体的にするには、たとえば食の教育や環境教育との継続的な連動が重要であり、その連動が「気づき」を持続させ、具体的な解決の糸口、つまり行動の具体性へと導くのではないだろうか。

開発教育を広義にとらえていけば、多分野が連動した教育そのものもまた開発教育と呼べるのかもしれない。しかし、たとえば「育児やジェンダーの問題に開発教育は関係がある」「地元の緑保存には開発教育が重要だ」「開発教育は地域の教育・福祉・環境政策につながる」と言っても、大きくうなずく人はいまだ少ないだろうし、重要なのはどこまでが開発教育かではない。

開発教育のネットワークのうねりや「新しい社会運動」と通ずる存在主張的な活動において、関わる人たちは、社会構造をみるセンスを培う。改めていうまでもないが、地域づくりは、社会の構造的な課題の最も身近な解決の現場である。よって、ネットワークへの参加が地域づくりへの原動力をもたらすことにもなる。また、地域づくりの動きもまた、開発教育のネットワークに力をもたらす。自分たちの具体的な課題が明らかになり、社会構造へのセンスがますます鋭くなるからだ。多様に人のつながりが交錯する中で、人間は生活するし、社会も構成されていく。どれか一つが何かを成し遂げるのではなく、人びとが、ネットワークが、相互に影響をもたらしあいながら社会を動かしていくのである。しかも、多様なもの同士の自由な接合反応を待つのではなく、あえて地域づくりという帯との接合を重要視することは、開発教育を具体的な社会づくりにより強く反応できる活動にしていくことなのである。

おわりに

以上、新たな社会をつくりだす開発教育のネットワークの可能性について述べてきた。近年のネットワークは、メディアの発達を利用し、自律的、共感的、平等的な関係をつくりあげることで、既存の社会構造とは異なるオルタナティブな価値や文化をつくりあげている。こうしたネットワークの中に人の学びがあり、また人の学びの中でネットワークが形成され、保たれていく。メディアや移動交通手段が発達した現代だからこそ、一人の人がもつ他者とのつながりは何重にも織り成されている。それは、積み上げられた文化や既存の価値を元にした人間関係を引き受けながら、そうしたつながりのあり方にゆさぶりをかける存在としてはたらくネットワークである。開発教育のネットワークはそうしたゆさぶりあう帯の一つとして、他の帯とともに力をもたらし合い、それによって新しい社会が創出していくのだと思われる。

●注

（1）林紘一郎『ネットワーキング――情報社会の経済学』NTT出版社、一九九八年、四頁。

（2）一般的な意味合いとしてたとえば大辞林（第三版、三省堂、二〇〇六年）によれば、「①テレビ・ラジオで番組を送り出す局を中心に、中継回線によって結ばれた全国的な放送局の組織。放送網。ネット②コンピューターネットワーク③ある計画を遂行するために必要なすべての作業の相互関係を図式化したもの。コンピューターによる工程管理に利用される④人や組織のある広がりをもったつながり」とされる。厳密な研究では右の①〜④をさらに詳細分析しながら定義される。

（3）米国では資源動員論として発展し、資源動員論と「新しい社会運動」論を合わせて「新しい社会運動」論と呼ぶこともある。

（4）この言説をめぐる研究も多くあるが、こうした状況を指す際にハーバーマスの「植民地化された生活世界」という表現が象徴的に扱われることが多い。

（5）A・トゥレーヌ／平田清明・清水耕一訳『ポスト社会主義』新泉社、一九八二年、一四二頁。

（6）高橋徹「後期資本主義社会における新しい社会運動」（『思想』第七三七号、一九八五年一一月、岩波書店）。

（7）朴容寛『ネットワーク組織論』ミネルヴァ書房、二〇〇三年、四四頁。

（8）曽良中清司・樋口直人・稲葉奈々子・町村敬志編著『社会運動という公共空間』成文堂、二〇〇四年。

（9）ジェシカ・リップナック、ジェフリー・スタンプス／日本語版監修＝正村公宏／社会開発統計研究所訳『ネットワーキング』プレジデント社、一九八四年。

（10）同上。

（11）同上、一六一頁。

（12）金子郁容『ネットワーキングへの招待』中央公論社、一九八六年、『ボランティア・もう一つの情報社会』岩波書店、一九九二年など。
（13）今井賢一・金子郁容『ネットワーク組織論』（岩波書店、一九八八年）では「ネットワークは実体ではなく関係」と捉えられている。
（14）須藤修『複合的ネットワーク社会』有斐閣、一九九五年。彼のネットワーク研究は一九八九年「産業の高度化と企業間ネットワーク」（『経済セミナー』四一九巻）からみられる。
（15）公文俊平『ネットワーク社会』中央公論社、一九八八年。ネットワークをシステムとして捉える。
（16）朴、前掲書、一九頁。
（17）同上、一五―一六頁。
（18）同上、一七頁。
（19）同上、一六頁。
（20）花立都世司・森実「ワークショップ――ネットワーキング時代の学習論」（日本社会教育学会編『ボランティア・ネットワーキング』東洋館出版社、一九九七年、五四頁）。
（21）同上、五九頁。
（22）欧米の開発教育を運動論として分析した吉田晴彦によって、開発教育「運動」の背景には「新しい社会運動」が存在することが述べられている。吉田晴彦「国際開発問題の新次元――『開発教育』運動の構造と動態」（『現代国際関係の新次元』日本評論社、一九八九年、五六頁）。
（23）天野正子『「つきあい」の戦後史』吉川弘文館、二〇〇五年、四頁。

事例1

開発教育協会の国内ネットワーク事業

湯本浩之
（特活）開発教育協会

はじめに——ネットワーク論としての開発教育

二〇〇七年で設立二五周年を迎えた開発教育協会（DEAR）では、その設立当初から、開発教育を「広げること」と「深めること」を目標に活動してきた。[1]「広げること」とは開発教育の実践的および運動的な側面であり、「深めること」とは開発教育の理論的および実体的な側面である。本稿では、日本での開発教育のネットワーキングの一つの事例として、DEARが開発教育を「広げること」のために取り組んできた国内ネットワーク事業を取り上げる。まずは第一節でDEARの組織や活動を紹介した後、第二節でその経緯や展開を概観する。続く第三節では、国内ネットワーク事業の経験を開発教育のネットワーク論という観点から考察する。そして第四節では、そのネットワーク論から示唆される開発教育の今後の課題や可能性の提示を試みる。なお、筆者はDEARで国内ネットワーク事業の実務を過去一〇年余りにわたって担当してきたが、本稿は、個人的な所感を交えながらの論考であり、DEARの立場や見解を代表したり代弁したりするものではないことを予めお断りしておきたい。

1 開発教育協会とは

まず本題に入る前に、本稿で言及する開発教育協会という団体の組織や活動を寸描しておくこととしよう。

そもそも開発教育とは、英語の Development Education の訳であり、日本独自の教育活動ではない。この開発教育という用語や活動が日本に紹介されたのは、一九七〇年代の前半であると思われるが、実質的な活動が始められたのは八〇年代に入ってからのことである。その大きな契機となったのは、一九七九年に開発教育をテーマとする日本初の国際シンポジウムが駐日国連機関によって東京都内で開催されたことであった（本書序論1参照）。そして、これに参加した研究者やNGO関係者らによって、一九八二年一二月、日本での開発教育の普及推進を目的に、開発教育協議会（DECJ）が任意団体として発足することとなった。[2] 発足当初のDECJの活動は、七九年の国際シンポジウムを引き継ぐ形となった毎年八月開催の開発教育全国研究集会をはじめ、研究誌『開発教育』やニュースレターの発行などから始まった。そして、欧米の先駆的な事例を貪欲に吸収しつつも、国内での研究実践を互いに共有しながら、開発教育の日本での普及推進が試行錯誤されていくこととなった。

現在でも、発足当初の組織目的に基本的な変化はないが、調査研究や情報提供に加えて、政策提言、教材開発、人材育成といった諸事業の他、本稿で取り上げるネットワーク事業が今日のDEARの基幹事業となっている。なお、組織の概要については、二〇〇六年度末現在で、会員数は団体会員四五団体、個人会員が六七四名であり、財政規模は約三九六〇万円、事務局職員数は七名（うち非常勤三名）となっている。日本のNGOの中では、組織的には中規模といえよう。

2 DEARの国内ネットワーク事業の経緯と展開

それでは、本題であるDEARの国内ネットワーク事業についての論考を進めていくこととする。かれこれ四半世紀にわたる活動を続けてきたDEARの中で、国内ネットワーク事業は比較的早い時期からその取り組みが始められた。まだ発足間もない頃の活動といえば、上述の通り、毎年夏の全国研究集会の開催と研究誌『開発教育』などの編集発行がその中心であった。当時はこれらを通じて、会員や関係者の間での情報交換や経験共有を図ることで、開発教育協議会（DECJ）は「協議会」としての一定の役割を果たしていた。しかし、発足後五年を経過した一九八七年頃になると、一つの課題が認識されるようになった。[3] それは、開発教育の取り組みが大都市圏に限定され、それ以外の地域に広がっていないというものであった。確かに、夏の全国研究集会は、東京、大阪、名古屋、横浜、神戸という三大都市圏での開催が続き、そこでの事例報告や研究誌への投稿の内容も大都市圏での研究実践が大半であった。会員も個人・団体を問わず、やはり大都市圏内に集中していたのである。

このような開発教育の実践的運動的な実態は、「広げること」を一つの大きな組織目標として掲げていたDECJにとって無視できないものであった。こうした「地域への広がり」や「関係者間の連携」といった問題意識が「ネットワーキングの必要性」という形で議論されるようになったのは自然な成り行きであった。その一つの契機が、一九八八年三月に開催された「全国開発教育推進研究会」であろう。この「研究会」はDECJと㈶国際協力推進協会（APIC）によって共催されたが、その報告書には共催の動機について次のような記述がある。[4]

「開発教育…の必要性が説かれだしてからもう一〇年あまりにもなるし、…開発教育協議会が…結成されてからも五年になる。…関心を持っている団体を一通り結集し、また個人も多く集めてきたが、…今ひとつ開発教育を広げていく活動の展望が見えにくい。」

この「研究会」には、研究者や学校教員、NGOや地域国際化協会の職員など、開発教育の研究者や実践者ら二九名が参加し、「開発教育の進め方を考える」をテーマに丸一日の議論が交わされた。その中で開発教育におけるネットワーキングが課題であるとの認識は共有された。しかし、どのようなネットワークをどのように形成していくのかという点については、合意点や具体案を得ることはまだできなかったのである。[5] ただし、この種の「研究会」を継続的に開催していくことの必要性が見いだされたことから、翌一九八八年度からは会議名を「開発教育を推進するセミナー」と改称して、その後も開催されることとなった。毎年「開発教育のネットワーキング」をテーマとして開催されたわけではなかったが、この「セミナー」自体が、開発教育を担う研究者や実践者をつなぐ緩やかなネットワークを維持しながら、開発教育を広げていくための具体的なネットワーキングを模索していく役割を果たしていたことは確かであろう。

こうした準備段階を経て、ＤＥＣＪの発足から一〇年目となった一九九二年度に、「地域における開発教育展開の可能性調査」と題された実践的な調査事業がＤＥＣＪとＡＰＩＣの協働事業として実施された(6)。この調査事業は、各地域でこれまで点的に活動していた実践者らのネットワークを形成し、地域拠点を整備していくことが必要であるとの課題認識に基づいて実施されたものであった。そして、そのネットワーキングの具体的な手段としては、「開発教育地域セミナー」の開催という方法が採られることとなった。具体的には、岡山、神戸、松本というそれぞれに地域特性の異なる三カ所で「地域セミナー」を試行的に開催することで、その方法としての妥当性をはじめ、実施上の課題や問題点などを地元の協力者らと議論しながら把握するというものであった。その結果、「地域セミナー」という方法が、地域での拠点づくりとネットワーキングにとって有効であると判断され、この「地域セミナー」を継続的に開催していくことがその後の課題とされた。

東北ブロック「開発教育地域セミナー」の様子。
（2003 年 10 月，青森県八戸市，撮影筆者）

翌一九九三年度こそ、長崎市と岩手県東和町の二カ所での開催であったが、九四年度は全国五カ所、九五年度からは全国六カ所での開催となり、二〇〇三年度までの計一二年間にわたって全国四四都道府県で合計六四回の「地域セミナー」が開催されることとなった(7)。これら「地域セミナー」は、週末の土曜日曜の二日間で開催されることがほとんどで、シンポジウムや分科会、ワークショップや交流会などのプログラムが組まれ、一〇〇名から二〇〇名の参加者を集めることも少なくなかった。その企画運営は、早ければ半年前から準備が始まり、開催地のＮＧＯや市民団体の関係者、学校教員や青年海外協力隊の経験者らによって構成される実行委員会が担い、ＤＥＡＲが共催団体としてこれに協力した。当時の外務省も開発教育

第10回「開発教育全国担い手会議」の様子。（2003年3月，京都市，撮影筆者）

支援の立場から「地域セミナー」の開催を資金的に支援していた。

そして、「地域セミナー」終了後には、この実行委員会が発展解消して新たに研究会やネットワーク組織が発足した事例も数多い。また、この実行委員会の事務局機能を担ったNGOやYMCA（キリスト教青年会）などの地域の既存団体が、その後も地域での開発教育の拠点機能を継続するなど、「地域セミナー」の開催が開発教育のネットワーキングにある一定の役割を果たしたと言えよう。こうした地域の研究会やネットワーク組織をはじめ、開発教育に取り組む地域のNGOやYMCAなどは、今日では、独立行政法人国際協力機構（JICA）の各国内機関や都道府県の国際交流協会などとの協力関係を築きながら、開発教育の地域拠点あるいは「担い手」として、地域における開発教育の普及推進という役割を担うまでに至っている。

なお、「開発教育を推進するセミナー」は一九九三年度からは「開発教育全国担い手会議」としてその性格を改めることとなった。すなわち、「地域セミナー」の主催関係者や各地の実践者らを参加者とするネットワーク会議としての性格をより一層強めながら、情報共有と課題解決のための全国規模の人的ネットワークが形成され、その開催は二〇〇三年度まで継続された(8)。

3　オルタナティブとしての「学びのネットワーキング」

今日ではごく普通に使われる「ネットワーク（ないしはネットワーキング）」という言葉。これには大きく分けて、①ICT（情報通信技術）分野におけるインフラストラクチャーの面を扱う技術論や、情報の伝達・共有の効率化などを議論する情報論としてのネットワーク、②従来の行政機構や企業組織に見られる階層型組織（ヒエラルキー）に対する組織論としてのネットワーク、そして、③新しい社会運動体を論じる運動論としてのネットワーク、という三つの意味があろう（本章総論も参照）。そして、これらは互いに関連しながらも、それぞれの文脈に応じて使い分けられている。本節では、前節で取り上げたＤＥＡＲの国内ネットワーク事業が持つ意味や成果について、③の新しい社会運動体としてのネットワークという観点から若干の考察を試みたい。

社会運動体としての「ネットワーク」が日本で関心や注目を広く集めるようになったのは、おそらく一九八〇年代半ば以降のことだろう。すでに七〇年代から、戦後の社会運動に代わる「新しい社会運動」が模索されてきたが、一九八四年に翻訳発行されたＪ・リップナック＆Ｊ・スタンプスの『ネットワーキング――ヨコ型情報社会への潮流』[9]は、当時の市民団体のみならず、新しい社会の構成原理に関心を寄せる行政や産業界などの関係者の注目を集めることとなった。同書では、アメリカにおける市民的な価値観や市民の自発性に基づいた様々な社会運動体を「ネットワーキング」として紹介し、それが経済的軍事的な超大国として拡大し続けるアメリカとは異なる「もう一つのアメリカ」を形成しているとしている。すなわち、市民によるオルタナティブの提示と実践を「ネットワーキング」と定義づけたのである。

ここで、ＤＥＡＲが一〇年余りにわたって実施してきた国内ネットワーク事業とは何であったのかを改めて考えたい。それは単に、週末に一〇〇人、二〇〇人の参加者を集める「地域セミナー」を開催して、全国四七都道府県での開催を目指して、毎年毎年日本地図を塗りつぶしていくことが最終目的ではなかった。「部屋の四隅」や「貿易ゲーム」[10]を体験したり、ワークショップやファシリテーションという参加型の学習手法を習得したりすることだけが目的でもなかったはずである。国内ネットワーク事業という取り組みの基礎や背後に、「地域セミナー」の主催者として、あるいは開発教育の実践者として、どのような自覚や動機があったのか。確かに、「地域に開発教育のネットワークを広げる」という期待や目標はあった。しかし、過小評価との指摘を覚悟の上でいえば、関係者内に限定された地域的および全国的な「顔の見える関係」の構築、すなわち情報交換や経験共有を効率的に図るための情報論的ネットワーキングに、それは留まったのではないか。そして、東京という〝中央〟に事務所を構え、大都市圏での〝知的な市民活動〟として始まった開発教育を、あるいは、〝中央から地域に普及する〟という「上意下達」的な運動構造を発足当初から内在していたDECJという組織を、各地の実践者との対等な信頼関係を築いていくことによってなんとか水平化しようという組織論的ネットワーキングに、それは留まったのではないか。

結論を急げば、そうしたネットワーキングも、日本での開発教育の運動論としては、避けては通れない過程であったと総括することも可能であろう。しかし、開発教育のネットワーキングの本来的な目的は、やはり「もう一つの（オルタナティブな）社会をつくる」ことに他ならないと私は考えている。DEARはこれを「共に生きることのできる公正な地球社会づくり」と説明している。言い換えれば、私たちの地域や日常の中で、この地球上に生を受けた一つ一つの命が大切にされる社会づくりに参加していこうというものだ。そうした個人や地域が教育や学習を通じて繋がり合うことで、「もう一つの日本」や「もう一つの世界」、そして「もう一つの地域」や「もう一人の私」を実現していく。開発教育とは、こうした新しい社会や自分自身のあり方を提起し、それを「学びのネットワーキング」を通じて実践していこうという呼びかけに他ならない。

4　ワークショップから地域へ――「参加と対話の学び」の実践

前節では、DEARが一九九〇年代を中心に実施してきた国内ネットワーク事業というものをやや批判的に考察してみた。もちろん、この事業を一〇年以上にわたって実施してきた結果、八〇年代には見られなかった成果も少なからず生まれている。それに対して相応の評価が与えられるとすれば、実務担当者としては嬉しい限りである。しかし、この事業が開発教育の本来的な目的や本質的な実体にとって、どれほどの意味や成果をもたらしたのかについては、さらに議論が必要となろう。阿久澤麻理子は、英国におけるワールド・スタディーズなどの進展の経緯を論じる中で、「革新的教育は、しばしばそれを『広めること』に力を入れるあまり、内容の検討や評価などの基礎的なリサーチを欠くことが多い」と指摘している。[11] 昨今の日本の開発教育や参加型学習の現況を省みた時、ワークショップ・アクティビティ（学習活動）などの目に見えやすい手法的な側面ばかりに耳目が集まる傾向は確かに否定できない。開発教育のネットワークを広げていくということが、前節で述べた「学びのネットワーキング」という第三のネットワーキングに発展していくのかどうか。そのことが常に自己省察されてきたのかどうかが問われるし、今後も問うていかねばならないことだろう。

以上のような考察や省察から、今後に向けた課題や可能性を取りあげてみよう。

それはまず「ワークショップから地域へ」ということだ。「フィールド・トリップ」や「タウン・ウォッチング」を推奨しているわけではない。九〇年代以降、日本の開発教育は欧米の教材や指導書の〝輸入翻訳型開発教育〟からの脱皮を図り、日本独自の教材が作成されるようになり、工夫された学習プログラムも見られるようになった。しかし、そうした実践が「教室」や「研修室」の中だけに滞留してはいないだろうか。そうした非日常的で実験室的な環境や条件の中でのみ「参加型学習」が成立し、「目から鱗が落ちる学習体験」がいくら重ねられても、それが地域や日常の中の現実や問題状況の改善解決にどれだけ応用できているのだろうか。パウロ・フレイレは、「世界の見方を変える、ということは、基本的に重要なことだが、とはいえ具体的な現実が、それだけで変わるということを意味しているわけではない」と現実社会の中での批判的実践の重要さを指摘している。[12] このフレイレの言葉を受け止めれば、開発教育は「世界の見方を変える」ことには力を注いできたとは言えても、「地域や現場の現実を変える」ことに直接関わることはこれまではなかった。たとえば、開発教育は、国内外に拡がる格差や貧困の問題を身近な生活実態やグローバリゼーションという地球的な観点から分析して解決策を探るという「学びの場」を提供してきた。しかし、そうした「学び」の多くは、観念的で仮想的な「学び」や抽象的で間接的な「学び」に陥りがちではなかったか。また日本国内の格差や貧困にも目を向けると言っても、限界集落に暮らす高齢者や大都会で生き延びる野宿者の生活を保障するために、何か具体的で実効的な行動を起こしているわけではない。開発教育は、努めて実践的な教育活動であるとは言われるものの、教育活動であるが故に、その実践には自ずと限界や制約があるのではないか。開発教育に対して、「土のにおいがしない」とか「リアリティが感じられない」との忌憚ない指摘が折に触れて寄せられるが、それらはまさにそのことを指摘しているのである。

しかし、はたして地域の現実や現場の課題に開発教育、そしてDEARはどう関わればよいのであろう。果たしてそこまで関わるべきなのかどうかという議論も予想される。地域ではすでに多様な取り組みがなされている。とは言え、地域の問題が解決されているわけではない。「地方の時代」が叫ばれて久しいが、日本国内の経済格差や地域間格差が顕在化する中で、地域おこしや地域再生には今も多くの課題が残されている。遅れ馳せの開発教育に出番や役割があるとすれば、「参加と対話の学び」を地域の人々と実践していくということにその可能性を見出すことはできないだろうか。「参加」とは、人々が潜在的かつ重層的に持つ政治的・経済的・社会的・文化的な力を回復し、その力を地域づくりや社会づくりに向かって表現し行使していくということだ。「対話」とは、利害や立場を異にする人々が、思想や歴史、あるいは地域固有の知恵（ローカル・ノリッジ）や潜在能力（ケイパビリティ）を共有しながら、「もう一つの地域や世界」を共に探求し創造していくということだ。いずれにせよ、それは忍耐と寛容が求められる息の長い、あるいは終わりのない学びの過程に他ならない。人々の間主体的な気づきや螺旋的な学びが地域を再生していく。その際に、「アジア」や「南」からの視座や問題提起が新たな刺激や契機を与えてもくれよう。

幸いなことに、開発教育には「参加型学習」の経験と知見がある。アジアやアフリカなどでのコミュニティ開発の分野では、「参加型開発」やＰＲＡ（参加型農村調査法）／ＰＬＡ（参加型学習行動法）[13]が議論と関心を集めている。そうした参加と対話に基づいた学習や開発の営為が「学びのネットワーキング」を生み、国境を越えた「もう一つの地域」につながっていく時、開発教育にも一定の役割が果たせるのではないか。そして、それはその本来的な目的や本質的な実体に近づくことになるだろう。

おわりに――「学びのネットワーキング」に向けて

経済的なグローバリゼーションが進む今日、深刻な地球規模の諸問題の解決が喫緊の課題となっている。と同時に、日本国内に目を転じても、その地域や当事者だけでは改善解決が困難な問題が山積している。そのいずれもが命に関わる問題である。世界の動きや地球の営みとも無関係ではないその命を地域で守り育てていくという具体的かつ現実的な課題に、私は開発教育を通じて今後も関わっていきたいと思う。

フレイレが述べているように、「具体的な現実が変われば、そのことを通して世界の見方も変わっていく[14]」とすれば、開発教育が地域の現実に関わり、「学びのネットワーキング」に参加していくことの意味は決して小さくないはずである。

●注

（1）金谷敏郎「これからの開発教育の展開を考える」（『開発教育』一号、開発教育協議会、一九八二年）。

（2）ＤＥＣＪ（Development Education Council of Japan）は発足二〇周年を迎えた二〇〇二年に開発教育協会（Development Education Association and Resource Center：ＤＥＡＲ）と改称。二〇〇三年三月に特定非営利活動法人として内閣府から認証された。本稿では、ＤＥＣＪ時代の事業等に言及する際には、ＤＥＣＪと表記している。

（3）赤石和則「第五回開発教育全国研究集会から」（『開発教育』一一号、開発教育協議会、一九八八年）。赤石氏は同論文の中で、「開発教育そのものが一部の層（大都市中心…）にしか広まっていない現実」を指摘し、「この種の研究集会をいかに全国各地のレベルに広げるか」という課題を提起している。なお、ＤＥＣＪでは第六回全国研究集会（一九八九年度）を金沢で、第七回（一九九〇年度）を岡山で開催している。

（4）開発教育協議会・㈶国際協力推進協会編『開発教育の進め方を考える――全国開発教育推進研究会報告書』開発教育協議会・㈶国際協力推進協会、一九八八年。

（5）金谷敏郎「開発教育論議の十年試論」（『開発教育』二二号、開発教育協議会、一九九二年）。金谷氏は同論文の中で、「協議会の運動方針には開発教育を広げていくことがあげられ、方法論が論議されているが、なぜ広がらないかということがきちんと論じられていない」とＤＥＣＪの初期の一〇年間を振り返っている。
(6)開発教育協議会・㈶国際協力推進協会編『地域における開発教育展開の可能性調査』開発教育協議会・㈶国際協力推進協会、一九九三年。
(7)過去に開催された「開発教育地域セミナー」については、各報告書を参照されたい。残部があるものについては開発教育協会で入手できる。また、同「セミナー」の実施概要や開催実績については、湯本浩之「日本における『開発教育』の展開」(江原裕美編『内発的発展と教育』新評論、二〇〇三年)を併せて参照されたい。
(8)「地域セミナー」が終了した二〇〇四年度からは、「担い手会議」に代わるものとして「開発教育全国ネットワーク会議」が毎年三月に開催されている。
(9)Ｊ・リップナック&Ｊ・スタンプス/社会開発統計研究所訳『ネットワーキング——ヨコ型情報社会への潮流』プレジデント社、一九八四年。
(10)「部屋の四隅」とは、開発教育のワークショップでよく行われるアクティビティの一つ。「貿易ゲーム」は英国のＮＧＯ「クリスチャンエイド」によって制作された国際貿易をテーマとした有名な開発教育教材である。
(11)阿久澤麻理子「政治教育の視点から見たイギリスの人権教育」㈳部落解放・人権研究所編『人権の学びを創る——参加型学習の思想』解放出版社、二〇〇一年。
(12)パウロ・フレイレ/里見実訳『希望の教育学』太郎次郎社、二〇〇一年。
(13)ＰＲＡ/ＰＬＡについては本書序論2の注(18)を参照されたい。
(14)フレイレ、前掲書。

事例2

東南アジアにおける教育NGOのネットワーキング

コミュニティオーガナイジングのための活動を展開するSEAPCP

タン ジョ ハン
東南アジア大衆コミュニケーションプログラム
翻訳＝山下利枝子／補筆・補注＝砂澤嘉代＋近藤牧子

はじめに

一九九一年、大衆的な教育活動の発展をめざして、東南アジア各国から同じ志を持つ者たちが集まった。そのとき、そのメンバーたちが持つコミュニティオーガナイザー(1)やトレーナー、ファシリテーター(2)としての経験や才能、スキルを、東南アジア各国の草の根の人々と共有できることを、私は光栄に思った。そして当時のその夢は、今現在すでに実現している。

本稿は、その夢の結実である東南アジア大衆コミュニケーションプログラム（SEAPCP）という団体について紹介するものである。

SEAPCPは、コミュニティオーガナイジング（community organizing）の発展を目的とするネットワーク団体である。現在SEAPCPには、インドネシアの八団体、マレーシアの六団体、タイの三団体、ビルマ（ミャンマー）、ベトナム、カンボジア、フィリピン、東チモールの各一団体が主要メンバーとして参加している。それらの団体は、都市貧困者、先住民、青少年、子ども、農民、シングルマザー、ストリートチルドレン、セックスワーカー、プランテーション労働者、麻薬依存症患者などの草の根の人々と共にコミュニティオーガナイジングの活動をし、資源保護、人権、自立サポート、HIV／エイズ、人身売買、ドメスティック・バイオレンス（DV）などといった問題に取り組んでいる。

1 東南アジアにおける教育NGOのネットワーク誕生の経緯

今でもはっきりと覚えているが、一九九〇年、当時フィリピンにいた私は、親友にある相談を持ちかけた。それは、大衆コミュニケーション（popular communication：以下PC）[3]の手法に基づく、コミュニティオーガナイジングのための地域ネットワークづくりに関する案だった。私たち二人は同じ構想とアイディアを持ち、このプロジェクトに取り組んだ。このようなプロジェクトの計画案の作成は私には初めての経験だったので、特に予算案作りには苦労した。

翌一九九一年に、ヨーロッパのある資金提供機関から助成を受け、ワークショップのほか、マレーシアとインドネシアの二か国での交流活動を行うことができた。また、旧仏領インドシナ地域、特にベトナムとカンボジアの調査をするための資金も得た。そしてSEAPCPが発足した。

私はSEAPCPの初代プログラムコーディネーターとなった。コミュニティシアター（民衆演劇）とオーディオ・ビジュアルのスキルを持つ二名のファシリテーターと共に活動を始めた。私は自分の専門の活字メディアと映像のほうにも従事し、私たちは各自の持つ専門的なスキルを生かして、コミュニティオーガナイザー兼ファシリテーターのための技能ワークショップを行った。

最初に行ったことは、私たちと共に活動できる可能性を持つ東南アジア各国の草の根のパートナーに集まってもらい、各地で会合を開催することだった。このために事前に三か月かけて各国を回り、SEAPCPの活動内容について熱心に話をきいてくれそうな私の知るさまざまな団体を訪ねて話をした。

現在、私たちのネットワークには、選りすぐりのリーダー、オーガナイザーたちが参加している。

2　コミュニティオーガナイジングのためのネットワーク

ＳＥＡＰＣＰの最大の目的は、草の根の団体への強力なサポートをすることにある。具体的な内容としては、独創的なメディアに関する学習のほかさまざまな問題解決のための戦略や戦術およびシステム構築を含む、コミュニティオーガナイジングに必要な先を見据えた考え方を身につけることと、スキルの向上を図ることである。また、参加団体が地域で行うプログラムへの財政的援助を得られるように手助けするという役割もある。

ＳＥＡＰＣＰは、コミュニティオーガナイジングにＰＣの手法を使うことを重視している。私たちはコミュニティという言葉を、状況や文化、ライフスタイルを共有する人々の集団を指すものと考えているため、その意味はかなり幅広い。ひとつの村を指すこともあれば、都市や遠隔地の一地区を指すこともあるのである。そのためＳＥＡＰＣＰのメンバーたちは、先住民、農民、漁民、都市の貧困者、労働者、女性、若者、ＨＩＶ／エイズ感染者、学生などといった多様なコミュニティと密に活動を行っている。

市役所との交渉内容をマスコミに話す筆者。（2006年，マレーシアにて）

私たちは、社会運動がそのまま草の根のコミュニティに連動することがとても重要だと考えている。そうしたコミュニティこそが、その社会の問題に直接影響を受ける当事者だからである。しかも、その当事者たちは重要視されない社会的地位にあることで、生きていくのに十分な選択肢も機会も与えられていない。ＳＥＡＰＣＰは、社会の隅に追いやられている草の根のコミュニティが、より多くの機会とリソースを得ることができるよう、また現状を乗り越え、自らの人生を生きるのに必要な力をつけていくことができるようファシリテーションを行っていくことを選んだのだ。

以下、私たちの具体的な活動について紹介したい。

(1)コミュニティを基盤とする団体の発展・強化・サポート

現在行われている「開発」プログラムは、政府当局だけでなくＮＧＯによるものでさえも、コミュニティをプログラムの対象としてのみ見なしており、プログラムの最も重要な役割を果たす主体に据えていないことが最大の欠点である。プログラムとそれに関連する活動の立案・実施・モニタリングなどにおいて、コミュニティはたいてい傍観者の立場に置かれている。コミュニティオーガナイジングのアプローチは、プログラムの中でコミュニティの人々が積極的に参加できるよう進められ、これらは先住民、農民、都市貧困者、女性や若者の草の根のグループなど、コミュニティ及び大衆を基盤とするさまざまなグループに効果的である。

コミュニティオーガナイジングのアプローチの具体的な内容は次の通りである。

- 団体の発展、運営のスキル、戦略的な計画の実行によって、コミュニティを基盤とする団体の強化とサポートを行う。
- コミュニケーション、メディア、アドボカシー、連携、リーダーシップ、社会経済に関するスキル、トレーナーが必要とするスキルなど、草の根の人々が地元で行う活動に必要な能力の強化トレーニングを行う。
- 計画立案・実施・モニタリングなどをコミュニティの人々の参加のもとで共に行う。

(2)コミュニティのリーダーと地元のファシリテーターの向上

草の根の人々は、教育を充分に受けられず、スキルも不足していて、自分たちの問題を解決し、コミュニティのプログラムや活動を自ら運営する能力がないと思われがちである。そこで、外部の人（ＮＧＯ、外国人専門家、コンサルタントなど）がその役割を担うために招かれることがたびたびある。

しかし草の根の人々にはスキルも能力もある。人々自身がリーダーやファシリテーターになるためには、自信をもってもらい、また、社会を変えていく過程の中で、彼ら／彼女らの豊かな文化的伝統と知恵をツールや資源として最大限利用できるようになることが重要である。目指すところは、豊富な経験を持ち、独創的な手法を使って、草の根の人々が自然に変わっていくファシリテーションが出来るよう、地元のリーダーやファシリテーターのトレーニングを行い、スキルの向上を図ることである。そのための具体的な戦略的活動は次の通りである。

- 土地固有の文化・知恵・知識を再発見し、復活させ活用する。それによって地元のリーダーやファシリテーターたちが、自分たちが取り組む問題をより理解するための視点と基盤を身につけるようにする。
- 草の根の人々が自分たちで参加型のミーティングや集団行動の呼びかけができるよう、また人々自身がコミュニティのオーガナイジングやファシリテーションにつながる行動が起こせるように、ファシリテーターやリーダーがスキルを活用できるようにする。
- コミュニティの人々に、さまざまな問題に対する意識の向上と教育に役立つ独創的でわかりやすいメディアとコミュニケーションのツール（イラストや写真を用いた学習、簡単な参加型学習の手法など）について学んでもらう。ゲーム、歌、絵、フォークアート（伝統芸能）、活字メディア、ロールプレイ、ドラマ（演劇）などを利用して、PCと教育スキルのトレーニングを行う。
- 草の根レベルでの男性と女性の社会的地位の不平等を改善するために、ジェンダー意識についての教育を独創的な手法で行う。
- 社会分析のスキルを身につけ、地元レベルだけでなく、地域や国レベルに及ぶより広い視野に立って、自分たちのコミュニティの現状を理解できるようにする。
- 活動拠点を設置し、モニタリングを継続的に行ったり、リーダーやオーガナイザーのトレーニングなどを長期的に行うことができるような、コ

地元のリーダーたちを対象としたコミュニティオーガナイジングのワークショップの一場面。（カンボジア，2007年）

ミュニティを基盤としたサポートユニット兼トレーニングセンターの向上を図る。そうした施設ではスライドや写真、イラスト、教材の印刷物などの視聴覚資料の作成・配布などのサービスも兼ねるようにする。

(3)コミュニティを基盤とする資源管理

東南アジア地域では、さまざまな伝統的な方法によって天然資源の管理と保護が行われてきた。しかし、近代化とグローバリゼーションの波に飲まれて、そうした伝統的なライフスタイルは徐々に忘れられてきている。

現在の「開発」の動向では、ある国、あるいはある地域が、他の国や地域の天然資源を搾取しながら経済成長を達成することが重視されている。この状況においてはたいてい、地元の人々が天然資源を保護・管理するどころか、天然資源に対する権利を奪われ、「開発」の犠牲となってしまう。その結果、資源の過剰開発による生態系の破壊や変化によって、地元の人々が苦痛を受けることになる。これ以上の環境破壊を避けるためには、コミュニティを基盤として彼ら/彼女らの天然資源を自分たちで管理することができるように、早急に手を打たなくてはならない。そのための具体的な活動は以下の通りである。

- 簡単な参加型学習のスキルを使って、コミュニティのリーダー、オーガナイザー、地元住民が自分たちの土地や海のマッピングを行えるようにトレーニングをする(先祖伝来の土地を守るために、資源目録を作成し、土地の境界を確定する)。
- 地域の資源を守るために、その土地に昔から伝えられてきた知識・知恵・資源保護のための慣習を調査し、復活させ、実行する。

(4)コミュニティの持続可能な生計の向上

これまで行われてきた「開発」プログラムには、草の根の人々を社会の隅に位置づけ、外部の制度や資源に依存させるという一面があり、持続可能性という点で疑問がある。しかし同時に、貧困層の人々の緊急的なニーズにも応えていかなくてはならない。したがって、長期的に見ると、貧困層のコミュニティが基本的ニーズを得る取り組みを実行し、しかもそれが継続的に行われるように手助けをする必要がある。彼ら／彼女らの生計を立てるためにスキルが持続的なものとなること、そしてそれが実行可能であることが重要である。そのための具体的な行動戦略は次の通りである。

- 伝統的な治療法や薬草などを調査し、目録を作り、それらを保護・奨励し、地元の人々の医療や保健に役立てる。
- 地元の人々に体に良い食品を供給するため、また家計を支えるために、有機農業を普及させる。
- コミュニティの経済を向上させるために、零細企業を立ち上げる。
- 小口貸付を行う機関として、信用組合や協同組合のような地域密着型の金融機関を設立する。
- コミュニティの住宅プログラムを行う。

(5) コミュニティの女性リーダー、オーガナイザー、メンバーのスキル向上・サポート・エンパワーメント

社会における女性の社会的地位と役割は、性に関する差別観により押し付けられ、規定され、つくりあげられたものである。女性は、どのレベルの意思決定プロセスにおいても無視されることが大半である。このような関係性の下では、人々はジェンダー的に偏った見方をしているため、適切なファシリテーションは実現されない。

女性は、妊娠・出産において重要な役割を担っているにもかかわらず、家庭やコミュニティ、社会で重要な決定を行う際にそのことは過小評価され、ほとんど考慮されていない。家庭やコミュニティでの教育者、管理者、リーダーとしての女性の豊富な経験はよりよい社会をつくるのに大切なリソースなのだが、十分に活用されていない。したがって、あらゆる向上のための活動の中で、女性のエンパワーメントを最優先に行う必要がある。そのための具体的な戦略的活動は次の通りである。

- 女性のリーダー、オーガナイザー、メンバーの自信とリーダーシップのスキルの向上を図る。

●女性の経済的な自立のために、経済や生計に関わる活動を準備する。
●女性がコミュニティにおいてリーダーシップを取り、意思決定の役割を担えるようにトレーニングを行う。
●コミュニティオーガナイジング全体の枠組みの中で、女性がジェンダーに関する意識を持ち、それを分析するためのトレーニングを行う。

(6) アドボカシーとネットワーキング

「十分に教育を受けていない」「知識やスキルもない」という固定観念のために、草の根の人々は、しばしばアドボカシーとネットワーキングのプロセスから締め出される。しかしアドボカシー活動は、草の根の人々の気持ちが確実に反映されるようにし、その問題に対してのキャンペーン（運動）をしていくものであり、彼ら／彼女らのニーズと声に基づいて行われるべきものである。したがって、アドボカシーの最も効果的な方法は、コミュニティのリーダー、オーガナイザー、メンバーが、地元レベル、地域レベル、国レベルさらには世界レベルで、自分たちの問題を訴えかける能力を向上させることである。そのための具体的な戦略的活動は次の通りである。
●コミュニティのリーダー、オーガナイザー、メンバーが、キャンペーンやアドボカシー、当局・政府担当者・民間企業との交渉のスキルを身につけるためのトレーニングを行う。
●データと情報の収集、整理、普及のためのスキルを学ぶ。
●草の根の人々との交流、インターンシップ、スタディツアーなどを行っているNGOの手助けを得て、問題を全国および国際社会に訴えるよう、地元の人々へのオーガナイジングの方法を学ぶ。
●地元の人々へのオーガナイジングの仕方、デモ・対談・広報イベント・記者会見などといった集団活動を行うためのスキルを学ぶ。

3　大衆コミュニケーションは草の根の言語である

大衆コミュニケーション（PC）は新しい科学でもなければ、新しい学習法でもない。それはラテンアメリカ、アフリカ、アジアでのコミュニティオーガナイジングの経験に基づいて生み出され、特に識字率が非常に低い貧困層のコミュニティに対して効果を発揮してきた参加型のプロセスである。PCは長年、試行・実施・振り返りを繰り返し、これらの独創的で参加型のプロセスを行う中で、草の根のコミュニティオーガナイザーやファシリテーターたちの「言語」となってきた。

PCの手法は、セッションに色を添えるためだけに取り入れられているわけではなく、実際に草の根のコミュニティの人々の学習過程において大いに役立っている。それは、試行や失敗といった直接的な経験に基づき、まさに行動重視型で人々の学習が進められるものである。

誰もが、少なくとも自分の職業と人生経験に関しては「プロ」であるといえる。PCのプロセスは、その経験の中で得た彼ら／彼女らの知恵を引き出し、それを自分たちが置かれている境遇や問題をそこにいる全員が理解するために役立てるのだ。そうした理解ができて初めて、人は直面している問題を乗り越えたり、解決したりする方法を見つけ、それを継続していくことができる。この独創的で参加型の手法を導入するにあたっては、その土地の文化を考慮し、またその状況に見合った資源・教材を入手しなければならない。

従来の学校制度では、まず理論や概念から教えるため、草の根の人々にとっては、問題が明確になるどころかかえってわかりにくくなることが多い。そして学校制度では通常、〈先生―その他（生徒）〉という関係がある。常に教師が教え、生徒は教師の話を聞き、それらを必死に吸収するだけである。授業や教師とのやりとりの中に、受け手である生徒からのフィードバックや生徒たちの参加はほとんどない。

コミュニティオーガナイジングを行う現場ではしばしば、人々の闘いの中で、人々が包括的に問題に取り組んだとき、実際に「山を動かす」ことも可能となる。しかし、「リーダー」あるいは「教師」のみが先導し、計画を立て、人々がただそれに従うだけでは、そのようなことは起こらない。それはコミュニティオーガナイジングではなく、単なる「リーダー追従」というゲームにすぎない。

コミュニティオーガナイジングの過程では、民主的なチームワーク、参加型の姿勢、方法の用い方といったコミュニティ精神を整え、その継続に努めていくことが非常に重要である。コミュニティオーガナイジングにおいては、コミュニティの問題に対して、人々が意義のある関わり方ができるようにしなければならない。そのためファシリテーターは、PCの「ツール」の使い方、あるいはその土地の草の根の人々の「ことば」を知っておく必要がある。ファシリテーターの役割は、適切なツールを用いて自由で参加的な話し合いが始まっていくように、それらのプロセスを進めていくことにある。さらに、人々と共に問題に対する理解を共有し、集団行動の計画を策定し、彼ら／彼女らの置かれた現状を外部にも伝えていくことにある。

おわりに――ネットワークは大家族のようなものである

東南アジア全域を網羅するネットワークを発展させていくことは簡単なことではない。なぜなら、そこにはさまざまな文化・宗教・背景を持つ人々が存在し、彼ら／彼女らをひとつにしようとすることはとても難しいからだ。私たちはそのための努力を必死に行ってきた。私たちは、各地域の多様な団体、個人をまとめるための非常に強い求心力を見つけ出さなければならなかった。SEAPCPでは、「各地域で草の根の人々へのオーガナイジングを行い、よりよい社会とよりよい生活を実現したい」という同じ夢、同じビジョンを全員が共有している。その実現のためにSEAPCPは、専門的技能の共有、交流、トレーニング、資料その他の分野で、草の根の人々と密に活動することを基本としており、それがこのネットワークのユニークな特徴となっている。

地域全体の強力な運動を進めるということは、ネットワークを構成するメンバーが強い力を持って初めて可能となる。私たちは、メンバーを除いての運動には意味がないと信じている。これまでの一七年間、SEAPCPの存在を支え、必要性を認めてきたのは草の根のパートナーたちである。もし、そのパートナーたちがいつの日か必要ないと判断するのならSEAPCPは解散すべきだと考えている。これが私たちの設立以来の根本的ルールである。

こうした効果的なネットワークを進めていくには、どの国・地域のメンバーのニーズにも常に応えていけるよう、中心となって尽力し、それを継続していく活動的なメンバーからなる中心チームの存在が鍵となる。この中心チームはさまざまな分野の活動に精通していなくてはならず、もちろん男女の数のバランスもとれていなくてはならない。

SEAPCPでは、東南アジア各国からの七名の代表者で構成される委員会がこの中心チームの役目を果たしており、各委員はジェンダー、都市の貧困層、人権、先住民、コミュニティを基盤とした経済活動や管理など、各分野のスキル、経験を含めての専門技術を持っている。

しかし、SEAPCPでの私の経験からすると、ネットワークの形成においてビジョンの共有以外に何よりも重要な土台は、メンバー同士の友情と仲間意識であると思う。SEAPCPのネットワークでは、スキルの交換、情報の共有、トレーニングに関して、メンバー同士の助け合いがいつでもできる状態になっている。メンバー同士は日頃から家族のこと、また個人的な問題についても助け合い、出産・誕生日・結婚・葬儀などにいたるまで、活動以外の関係でも深い絆を育んできた。こうした私たちの深い絆を見て、〝マフィア〟か何かのようだと評した人々もいたほどである。たとえ普段はそれぞれの国や地域に分かれて活動していても、メンバーの間でSEAPCPの話が出ると、皆がメンバーであることに対する誇りと感謝の念を感じる。これは主に、メンバーたちがこのネットワークは自分たちのものだという誇りを持ち、ネットワークを彼ら/彼女ら自身で作り上げ、それが自分たちの団体に役立っていると感じているからだ。

以前から感じてきたことだが、メンバー同士の活動と個人的なつながりのこの絶妙なバランスこそが、SEAPCPという「家族」の強く深いネットワークの活動を発展させたのだ。家族というものは、絆に助けられつつ、自分も一家の発展と強化に寄与しなければならないが、私たちのネットワークは、まさにそうした家族によく似ているのだ。

●注

（1）コミュニティの人々が、コミュニティオーガナイジング（コミュニティの人々自らが、問題解決のため、また目標に向かい共に行動するためのシステムや態勢づくり、計画的な取り組みをしていくこと）を自然に進めていけるよう、手助けをする人を指す。ファシリテーター（注2参照）の役割も担える人のことをいう。文中では単に「オーガナイザー」とされている場合もある。

（2）コミュニティのファシリテーション（参加型の手法を用いて、研修やワークショップなどの中で、人々自らが問題解決のための適切な行動に結びつくよう、みんなで話し合いを進めていく方法）を行う人。あらゆる話し合いを進めるとともに、コミュニティオーガナイジングに必要なリソース、スキルを持ち、それを活用できる人。そして人と人、またはコミュニティと団体など、双方をつなぐことのできる幅広い知識を持つ人のことをいう。

（3）ここでは、参加型開発などで用いられる参加型学習方法を指す。映像や図、絵といったメディアを活用したり、演劇で表現したりする学習手法が重要となる。筆者は後述されるようにメディアの専門家であるため、特にこうした手法に力を入れて活動している。

あとがき

本書の企画は、特定非営利活動法人開発教育協会（以下、ＤＥＡＲ）の調査・研究事業のひとつとして、ＤＥＡＲ関係者を中心に数名で立ち上げられた〈「地域・文化・学び」研究会〉を出発点としている。第一回目の研究会が開催されたのが二〇〇三年四月一〇日であるから、発足以来実に五年もの歳月を経たことになると思うと感慨深いものがある。

会の名称に「地域」「文化」「学び」の三つの言葉を据えたのは次のような理由による。まずはすでに各地域で展開されている地域づくりの動きを開発教育の未来像を描く上での軸としたいと考えたこと。また各地域の開発問題を考えるにあたって経済や政治だけでなく文化の要素が必要不可欠であるとの思い。さらには地域の問題と結びついた教育を考えるにあたって、知識・認識に偏るあまり時には生活と切り離されがちな従来の学びを超え、生活とともにある学び、文化的芸術的要素を含めた総合的な視点から心とからだの躍動を生むような学びを基軸にしたいとの思いである。

この研究会の研究課題として設定されていたのは、「開発と地域づくりを一体的視点で捉え、それと文化とのダイナミックな関係の中で営まれる学びと教育のあり様について、具体的な事例を通して考える」というものであった。この問題意識の背景には、ＤＥＡＲが一九九〇年代を通じて進めてきた開発教育の地域展開事業の中で浮かび上がってきた課題の存在がある。それまで開発教育を地域に普及するという流れの中で、途上国の開発問題の理解が活動の中心に据えられていた。それに対して、日本の地域における開発問題と関連づけて捉える視点が弱いということが指摘されるようになった。また、すでに日本の各地域で脈々と展開されてきた、地域づくりと連動した教育の実践や運動から学ぶという視点が十分でないという指摘もなされていた。そこでこれらの課題に向けた取り組みとして、この研究会が始まったのである。このような趣旨のもとで三年間ほど研究会が重ねられ、この間、本書の事例にも登場する何人かの方々を招いての公開研究会の開催も行ってきた。そして、研究会メンバーのうち本書の編者である山西・上條・近藤が、最終的に研究成果をまとめる活動として出版計画を二〇〇六年にスタートさせた。「開発と地域づくり」という問題意識を軸に、本書の章を構成する七つのテーマを設定し、各テーマを深く探究しつつ開発教育に取り組んでおられる方々に依頼して「総論」を書いていただいた。また「事例」については、研究会の活動で出会った方々との交流やDEARのネットワークによって得た情報をもとに、各地で様々な実践に携わっている方々に当事者の目線で書いていただいた。

この間に、日本の社会状況はさらに変化し、格差社会の深化や温暖化に象徴される地球環境問題の深刻化などにより、持続可能な社会への希求はますます高まっている。それにもかかわらず、こうした課題に対し「私たち一人ひとりは何ができるか」という問いに、誰も十分に答えられているとはいえない。その問いに答えることには、多くの困難がともなうだろう。しかし、すぐに明確な答えが出せずとも、私たちはそれを追求する取り組みを放棄すべきではないだろう。開発教育においてはここ数年、「日本の開発問題」や「携帯電話」といった身近なテーマを取り上げた教材を作成するなど、この課題に向けて少しずつ取り組みが始められている。開発教育が育んできた参加型学習の「参加」の本来の意味、すなわち社会参加、社会変革への参加ということをあらためて問い直すとき、「何ができるか」の一つの答えは私たちの足元に見出されるのではないかと思う。それが、〈「地域・文化・学び」研究会〉が「地域」にこだわる理由のひとつである。

開発教育は、幾重にも重なり合う実践の上に築かれてきた教育活動である。本書に掲載された一つひとつの事例は、それぞれの地域課題やその人の問題意識と不可分に結びついており、地に足のついた実践であることが伝わってくる。そして各章の総論は、開発教育の「これから」に対する真摯な問題意識によって、地域の実践と教育をつなぐ理論的架け橋となっている。本書の趣旨に賛同し、総論や事例の論考を寄せてくださった二九名の熱意によって、「開発教育のこれから」を地域から描こうとするための一歩をこうして踏み出すことができた。

最後に、出版企画全体に対しての細やかな配慮と一つひとつの原稿に対する丁寧なアドバイスを下さり、牛歩の進行を辛抱強く見守ってくださった新評論の山田洋さんと吉住亜矢さんに心から感謝したいと思う。

二〇〇八年四月

山西優二　上條直美　近藤牧子

フレイレ，パウロ（Freire, Paulo）　i, 269, 325

朴容寛（ボクヨウカン）　304
星寛治　85, 87
ボズラップ，エスター（Boserup, Ester）　262
細内信孝　182
ボールディング，ケネス（Boulding, Kenneth）　128

マ行

マクルーハン，マーシャル（McLuhan,［Herbert］Marshall）　133, 156
マハトマ・ガンジー（Mahatma Gandhi）　41

三浦梅園　209
宮沢賢治　251
宮本憲一　179

メルッチ，A.（Melucci, Alberto）　302

ヤ行

山下惣一　97

ラ行

ライト，アンニャ（Light, Anja）　204
ラブロック，ジェームズ（Lovelock, James）　128

リップナック，J.（Lipnack, Jessica）　303, 321

ルソー，ジャン=ジャック（Rousseau, Jean-Jacques）　169

人名索引

マ行

ヤ行

ラ行

ワ行

タ行

ナ行

ハ行

サ行

事項索引

＊ゴシック体のページはその項について詳述している箇所を示す。

翻訳・補筆者紹介

小松豊明（こまつ　とよあき）（特活）シャプラニール＝市民による海外協力の会スタッフ。2002年12月から2006年4月までの3年半，同会ネパール事務所長として赴任。SOUPとのパートナー事業をはじめ，ネパールにおける事業全体の統括，新規事業の立ち上げ等に携わった。現在シャプラニール東京事務所でフェアトレード部門「クラフトリンク」のチーフを務める。▶**第6章事例1翻訳・補筆**

砂澤嘉代（すなざわ　かよ）　アイヌとして生まれ，3歳から曾祖母クラと生活し，アイヌの文化，習慣の中で育つ。アイヌ生活相談員を8年間務めた後，ニュージーランドに留学し，マオリ族の人々と生活しながらマオリ族に関する研究を行う。現在，マレーシアに移住し，引き続きアイヌ民族の文化伝承や人権活動に取り組んでいる。▶**第7章事例2補筆・補注**

山下利枝子（やました　りえこ）　翻訳家。2002年より，（特活）開発教育協会にて翻訳ボランティアに携わっている。▶**第7章事例2翻訳**

専門はコミュニティの人々へのトレーニング，さまざまな問題の戦略策定，独創的なメディアの利用，草の根の運動に関する記事の執筆，グラフィック映像や写真の利用法などである。またマレーシアのコミュニケーションセンター，プサット・コマス（PUSAT KOMAS）の創立者でもあり，現理事として活動している。**▶第 7 章事例 2**

辻本昭彦（つじもと　あきひこ）東京都武蔵野市立第一中学校教務主任。担当教科は理科，専門はエネルギー，環境。武蔵野市国際交流協会「教員ワークショップ」運営メンバー。地域在住外国人や NGO と連携して授業づくりを行っている。理科の検定教科書執筆者。時々海外で，たまに TV の科学番組で理科の実験を教えている。理科教育でも開発教育はできると考えている。**▶第 6 章事例 3**

外川　隆（とがわ　たかし）早稲田大学平山郁夫記念ボランティアセンター事務長。東京学芸大学大学院教育学研究科総合教育開発専攻環境教育コース修了。教育活動と社会貢献活動を通して人づくり・地域づくり・仕組みづくりに取り組んでいる。一学一山運動実行委員会事務局長，森林クラブ代表。**▶第 3 章事例 1**

奈良崎文乃（ならさき　ふみの）国際協力 NGO 職員。アジア・アフリカ・中南米における，子どもとともに進める地域開発や緊急支援プロジェクトに従事。「子ども参加」を採り入れたプログラムづくりや日本における開発教育を推進。（特活）開発教育協会評議員。**▶第 6 章総論，第 6 章事例 2 翻訳・補筆**

新田和宏（にった　かずひろ）近畿大学講師。地球市民教育総合研究所を主宰。大学では，専門の政治学の他に，憲法，人権論，インターンシップ，社会奉仕実習など計 8 科目を担当。グローバリゼーションへの国内的対応である新自由主義という政治的アイデアをめぐる「新しい政治」の展開について関心がある。本書の論文に関係するものとして「持続可能な開発のための教育と地域展開」（石川聡子編『プラットフォーム環境教育』東信堂，2007 年）がある。**▶第 5 章総論**

洪　淳明（ホン　スンミョン）韓国江原道横城《カンウォンドウフエソン》にて，代々農業のかたわら家長が書堂の校長を務める，儒教の信仰が厚い家系の家庭に生まれる。中学生のときに，無教会キリスト教思想の影響を受ける。朝鮮戦争の混乱のなかで学業を続けることができず，資格試験によって初等・中等・高等学校の教員免許を取得。1960 年からプルム学校に参加する。**▶第 2 章事例 1**

結城幸司（ゆうき　こうじ）アイヌ・アートプロジェクト代表。版画家。アイヌ解放運動の指導的存在であった父を持ち，その背中を見て育つ。一時期東京で就職するが，その後帰省し，アイヌ・アートプロジェクトを立ち上げる。現在四児の父であり，子どもたちとともにアイヌ・アートプロジェクトを運営している。**▶第 1 章事例 1**

湯本浩之（ゆもと　ひろゆき）（特活）開発教育協会理事兼事務局長。NGO 活動推進センター（現，（特活）国際協力 NGO センター）を経て，1996 年から開発教育協会の組織運営や政策提言・調査研究・ネットワークなどの各種事業運営に携わる。政府機関・自治体・NGO 等が主催する講座や研修会の講師やファシリテーターをはじめ，大学の非常勤講師も務めている。2008 年 4 月より立教大学文学部特任准教授。**▶第 7 章事例 1**

吉岡　淳（よしおか　あつし）（有）カフェスロー代表。30 年間にわたるユネスコ運動をへて，2001 年に自身が暮らす東京都府中市に，ナマケモノ倶楽部の運動拠点としてカフェスローをオープン。その代表として経営に携わるかたわら，大学やカルチャーセンターの講師として，「環境と身体」「平和教育」「人権論」「NPO 論」「世界遺産」等の講座を担当している。**▶第 4 章事例 2**

山西優二　編者紹介参照**▶序論 1，第 1 章総論**

近藤牧子　編者紹介参照▶**第 7 章総論，第 7 章事例 2 補筆・補注**

佐々木　昌（ささき　あきら）　長野県高森町公民館主事（1985～2004 年），高森町役場教育委員会事務局長（2004～06 年）として社会教育を担当。1996～98 年に文化による町づくり事業「高森町ふるさとミュージカル」を企画するとともに事務局を担当した。現在，高森町教育委員会，高森町歴史民俗資料館主事，音楽企画グループ「田舎屋録音所」代表。▶**第 1 章事例 3**

佐藤友紀（さとう　ゆき）（特活）開発教育協会理事，関西地域コーディネーター。大阪府立高校家庭科教員。「授業をおもしろくしたい」という思いがきっかけで開発教育と出会い，食べ物，子ども，フェアトレードなどをキーワードに「私のくらしと世界のつながり」をテーマにした授業やセミナーを展開中。▶**第 4 章コラム**

佐渡友　哲（さどとも　てつ）　日本大学法学部教授。専攻は国際関係論。市民，自治体，NGO，企業，シンクタンクなどの非国家行為体が，地域や世界秩序の構築にいかに影響を与えるかに研究の視座を置くほか，地球的諸問題の解決に関心をもち，開発教育を実践している。環日本海学会常任理事，（特活）開発教育協会評議員，かながわ開発教育センター運営委員。▶**第 4 章総論**

シュレスタ，ビジャヤ・ラージバイディヤ（Shrestha, Bijaya Rajbaidya）　1995 年にネパールのコミュニティ活動 NGO，SOUP（Society for Urban Poor）に参加，1999～2007 年まで常勤スタッフ。事業計画，調査，評価，組織改革，資金調達，パートナー団体との連携促進，コミュニティ開発のためのスタッフ研修運営などを担当。現在は，GTZ（ドイツ技術協力公社）にて Udle（Urban development through local effort）プロジェクトのアドバイザーを務める。▶**第 6 章事例 1**

杉澤経子（すぎさわ　みちこ）　東京外国語大学多言語・多文化教育研究センタープログラムコーディネーター。教育，研究，社会連携の 3 つの活動において多分野の団体・機関・専門家との連携協働を進める中で，主に協働実践研究プログラム，コーディネーター養成プログラムに取り組んでいる。2001 年からは東京外国人支援ネットワークの代表を務め，都内 42 の外国人支援団体と協働で都内リレー専門家相談会などを実施している。▶**第 1 章事例 2**

高橋優子（たかはし　ゆうこ）（特活）小川町風土活用センター（通称：NPO ふうど）副代表理事。非営利任意団体“生活工房「つばさ・游」”主宰。生ごみ資源化事業に 1999 年から関わり続け，埼玉県小川町で食糧とエネルギーの自給を目指し活動している。また，2000 年に生活工房「つばさ・游」を立ち上げ，ジェンダーと環境の視点から情報発信を続けている。地域資源としての「自然」と「人」を生かした地域づくりを目指している。▶**第 2 章事例 3**

田中治彦（たなか　はるひこ）　1981 年より（財）日本国際交流センターで国際協力の仕事にたずさわる。86 年より岡山大学教育学部，97 年より立教大学文学部教授。（特活）開発教育協会代表理事。この間，英国のサンダーランド大学とタイのチェンマイ大学で 1 年間の客員教授を務める。専門は社会教育と開発教育。著書に『南北問題と開発教育』（亜紀書房，1994），『ボーイスカウト』（中公新書，1995），『地域をひらく国際協力』（大学教育出版，1997），『子ども・若者の居場所の構想』（学陽書房，2001），等がある。▶**序論 2**

田中秀幸（たなか　ひでゆき）　越前市八ッ杉森林学習センター管理主任。1996 年同センターの開設以来今日まで，森林での自然体験，環境学習プログラムの企画・運営を担当。▶**第 3 章事例 3**

タン　ジョ　ハン（Tan Jo Hann）　東南アジア大衆コミュニケーションプログラム（SEAPCP）のコーディネーター，またマレーシアに活動拠点を置くコミュニティ住民協会（PERMAS）の代表を務める。広範囲な分野での経験を持ち，遠隔地や都市貧困層の地域でのコミュニティの体制づくりに，特に東南アジア内のスラム地域の人々や先住民族の人々と一緒に取り組んでいる。

執筆者紹介（50音順）

荒川朋子（あらかわ　ともこ）　国際基督教大学教養学部卒業後，ミシガン州立大学大学院社会学修士課程修了。1995年より学校法人アジア学院職員。教務，給食の仕事を経て，2005年より同学院教務主任兼副校長。二児の母。▶**第2章事例2**

磯野昌子（いその　よしこ）　立教大学大学院，聖心女子大学他，非常勤講師。「開発学」「ジェンダー」を中心に参加型の授業に取り組んでいる。1994～2004年東和大学国際教育研究所研究員としてネパールの教育開発研究，開発教育事業に従事。かながわ開発教育センター理事・運営委員。（特活）シャプラニール＝市民による海外協力の会理事。▶**第6章総論**

岩﨑裕保（いわさき　ひろやす）　帝塚山学院大学文学部国際文化学科教授。（特活）開発教育協会副代表理事。1989年から京都の開発教育研究会に係わり，『新しい開発教育のすすめ方』（古今書院，1995）などを出版。ニュージーランドの人びとの暮しぶりや社会のあり方，特に平和主義に刺激を受けている。ネコ好き。▶**第3章総論**

榎井　縁（えのい　ゆかり）（財）とよなか国際交流協会事業課長。自治体国際協力アドバイザー。ネパールで活動しチベット難民児童の教育支援団体を設立。中学校教員として開発教育に取り組んだ後，神奈川や大阪で在日外国人の調査や相談に携わる。現職では，地域や学校と繋がりながら，周縁化される外国人に主眼を据え，地域社会の再構築を試みると共に，人権教育や国際教育の研究を行っている。▶**第5章事例1**

遠藤邦夫（えんどう　くにお）　家族は妻と子ども（12歳）。趣味は読書と地域調査（あるもの探し）と昼寝。1987年より水俣在住。89年（財）水俣病センター相思社入社，2003年より常務理事。相思社での仕事は機関誌『ごんずい』編集，産廃反対運動，物販プロジェクト，その他雑用。▶**第5章事例2**

大澤　健（おおさわ　たけし）　和歌山大学経済学部准教授（1997年より）。和歌山県内を主たるフィールドとして，地域産業の再活性化を通じた持続可能な社会の構築について研究を進めている。それとともに，熊野森林学習推進協会事務局長，和歌山ツーリズム協会理事長等として実践のためのNPO活動に従事している。▶**第4章事例1**

大島順子（おおしま　じゅんこ）（特活）国頭ツーリズム協会顧問，琉球大学観光産業科学部観光科学科准教授。（特活）「『国連・持続可能な開発のための教育の10年』推進会議」理事。沖縄やんばるの海と山に囲まれ自然の恵みに支えられた生活文化が残る国頭村に住み，村人たちと持続可能な地域づくりにじっくり熱く取り組む。大学では持続可能観光分野で環境教育論やエコツーリズム論を担当。▶**第3章事例2**

加藤京子（かとう　きょうこ）　農業。開発教育協議会（現，（特活）開発教育協会）事務局員，学校法人アジア学院ボランティアスタッフを経て，2003年に富山県大沢野町の土遊野《どゆうの》農場に住み込みで研修。現在は，土遊野農場をアルバイトで手伝いつつ，自給用の田畑約3反で米と各種野菜を無農薬・無化学肥料で育てている。▶**第2章コラム**

カマウ，ワジュヒ（Kamau,　Wajuhi）　国際NGOプラン・ケニア国統括事務所メディアコーディネーター。1999年より，子どもによるビデオ制作プロジェクトの企画・進行に従事。ビデオ制作を通じて子どもの権利の推進をはかっている。▶**第6章事例2**

上條直美　編者紹介参照▶**第2章総論，第2章事例1構成・補注**

編者紹介

山西優二（やまにし　ゆうじ）　NGOの立場から開発教育に関わって24年，親の立場から二男児への教育に関わって21年，大学教員の立場から国際教育・国際理解教育に関わって13年，地域住民の立場から地域の教育・福祉活動に関わって11年。現在は，早稲田大学文学学術院教授，（特活）開発教育協会常任理事，日本国際理解教育学会理事，かながわ開発教育センター代表，逗子市社会福祉協議会理事など。教育をもっと共同性の中での生活実感のあるものにしていくこと，教育にもっと文化的芸術的要素を組み入れていくことなどを通して，教育に多様性を生み出しつつ，それらの間に教育変革への動的な力学関係をつくり出したいと思っている。

上條直美（かみじょう　なおみ）（特活）開発教育協会常任理事。大学時代の4年間，アジアの大学生との国際交流活動，中学生との学習活動などに関わった経験が，開発教育との衝撃的な出会いの下地となった。卒業後，東京YMCA（キリスト教青年会）にて社会教育・青少年活動，専門学校事業，地域・国際交流・国際協力・教育事業，環境教育などを経験。特に，日本の農と食を考えるプログラムであるYMCA農村青年塾との出会いは，生活者としての自分に多大な影響を与えている。（特活）シャプラニール＝市民による海外協力の会スタッフ，明治学院大学国際平和研究所スタッフを経て，現在立教大学ESD研究センタープログラム・コーディネーター。

近藤牧子（こんどう　まきこ）　早稲田大学文学学術院教育学コース助手（2008年3月末まで）。2000～06年の間，（特活）開発教育協会事務局スタッフとして開発教育に関わる。幼少時よりODA施策の国際協力活動を目の当たりにし，学生時代にはNGOの国際協力活動に携わった経験が，地域密着大家族に育った経験と融合して，現在の開発教育観に。二男児が通う学校や保育所の人脈を中心に地域の教育や国際理解教育活動を地味ながら展開中。地域づくりは人とのコミュニケーションが全てであることを実感し，多様な年齢，多様な背景の人とたくさんけんかして，笑い合って（飲んで）いきたいと思っている。

地域から描くこれからの開発教育　（検印廃止）

2008年5月7日　初版第1刷発行

編　者　山西優二・上條直美・近藤牧子
企画協力　（特活）開発教育協会
発行者　武市一幸

発行所　株式会社 新評論

〒169－0051　東京都新宿区西早稲田3－16－28
http://www.shinhyoron.co.jp
TEL 03（3202）7391
FAX 03（3202）5832
振替 00160-1-113487

定価はカバーに表示してあります
落丁・乱丁本はお取り替えします

装幀　山田英春
印刷　新栄堂
製本　桂川製本

Printed in Japan
ISBN 978-4-7948-0762-5

開発教育協会のご案内

Development Education Association and Resource Center

日本で開発教育をテーマとする国際シンポジウムが初めて開催されたのが1979年。これを機に開発教育の普及推進に関心をもつ有志らによって，1982年に開発教育協議会（任意団体）として発足したのがDEARです。以来，開発教育の普及推進という目的に加えて，これからの地球社会に向けた「市民参加型学習ネットワーク」の形成を願いながら，活動を続けています。

主な活動としては，1）教育や国際協力に関する政策提言，2）毎年夏の「開発教育全国研究集会」や研究誌『開発教育』の発行など，開発教育やこれに関連する分野・問題の調査研究，3）開発問題などのグローバルな諸問題をテーマとする教材開発，4）様々な参加者層を対象とした講座や研修会を通じての人材育成，そして，5）「開発教育全国ネットワーク会議」を開催して，日本各地で開発教育や参加型学習に取り組む実践者や研究者らの人的交流，課題共有や情報交換を図るネットワーキングを進めています。また，近年では，欧州の開発教育やグローバル教育をはじめ，東南アジアにおける参加型開発の経験にも学びながら，開発教育の新たな可能性を模索しています。なお，2002年の設立20周年を機に名称を開発教育協会と改め，2003年に特定非営利活動法人としての認証を受け，2008年からは新たな四半世紀を歩み始めました。

特定非営利活動法人 開発教育協会

■事務局 〒112-0002 東京都文京区小石川2-17-41 富坂キリスト教センター2号館3階
TEL 03-5844-3630 FAX 03-3818-5940
URL http://www.dear.or.jp E-mail：main@dear.or.jp

■大阪事務所 〒589-8585 大阪狭山市今熊2-1823 帝塚山学院大学文学部 岩﨑裕保研究室気付
TEL&FAX 06-6374-5119 E-mail：osaka@dear.or.jp

◀DEARのワークショップ版「世界がもし100人の村だったら」を体験する小学生たち。